Learning in Depth

A SIMPLE INNOVATION THAT CAN TRANSFORM SCHOOLING

{깊은 학습}
지식의
바다로 빠지다

Kieran Egan 저

김회용 · 곽한영 · 김인용 · 김정섭 · 유순화 · 윤소정 · 이동훈 · 임선주 공역

학지사

이 책은 키렌 이건(Kieran Egan)의 『Learning in Depth』를 한국어로 옮긴 것이다. 키렌 이건 교수는 캐나다 밴쿠버에 소재한 사이먼프레이저 대학교(SFU) 교수로 '상상력' '스토리텔링' '인지도구와 이해' 등 교육학 분야의 거대 담론을 주도하는 세계적으로 저명한 학자다.

SFU는 캐나다의 소규모 대학 중 연구력이 가장 뛰어난 대학으로 평가받고 있다. 번역자는 2010~2011년 SFU 교육학과의 방문교수로 체류하면서 키렌 이건, 로빈 바로우(Robin Barrow), 배희순(Heesoon Bai) 등 SFU의 교육학과 교수들과 함께하는 지적 향연의 즐거움을 누렸다. 특히 키렌 이건 교수와는 '미래의 교육' '학교교육의 혁신' 등을 주제로 많은 시간을 공유하였다. 『Learning in Depth』는 키렌 이건 교수가 가장 최근에 저술하였고, 역자에게 한국어 번역을 의뢰한 저서로 학교교육의 혁신을 위한 실천서의 성격을 띠고 있다.

이 책의 아이디어는 간단하면서도 명료하다. 아이들은 학교에서 많은 것을 배우지만 어느 것 하나 제대로 배우지 못하고 있다는 것이다. 즉, 많은 지식을 배우지만 대부분 수박 겉핥기 식으로 적당히 학습할 뿐이라는 것이다. 따라서 참된 공부는 지식을 폭넓게 배울 뿐만 아니라 무엇보다 깊이 있게 학습할 때 가능하다고 주장한다.

이러한 취지에 따라 아이들은 학교에 입학한 첫째 주에 LiD(Learing in Depth) 주제를 무작위로 배정받게 된다. 학생들은 사과, 먼지, 바퀴 등의 배정받은 주제를 12학년까지 학교의 정규 교육과정과 별도로, 또 때로는 연계하여 공부하게 된다. 학교는 학생들의 학습을 위해 지도교사를 배정하여 학생들을 지원하고, 학생 개개인의 포트폴리오 작성을 돕는다. 느리지만 꾸준한 학습을 통해 학생들은 자신이 맡은 주제의 참된 전문가로 성장하게 되고, 지식의 본질을 파악하게 될 것으로 기대된다. LiD 학습을 통해 교사도 학생들과 더불어 성장하게 되며, 학교는 지식의 참된 중심지로 변모되고, 학교의 문화도 풍성해질 것이다.

LiD 프로그램은 "학교교육의 질을 향상시킬 수 있는 혁신적인 아이디어"(필립 잭슨), "환상적이고 도발적이며, 매우 구체적일 뿐만 아니라 엘리트적이면서 동시에 평등주의적인 교육의 모습을 제시한 대담한 제안"(리 슐만)이라는 찬사처럼 많은 교육학자들에게 호평을 받았고, 이 프로그램을 직접 진행했던 교사의 "우리가 상상했지만 제대로 시행하지 못했던 교육의 참모습"이라는 고백처럼 현장 교사들로부터도 적극적 지지를 받고 있다. 그 결과 캐나다와 미국의 수십 개 학교에서 LiD 프로그램을 진행하고 있으며, 최근에는 칠레, 중국, 이란 등 해외의 학교에서도 이 프로그램을 실천하기 시작하였다.

LiD 프로그램은 교육의 참모습을 회복하여 학교교육을 근본적으로 변화시키려는 노력으로 최근 한국에서 벌어지고 있는 교육개혁 운동인 자기주도학습과 자유학기제 운영에도 의미 있는 시사점을 제공한다고 생각한다.

첫째, 국가와 산업계에 필요한 인력의 대량생산을 목적으로 했던 19세기의 공교육 제도에 근본적 수술이 불가피하다는 지적이 있어 왔다. 학교 개혁을 위한 이러한 필요성에 따라 최근 학교컨설팅, 수업컨설팅, 학습컨설팅 등이 등장하였고, LiD 프로그램은 학습컨설팅의 핵심 요소인 자기주도학습의 구체적 사례와 방법을 제공할 수 있을 것으로 기대된다. 학습목표 설정, 목표 달성을 위한 전략과 방법, 전략의 실천, 결과의 평가와 점검, 결과의 표현 등을 타인의 지시가 아닌 스스로 실천하는 학습인 자기주도학습은 자신에게 배정된 주제를 스스로 학습하여 전문가로 성장해 가는 LiD 프로그램과 이념 및 실천 방안이 근본적으로 동일하다고 볼 수 있다.

둘째, 시험 부담에서 벗어나 학생들의 꿈과 끼를 찾을 수 있도록 수업 운영을 학생 참여형으로 개선하고 교육과정을 유연하게 운영하는 자유학기제가 중학교 학생들을 대상으로 (시범) 운영 중에 있다. 사실 한국의 교육은 친구들과의 경쟁에서 승리하는 것을 실질적 목표로 삼고 있으며, 대학을 향해 앞만 보고 달려 가도록 강요하고 있다. 이러한 만연화된 비교육적 상황 속에서 학창시절의 중간 시점에 자신의 삶을 한 번쯤 뒤돌아보고, 적성을 찾아 자신의 참모습을 발견하도록 하는 데 자유학기제의 근본 취지가 있다. 자유학기제가 교육 전반의 혁신에 기여하도록 추진되기 위해서는 자유학기 시기 동안의 교육 내용에 대한 진지한 고민이 필요하다. 특정 주제를 꾸준히 학습하여 전문성을 심화시켜 가는 LiD 프로그램을 통해 학생들은 자신의 적성을 발견하고 꿈과 끼를 키워 나갈 수 있을 것이다.

이 책은 『Learning in Depth』의 취지에 공감하면서 함께하는 공부의 즐거움을 만끽한 교육학자들의 공동 작품이다. 번역자들은 가독성을 높이기 위해 필요할 경우 주석을 달았고, 일부 내용에 설명을 보충하기도 했다. 어려운 출판 상황에서도 번역서 출간을 기꺼이 맡아 준 학지사 김진환 사장님과 전문성과 프로정신으로 편집 과정에 최선의 노력을 기울여 준 편집부 선생님들께 감사드린다.

2014. 5.

번역진을 대표하여 김회용

『깊은 학습 지식의 바다로 빠지다』의 한국어판을 소개하는 글을 쓰게 되어 정말 기쁩니다. 이 프로그램은 캐나다에서 약 4년 전에 시작되었고, 현재는 여러 나라에서 시행되고 있습니다. 학생들이 이 프로그램에 흥미를 가질 것이라고 예상하기는 했습니다만, 대부분의 학생이 제 예상보다 더 큰 흥미를 보이는 것에 깜짝 놀랐습니다. 많은 학생이 이 프로그램이 학교생활에서 가장 좋아하는 활동이라고까지 하더군요. 사실 이 프로그램은 현재 학교교육의 맥락에서는 일반적이지 않은 활동이기 때문에 학생들이 이런 반응을 보이는 것에 많은 교육 전문가들도 놀라워했습니다.

영어로는 'Learning in Depth(LiD)' 라고 알려져 있는 이 프로그램은 교육과정상 튀는 부가 프로그램이기 때문에 더욱 일반적이지 않은 성격을 지닌다고 할 수 있습니다. 일반적이지 않다고 하니 많이 부담스럽겠지만, LiD는 적용하기도 쉽고 실행에 큰 대가가 따르는 것도 아니며, 그럼에도 학생들에게 커다란 교육적 효과를 발휘할 수 있는 프로그램입니다. 이 프로그램이 지닌 장점을 몇 가지 꼽아보도록 하겠습니다.

- 학습자로서 학생들이 자신감을 갖게 한다.
- 상대적으로 적용이 쉽고, 다른 프로그램이나 정규 교육과 정과 유연하게 결합할 수 있다.
- 개별화된 학습을 위한 최상의 수단을 제공한다.
- 교사는 도움을 주는 역할에 머무르고 학생이 주도적으로 이끌어 가는 독창적인 프로그램이다.
- 교육과정에 유연한 학습이 가능한 새로운 영역을 제공한다.
- 학부모가 학교 및 자녀들의 교육에 참여하게 하는 새로운 방식이다.
- 시험에 대한 압박이 없는 상황에서 교사들이 열정적인 학 습자들과 함께 새로운 지식을 탐구할 수 있다.
- 정규 교육과정에서 배우는 내용을 더욱 풍성하게 한다.
- 학생들이 자신의 주제에 관한 포트폴리오를 만드는 과정 에서 확장되는 상상력을 그대로 보여 준다.

LiD 프로그램을 통해 학생들이 자신의 주제를 선택하고 자신 만의 포트폴리오를 만들어 나가는 과정에서 보여 주는 엄청난 열정은 교사와 학생들을 모두 놀라게 했습니다. 교사들의 반응 은 다양했습니다.

"아이들이 너무 좋아해요!"

"우리 학생들이 이런 질문과 반응을 보인 적이 없었어요. 아이들과 이런 대화들을 해 본 것도 처음이에요."

"LiD 프로그램은 우리 학생들의 학습에 대한 생각을 완전히 바꾸어 놓았어요. 아이들이 보이는 깊이와 수준에 놀라고 있어요."

이 프로그램에 가장 열광적인 반응을 보이는 집단인 학부모들의 반응도 마찬가지입니다.

"LiD가 우리 아이들을 바꿔 놨어요. 아이들이 지식을 탐구하고, 다른 사람과 나누고, 체계화하는 데 흥미를 갖게 되었어요. 아이들이 맡은 주제는 아이들의 삶에서 가장 친밀한 부분이 되었죠. 학교에서 이 프로그램을 시행한 지 2년 만에 우리 아이들은 배움을 사랑하는 법을 배웠어요."

이 책은 한국의 학교들에도 이 새로운 프로그램을 교육과정에 도입하도록 권하는 제안서가 될 수 있을 것입니다. 이 프로그램은 어떤 것을 깊게 배우는 것이 각 개인의 교육에 중요한 영역을 더하는 것이며, 이를 통해 학교교육의 목표를 더 잘 성취하도록 도울 수 있다는 믿음에 기반을 두고 있습니다. 이는 또한 모든 사물은 경이로움을 담고 있으며, 어떤 것에 대해 더 많이 알수록 점점 더 흥미로워진다는 원칙에 기반을 두고 있습니다. 현재 우리의 학교교육에서는 깊이 있게 배우는 일이 별로 없기 때문에 이런 당연한 원칙을 사람들이 잘 모르고 있을 뿐이지요.

LiD 프로젝트에 대해 좀 더 알고 싶다면 http://www.ierg.net/LiD에 접속해 보시길 바랍니다. 이 홈페이지에는 프로그램을 시작해 보고 싶은 교사들을 위한 다양한 자료가 담겨 있습니다. 다양한 글, 오디오 자료, 비디오 자료들을 통해 LiD에 대해 더 풍성하게 이해하실 수 있을 겁니다. 또한 이 프로그램을 처음 도입한 교사들이 겪는 애환과 프로그램 적용을 위한 노하우도 담겨 있습니다. 조만간 한국의 많은 학교에서도 학생들의 교육에 도움이 되는 LiD 프로그램의 확산 움직임에 동참하는 모습을 볼 수 있기를 진심으로 기대합니다.

키렌 이건

감사의 글

이 책의 원고를 개선하기 위해 예리한 비평과 제안을 해 준 캐나다의 사이먼프레이저 대학교(Simon Fraser University: SFU)에 있는 '상상력 교육 연구회(Imaginative Education Research Group: IERG) 동료들 Gillian Judson, Kym Stewart, Tannis Calder, Krystina Madej에게 감사한다. 나는 SFU 상상력 교육 석사과정의 뛰어난 학생들에게 많은 도움을 받았다. 교사로 재직하면서 석사과정을 밟고 있는 학생들 강의에서 나는 처음으로 자기주도적 심층학습(Learning in Depth: LID)에 대한 발상을 말했고, Linda Holmes과 David Futter가 수업에 이 발상을 적용해 보았다. 이 아이디어를 실천에 옮기는 과정에서 그들이 보여 준 창의력과 헌신, 또 '어린이 LiD(Lid Kids)'의 첫 번째 집단이 놀랍도록 성공적인 결과를 보이자 이에 대한 책을 쓰라고 용기를 북돋아준 것에 감사하고, 그들의 학생을 통해 많은 경험을 할 수 있도록 도와준 것에 대해서도 감사한다.

주목할 만한 성과를 거둔 콜벳 차터스쿨(Corbett Charter School)의 Bob Dunton 교장 선생님과 콜벳의 유능한 선생님들이 제기한 질문과 우려, 아이디어들은 이 책을 더욱 명료하고 실용적인 것으로 만드는 데 도움을 주었다. 또한 선생님들이 이 발상을 광범위하게 실행하기 위하여 세심하게 계획을 짜는 모습은 나를 각성시켰고, 큰 힘이 되었다.

최고의 전문성을 갖춘 선생님들이 복잡한 교실의 일상생활에서 나의 발상을 표현해 내는 광경을 지켜보는 것은 고무적인 일이었다. 캐나다 브리티시컬럼비아 주 리치몬드에 자리 잡은 Anderson 초등학교의 교장 Craig Worthing(2010년 당시 교장이었으며, 지금은 은퇴했음)과 선생님들의 도움으로 내 제안에 잠재되어 있는 이론적 문제 및 실제 문제에 대해 생각해 볼 수 있었다. 호주 멜버른에 소재한 회사 AKT의 책임자 Di Fleming과 브리티시 컬럼비아 주 메이플리지에 소재한 사립학교인 Meadowridge의 교장 Hugh Burke는 감사하게도 시간을 내어 식견을 공유해 주었다. 벤쿠버 교육청의 교육장 대행인 Laurie Anderson은 행정관으로서 나의 발상에 유익한 통찰을 제시했을 뿐만 아니라, 써리 교육청의 전 교육장 Fred Renihan 박사가 했던 것처럼 LiD 실천에 관심이 있는 학교를 찾아내는 데 도움을 주었다. SFU 교육학과의 교육학박사 프로그램 진행자인 Geoff Madoc-Jones 박사와 Jean Warburton 박사는 이 프로그램의 시행 방법에 유익한 견해를 제시해 주었다.

또한 SFU 교육학과 교수인 Robin Barrow, Heesoon Bai, Allan MacKinnon, Don McLeod 박사, 이스라엘 벤구리온대학 (Ben Gurion University)의 Gadi Alexander 박사, 비영리 비정부 학술단체인 Canadian Council on Learing 연구원 Isabelle

Eaton, IERG의 관리 조정자 Teresa Martin, Lid 프로젝트의 연구 조교 Melanie Young과 Stacey Markortoff 그리고 Pamela Thomas와 아내 Susanna Egan에게도 감사의 말을 전하고 싶다. 형식과 내용 모든 면에서 통찰력 있는 제안을 해 준 Catherine Egan(Kieran Egan의 딸이며, 현재 작가로 활동하고 있음-역자 주)에게도 고마울 따름이다.

책을 쓰는 동안 감사하게도 캐나다 인문사회과학 연구위원회(SSHRC)에서 보조금을 받았다. 시카고대학 출판부 Elizabeth Branch Dyson의 도움으로 이 글은 훨씬 더 좋은 책이 되었다. 이 책이 현재의 모습을 갖추게 된 데는—구조적 특징에서부터 세부 내용에 이르기까지—그녀의 헌신과 좋은 충고 그리고 많은 제안 덕분이다. 그녀는 작가들이 생각하는 것보다 편집자로서 좋은 덕목과 재치를 많이 지니고 있었다. 그녀에게 무척 감사하며, 만약 이 책이 LiD 프로그램의 실행으로까지 이어질 수 있다면, 그 프로그램에 참여하여 전문성을 얻게 될 아이들은 그녀에게 빚을 지게 되는 셈이다. 그녀는 조용하지만 오랫동안 남을 기여를 한 것이다.

차 례

　우리가 기록을 가진 먼 옛날부터 세대를 거듭할 때마다 변하지 않는 것 중의 하나는 기성세대가 젊은이의 무식을 한탄한다는 것이다. 기성세대 역시 젊었을 때 자신의 무식은 부모 세대로부터 개탄의 대상이었다는 것을 알고 있다. 하지만 이번에는 정말 유례없이 엄청나게 상황이 나쁘다고 이야기하고 있다. 우리의 젊은이들은 이전의 무식했던 세대들을 무색하게 할 만큼 대단히 무식하고, 젊은 세대들의 사막 같은 멍청함만 보자면 그 이전의 모든 세대를 압도할 정도다. '요즘 아이들'은 종알대는 아이팟 때문에 망가진 귀를 통해 그들의 머리에 주입된 팝송 가사를 제외하면 아는 게 없다. 우리의 젊은 세대는 자연에서의 경험과 아는 것이 풍부한 노년세대와의 상호작용을 박탈당했으며, 가정생활의 자리를 꿰찬 TV와 할리우드 영화의 여러 해에 걸친 성공적 바보 만들기의 희생양이 되었다.

　공부를 잘하는 학생들이 가는 곳으로 알려진 대학들에서 여러 해 동안 가르친 분에 따르면 요즘 젊은이들은 도저히 참기 어려운 수준이라고 한다. 한 교수님은 "베르사유 조약의 조문을 모르는 수준이 아니라 아예 그런 조약이 있었는지, 왜 그런 일이 벌어졌는지, 조약이라는 게 도대체 뭔지 모를 뿐 아니라 심지어 "그런데 베르사유가 누구죠?"라고 묻는 지경이라고 말한다. 자신의 무한한 무식의 심연을 드러내고 있다. 그들은 그 무식의 심연에서 만족해한다. 오히려 학생들은 자기네들이 역사에 대해 무식한 것 때문에 내가 곤란해하지 않을까 걱정해 줄 정도다. 그들은 역사가 자신의 삶에 관련이 없다고 말한다. 그렇게 말하는 이유는 학창시절에 역사가 그들의 삶에 어떻게 연관되는지 보여 준 사람이 아무도 없었기 때문이다."라고 불평한다.

학창시절에 분명히 배웠을 베르사유 조약에 대해 모르는 것처럼 많은 대학생들은 다른 것들에 대해서도 무지하다. 분수 나누기, 평행사변형 내대각들의 각도가 일치하는지를 증명하는 것, 문법에 맞게 문장 작문하기, 논쟁 분석하기, 아무 표시도 없는 세계지도에서 국가들을 찾아내는 것 등은 모든 학생이 배운다. 하지만 지식은 애초에 그런 것이 있었는지도 모르겠지만 봄 아침의 서리처럼 곧 사라져 버리고 만다. 학교의 교육과정 지도서를 보면 교육과정은 인간 지식의 광대한 백과사전과 같다. 하지만 시험을 통과해서 졸업한 학생들의 마음에 남아 있는 지식이 없는 걸 보면 학생들은 이 모든 지식을 외국어로 배우는 모양이다. 이 우울한 결과는 영향력 있는 1981년 ETS(Educational Testing Service) 보고서[Barrows 등]와 위기의 국가 보고서[교육의 수월성에 관한 국가위원회(National Commission on Excellence in Education), 1983]로부터 매력적으로 이름 지어진 Bauerlein의 『최

고로 멍청한 세대: 디지털 시대가 젊은 미국인을 어떻게 멍하게 만들고 우리의 미래를 위협하고 있나(The Dumbest Generation: How the Digital Age Stupefies Young Americans and Jeopardizes Our Future)』 또는 『30살이 되지 않은 사람은 어느 누구도 믿지 마라 (Don't Trust Anyone under 30, 2008)』와 같은 좀 더 최근의 인상적인 요약과 일치한다. 의기양양하게 시험에 붙고 수년이 흐르면, 시험 공부를 위해 배운 지식은 희미해져 그들의 마음에서 살아 꿈틀대는 그 무엇도 건드리지 않은 채 심연으로 빠진다. 그들은 전속력으로 기억을 잊어버리는, 억제할 수 없는 기억상실증 환자와 같다.

내가 더 열심히 이야기하지 않더라도 여러분은 이런 한탄에 익숙할 것이다. 불평하기는 쉬운데 상황을 타개하기 위해 우리는 정작 무엇을 해야 하는가? 이 책에서 나는 간단한 제안의 윤곽을 보여 주고자 한다. 이 제안은 시행하기 쉬우며, 문제의 중요한 부분을 해결해 줄 것이다. 나의 제안은 내가 알기론 새로운 의견이다. 이것이 시행된다면, 아이들의 교육에 혁신적인 영향을 줄 것이다. 이 전략은 모든 것을 가르치는 새로운 방법이 아니라 무언가를 '깊이' 가르치자는 제안이다. 나는 이 제안이 다루는 문제의 본질에 대해 좀 더 자세히 이야기한 후 2장에서 내 제안에 대해 설명하도록 하겠다.

일부 냉담한 독자들은 이렇게 간단하고 쉬운 방법으로 과연 교육의 난제 하나가 풀릴 수 있을 것인지 의문을 가질 수도 있을 것이다. 그래서 나는 3장에서 이 제안의 주요 이의에 대해 검토하고, 반대 의견에 일일이 답할 것이다. 3장에서는 이 프로그램을 시행할지 여부를 고민하고 있는 교육위원회와 자기주도적 심층학습(Learning in Depth: LiD) 프로그램 지지자 사이의 질의응답 형태로 내용을 다룰 것이다. 처음에 교육위원회 사람들은 이 감당할 수 없는 이상한 생각을 거부하고 싶은 충동을 느낄 것이다. 그래서 이 형식은 나로 하여금 프로그램에 대해 사람들이 제기할 수 있는 반대 의견을 탐구해 볼 수 있게 해 준다. 가상의 교육위원회는 대부분의 교육 행정가처럼 새로운 가능성에 대해 개방적이나 새로운 프로그램을 시행했을 때 발생하는 문제점에 대해서 많이 알고 있으며 또 이에 대해 조심스러워 한다. 분량이 많은 3장에서는 잘못될 가능성이 높은 모든 문제점을 자세히 검토하고, 이런 문제들이 왜 쉽게 극복될 수 있는지 이유를 제시할 것이다. 4장에서는 이 제안의 중요한 특징에 대해서 자세히 기술할 것이다. 5장에서는 우리가 학교 교육과정의 이 새로운 구성요소를 통해서 학생들을 어떻게 지도할 수 있는지, 그 원리와 실용적인 제안을 제공할 것이다. 6장에서는 이 제안의 또 다른 중요한 실용적인 요소에 대해 자세히 다룰 것이고, 7장에서는 미래에 우리가 이 계획을 실행하기 위해 취할 수 있는 조치들을 제안할 것이다.

이 책의 주된 목적은 모든 학교 교육과정에 짜 넣을 수 있는 새로운 프로그램을 제안하고 설명하는 데 있으며, 나는 이 제안의 실용적인 세부사항과 함께 이것이 학생과 교사, 학교에 교육적 혜택을 어떻게 제공할 수 있는지에 주로 초점을 맞출 것이다. 이 책의 원고를 읽은 사람 중 일부는 이 제안의 이론적 배경을 보완할 것을 요구했다. 그래서 나는 이 제안의 기초에 대한 논의를 제공하는 방대한 부록을 썼다. 이 작업을 모두 종합하여 나는 최종 결론을 내릴 것이고, 이를 통해 논의를 마무리할 수 있을 것이다.

학생들이 학교에서 조금밖에 배우지 못한다는 주장을 인용하는 것으로 시작되는 책들은 우리가 바라는 교육적 책임을 다 하지 못하는 교사들을 비난할 것으로 예상할 수 있다. 하지만 나는 일반적으로 교사들은 대단히 어려운 상황, 특히 정부나 교육행정가가 바람직한 기술이나 지식을 생산해 내지 못하는 학교의 무능에 대해 오히려 교사들을 비난하는 상황에서도 열심히 일하는 영웅적인 전문가들이라고 생각한다. 나는 학교의 무능에 대한 진범을 다른 곳에서 찾으려 했다(Egan 2002, 2008). 또한 교사라는 직업을 무엇보다도 전문가라는 원래의 자리로 되돌려 놓을 수 있는 교사의 기술에 대한 부분적인 해결책을 다소 새로운 방식으로 제시하려 한다.

교사들은 현대 시민이 갖추어야 할 기초 지식을 다수의 학생에게 충분히 가르치기 위해 대체로 열심히 일한다. 지금까지 학교에서 실시되는 LiD는 상위집단 학생들을 위한 교육적 사치품처럼 여겨져 왔다. 그래서 이 제안은 처음 볼 때 상위집단을 목표로 한 것으로 보일 수 있다. 하지만 이것은 사실이 아니다. 이 제안은 하위집단 학생에게 더 유익하며 하위집단 학생들이 확 달라진 학교교육을 경험하는 데 크게 기여할 것이다.

오늘의 학교교육,
무엇이 문제인가

　현재 우리의 학생들은 '무지의 지표(ignorance stakes)'에서 신기록을 세우고 있다. 이러한 결과에 주목하지 않더라도 학생들은 학교에서 오랜 기간 많은 비용을 들여 가르친 것에 비해 습득하는 지식의 양이 충분하지 못하다는 문제에 직면해 있다. 교육과정이 인간의 놀라운 발견과 발명으로 가득 차 있다 한들 학생들이 이를 거의 기억하지 못하고 놀라움도 느끼지 못한다면 무슨 의미가 있겠는가? 다시 말하면, 우리의 학교교육에는 분명히 문제가 있다.

　이 문제를 해결하기 위해 시도할 가치가 있다고 당신을 설득하고 싶은 방안이 여기에 있다. 이 해결책은 기존에 알려져 있던 것과는 전혀 다른 것이므로, 이 새로운 제안이 우리가 직면한 문제를 해결하는 데 도움이 되는 이유를 좀 더 자세히 설명하겠다.

지식의 폭과 깊이

　플라톤에서부터 현재에 이르기까지, 교육받은 사람의 이미지를 묘사하려는 사람들 대부분은 적어도 두 개의 기준을 갖고 있다. 첫째, 교육받은 사람들은 지식이 폭넓고 풍부해야 한다는 것, 둘째, 그들은 깊이 있게 무언가를 알아야 한다는 것이다.

첫 번째 기준은 꽤 간단하다. 모든 사람은 대체로 많이 알고 있는 것, 즉 세계와 그 세계의 역사와 지리, 자신의 나라와 다른 나라의 정치, 과학 분야에서 일반적으로 일어나고 있는 것, 예술과 문학, 그리고 그 밖의 다른 것 등에 대해 알고 있는 것과 잘 교육받은 것을 잘 관련시킨다. 즉, 학교에서 배우는 교육 과정을 진정으로 배우고, 간직하며, 의미 있게 받아들인 사람이라면 이 폭이라는 기준을 만족시킬 것이다. 게다가 우리는 지식의 폭이 사실들을 느슨하게 모아둔 것에 그치지 않고 지식에 체계성을 부여하고, 사람들의 이해를 돕는 개념의 틀을 포함하기를 기대한다. 또한 우리는 교육받은 사람이 계속해서 학습에 전념하고, 기지(旣知)의 것을 비판적으로 숙고하는 습관을 가질 것을 기대한다. 그러한 사람은 현대 사회가 요구하는 지식과 기술을 갖추게 될 것이다.

많은 교육 전문가들은 '깊이'라는 준거가 필요한 이유를 학생들의 지식 이해 수준이 표면적인 수준에 머물러 있기 때문으로 보았다. 지식 이해 수준이 피상적이라는 것은 약간 모호하게 말하자면—종종 그렇게 표현되듯—지식의 작용 방식이나 지식의 본성 혹은 지식의 불안정함을 적절히 이해하지 못함을 의미한다. 우리는 무엇인가를 깊이 있게 배움으로써 광범위하게 축적된 지식을 표면적으로 유지하는 것이 아니라, 지식의 내부로부터 그것을 파악하게 된다. 지식을 폭넓게 배우는 것에 그친다면 우리는 항상 다른 사람들의 전문 지식에 의존할 수밖에 없을 것이다. 반면 깊이 있게 배울 때, 우리 자신의 전문 지식을 발달시키게 될 것이다. 무엇인가를 깊이 있게 배우게 되면 각자 '폭'이 다른 우리의 지식을 더 잘 이해할 수 있게 될 것이다.

매 수업 시간 교사들은 일반적인 방식으로 하나의 주제를 다룬 후 몇몇 특정 주제들을 자세히 탐구하거나 학습해야 할 모든 단원에서 학생들에게 깊이 있게 탐구할 수 있는 과제를 스스로 선택하게 함으로써 지식의 폭과 깊이를 동시에 성취하려고 한다. 학교가 지식의 깊이 준거(depth criterion)를 만족시키기 위해 만든 교육과정 규정은 고등학교 학생들이 특정 교과나 내용을 전문적으로 공부할 수 있도록 하거나 직업 준비의 일환으로 전문화된 기술을 개발하도록 하고 있다. 그러나 깊이 준거의 만족도를 고려해 보면, 이 정도의 약한 활동으로는 당면한 문제에 의미 있는 영향을 미칠 수 없다. 이런 활동은 학생들이 피상적인 학습에서 약간 더 나아가도록 하는 수준에 머무를 뿐이다.

이 제안은 기술이 요구되는 분야에서 일할 사람 또는 상당히 전문적인 지식을 요구하는 전문 분야에서 일할 사람에게 필요한 명백히 실용적 가치가 있는 다양한 분야의 전문 지식과는 관련성이 없다. '직업' 관련 지식의 축적만으로는 우리가 교육적으로 원하는 것을 성취할 수 없고, 나중에 혹시 목표에 도달한다 해도 자기주도적 심층학습(Learning in Depth: LiD)이 학령기 학생에게 실시되는 경우보다는 훨씬 늦게 이루어지게 될 것이다.

모두가 중요하게 여기는 폭:
소수를 위한 사치로 여겨지는 깊이

학교 체제에서 볼 때 '깊이'라는 준거는 약간 사치스러운 것으로, 주로 좀 더 학구적인 학생에게나 부유한 사립학교의 학생에게 유용한 것으로 여겨진다. 반면 '폭'이라는 준거는 많은 학생들을 위해 대부분의 시간 동안 우리가 씨름하는 것이다. 현대 사회의 효과적인 시민이 되는 데 필요한 보편적인 정보를 접하고, 이를 확실히 다룰 수 있게 함으로써 말이다.

현재 교육학계의 주된 이론들은 교육과정이 학생들의 삶과 얼마나 관련된 내용으로 구성되었는지를 기준으로 교육과정 내용의 적절성을 판단하도록 하고 있다. 이러한 준거는 우리가 학생들의 일상에서 사용될 많은 양의 지식을 교육과정에서 다루도록 한다. 그러나 그것은 학생들의 사회적 삶과 특별한 관련성이 없을지도 모르는 무엇인가를 일관성 있고 깊이 있게 학습하도록 지시하지는 않는다. 다시 말하면 지금의 교육과정에서는 위와 유사한 어떤 지시도 이상하게 생각될지 모른다는 것이다. 즉, 우리는 교육의 주된 과제를 학생들에게 폭넓은 지식을 전달하는 것으로 설정하고 있으며, 그런 과정에서 학생들이 스스로 관심을 갖는 주제를 발견하여 더 훌륭한 전문성을 갖게 될 것으로 기대하고 있는 것이다.

나는 이러한 교육적 아이디어에 잘못된 점이 많다고 생각하지만, 그중에서도 지식의 폭과 깊이를 획득하는 문제에 관한 오류만을 지적하고자 한다. 우리는 지금껏 지식의 폭과 깊이에 대해 거꾸로 알고 있었다고 생각한다. 나는 깊이의 준거를 획득하는 것이 곧 폭의 준거를 더 잘 성취하는 핵심이라고 생각한다. 그래서 나는 LiD의 성공적인 운영 방식을 설명하고, 이것이 10년 넘게 배운 교육과정에 대해 거의 아는 것이 없는 우리 학교 시스템의 졸업생들이 지닌 심각한 문제의 해결책이 될 수 있음을 제안할 것이다.

왜 깊이인가

초보 수준의 읽기와 셈하기에 어려움을 겪고 있는 학생에게 무엇인가를 깊이 있게 학습하도록 독려하는 것이 가능할까? 현대의 학교는 이에 대해 부정적이다. 그렇다면 LiD는 어떠한 교육 목적을 가지고 있을까? 이 질문은 플라톤의 시대부터 지금까지 깊이 있는 지식이 우리의 정신에 어떻게 작용하는가라는 관점에서 제기되었다. 어떤 이유들이 주로 제시되었을까? 이유는 몇 가지가 있다.

전문 지식 그리고 지식이 작용하는 방식을 배우는 것

가장 흔한 주장은 일종의 동어반복이다. '무엇인가'에 대한 깊은 지식이 부족하다는 것은 그 지식이 무엇인지, 그것이 어떻게 기능하는지에 대한 적절한 이해가 부족하다는 것이다. 만약 한 개인의 모든 지식이 일반적이고 표면적인 수준에 그친다면, 그 사람은 지식의 본질을 절대로 이해할 수 없을 것이다. 사람이 깊이 있는 학습의 과정에서 배우는 것 중 하나는 앎에 대한 주장이 어떻게 성립되고, 공격받으며, 이를 방어하는가이다. 이것은 우리의 앎에 대한 주장의 불안정성을 천천히 발견해 나가는 과정 전반에 걸쳐 있다. 무엇인가를 깊이 있게 안다는 것은 내부로부터 그것을 안다는 것과 같으며, 여기서 학생들은 전문 지식을 얻게 되고, 깊게 공부한 그 분야로 인해 모든 분야에서 지식이 작용하는 방법을 인식하게 된다.

표피적 지식에는 통달해 있지만 깊이 있는 지식이 없는 사람들은 흔히 그들의 의견이 지식과 같은 종류의 것이라고 가정한다. 그들은 그들이 가진 지식과 신념 간의 차이를 충분히 알지 못한다. 이 때문에 그들은 깊이 있는 지식의 부족으로 인해 쉽게 현혹되기 쉬우며, 이들을 이용하려는 사람들의 희생양이 되기 쉽다. 이러한 특성은 확실한 지식이 부족함에도 불구하고, 자신의 의견을 자신만만하게 내세우도록 한다. 대학에서 학생들을 가르치면서 나는 학생들이 문법에 맞는 문장을 작성하거나 일관된 논점을 만드는 것에 어려움을 겪는 것과 사회를 조직하는 방법, 국가의 외교 정책을 운영하는 방법, 그리고 다른 사람들에게 어떻게 살아갈지를 가르치는 방법에 대해 자신 있게 의견을 내어놓는 태도 사이에 강한 정적 상관관계가 있음을 발견했다.

깊은 지식이 부족한 사람들은 아무것도 믿지 않게 되는 것이 아니라 어떤 것이라도 믿게 된다(외계인의 납치, 이를 제외하고도 많은 영화들이 선보이는 모든 종류의 괴물들—특히 좀비, 뱀파이어와 초현실적 현상, 환상적인 음모설, 별난 혼령에 사로잡힘, 전생의 기억으로의 접근, 엄청나게 많은 괴상한 '도시 전설' 그리고 그 외의 이상한 것들). 하지만 무엇인가를 깊이 있게 배운다는 것은 혼란스러운 의견이나 정리되지 않은 지식으로 뒤섞인 주장들에 대해 일종의 예방접종이 될 수 있다. LiD의 결과 중 한 가지는 저속하고, 진부하며, 피상적인 거짓말보다는 자연 세계의 경이로움에 관한 학습에서 더 큰 기쁨을 얻을 수 있다는 것이다.

가드너(Howard Gardner)는 LiD를 지지하는 몇 가지 의견을 결합하여 왜 LiD가 적절히 교육받은 사람 또는 주제에 대한 적절한 이해력을 길러내는 데 중요한지를 좀 더 집중적이고 정확하며 강력하게 주장한다. 그는 몇 가지 예를 들어 단지 훈련된 과업만으로는 수준 이하의 편협적인 흔한 지식밖에 얻을 수 없음을 보여 준다. 더 나아가서 그는 LiD가 학생들에게 '중요한 주제를 이해하고 그 의미를 발견하는' 마음 상태를 불러일으킨다는 것을 보여 준다(1999, p. 245). 가드너는 한 주제나 쟁점의 연구를 통해 얻어낸 이해가 다른 주제나 쟁점에도 일종의 리트머스지 같이 지식의 본성과 의미를 분별하는 감각으로 작용한다고 본다. 그는 현재 학교들은 너무 많은 것을 너무 피상적으로 가르치려고 하기 때문에 사회적 필요에 비해 효과가 덜

하다고 주장한다. 만일 학교가 좀 더 적은 주제에 초점을 맞추거나 학생들로 하여금 주제를 깊이 있게 배우도록 했다면 크게 성공했을 것이다.

학습의 기쁨

교육 철학자들은 세계에 대하여 교육받은 사람이 갖게 된 지식의 폭과 깊이가 합쳐질 필요가 있다고 일관성 있게 주장해 왔다. 플라톤은 저서 『국가(Republic)』에서 깊이 있는 학습의 중요성을 가장 두드러지게 주장했다. 가장 높은 수준까지 교육받은 사람을 위해 그가 제시한 교육과정은 학습에 50년이 걸리는 것이었다. 보다 최근의 학자들로 피터스와 허스트(Peters & Hirst, 1970)는 무엇인가를 깊이 있게 학습하는 것만으로도 사람은 표면적인 지식으로 인한 혼란에서 탈피할 수 있으며, 이러한 성과는 그 자체로 가치 있는, 그래서 즐거운 어떤 것을 양산하게 된다고 강조했다.

무엇인가를 깊이 있게 아는 것에는 미학적 이득이 있다. 즐거움 없이 학습 자체를 위한 학습은 절대로 확립될 수 없다. 학습 자체의 즐거움을 대신한 대안은 항상 실용주의적인 학습—적용될 사용처에 의해 정당화된—이거나 오락이다. 대부분의 사람이 처한 상황은 다음과 같이 묘사될 것이다. 우리는 어떤 목적을 위해 우리가 알아야 할 것들을 배우고, 그다음에는 우리의 남은 시간을 채울 오락으로 향한다. 이에 따르는 문제는 학교에서의 거의 모든 학습이 어떤 방식으로 강요된다는 것이다. 어떤 것도 평가되지 않고는 가르쳐지지 않는다. 이는 마치 '다음 시험에 나올 것'이라는 것만 알면 학생들이 학습할 것이라고 가정하는 것과 같다. 오늘날의 학교 구조는 학생들로 하여금 배움 그 자체의 기쁨을 발달시키고 축적하는 것과 반대로 작용하는 것 같다.

깊이 있게 알아갈 기회를 얻지 못한다는 것은 이로 인해 피해를 입은 사람 스스로가 손해를 보았다는 것조차 제대로 이해하지 못하는 결과를 가져올 것이다. 여기서 문제는 다방면의 지식을 가진 사람이 완전히 만족하는 삶을 살지 못한다는 것이 아니라, 인간만이 느낄 수 있는 기쁨을 잃게 된다는 것이다. 그 기쁨은 자신이 가진 지식의 본성을 인지한 후에야 가질 수 있는 특별한 지혜로부터 나온다. 한 번 무엇인가를 깊이 있게 알기만 하면, 결과적으로 이것에 대한 이해가 어디에나 확장될 것이다. 깊은 지식이 없다면 그것은 어느 곳에도 확장될 수 없다.

상상력 자극하기

아주 명백하지는 않지만 LiD의 또 다른 이점은 학생들의 상상력 자극 및 발달과 관련이 있다. 도서관이나 인터넷 정보의 홍수 속에서 특정한 지식을 찾는 것은 물론 교육적으로 가치가 있다. 그러나 이러한 과정적 기술을 강조하는 것은 실제로 아는 것(knowing)과 기억 속의 지식에 실제로 접근하는 것의 중요성을 경시하게 하는 부작용이 있다. 왜냐하면 상상력은 아는 것과 함께 작용하기 때문이다. 즉, 우리가 무엇인가에 대해 더 많이 알수록 그것에 대한 상상력도 더욱 풍부해질 것이다 (Egan, 1997).

물론 많이 안다는 것이 우리의 상상력이 풍부해진다는 것을 의미하지는 않지만, 알지 못하는 것에 대해 상상할 수는 없다. LiD 프로그램을 경험한 학생들이 학교를 졸업할 때쯤이면 학생들은 어떤 주제나 그와 연관된 것들을 생각할 때 풍부한 상상에 빠져들 수 있도록 하는 엄청나게 흥미로운 소양을 갖게 될 것이다. 상상력은 종종 이야기되듯이 비현실적인 허구에 관해 게으르게 머리를 쓰는 일이 아니라, 학습에서의 위대한 기능 중 하나다(Egan, 2008).

진지하고 의미 있는 지식이 없다면 상상력은 제대로 작동할 수 없다. 무지 상태는 상상력이 작동하기에는 너무 적은 양의 지식을 제공하기 때문에 오히려 상상력을 궁핍하게 할 뿐이다. 반면 우리가 무엇인가에 대해 더 많이 알수록 우리는 풍부한 상상력을 통해 이와 관련된 문제들을 해결할 수 있다. 풍부한 지식은 상상력이 언제든지 작동할 수 있게 하는 원동력이다.

프로젝트 학습과 초점

서양의 교육 체계에서 킬패트릭(Kilpatrick)의 '프로젝트법'이 계속 시행되고 있다는 것은 많은 이들이 LiD의 이점을 인식하고 있다는 사실을 말해 준다. 킬패트릭은 적절히 조직된 프로젝트야말로 학생들이 한 주제에 대한 학습을 깊이 있게 하도록 할 뿐만 아니라 뜻 깊은 사회 활동의 일환이 되며, 학생들의 경험과 도덕적이고 민주적인 삶을 풍부하게 이해하도록 해 준다고 믿었다. 잘 조직된 프로젝트는 더 많은 학생이 관여하여 체계적인 학습의 가치를 인식하도록 했으므로, 이 수업 형태는 오늘날까지 확실히 지속될 수 있었다. 프로젝트법의 열성적인 옹호자들인 카츠와 차드(Lilian Katz & Sylvia Chard, 1989)는 특히 학년 초의 일반적인 체계적 교수 형태에 프로젝트가 보충적 형태를 제공한다고 주장했다. 사실 그들뿐 아니라 많은 사람들은 프로젝트법이 보통의 교수 형태보다 명백하고 강력한 이점을 가진 교수의 형태라 믿고 있다.

LiD 프로그램과 프로젝트법은 학생들이 무엇인가를 더 자세히 배워야 한다는 것과 교육과정의 핵심 내용을 단순히 아는 것을 넘어 충분히 이해하도록 해야 한다는 데 인식을 같이하고 있다. 그러나 학생들이 특정 주제에 대해 상당한 수준의 통찰력을 얻기까지 얼마나 많은 개별 과업을 해야 하는지에 대한 가정에서는 LiD와 프로젝트법이 서로 입장이 다르다.

깊이 있는 학습과 자아의식

LiD의 또 다른 교육적 이점은 이것의 결과로 생겨나는 이해능력이 우리의 자아의식과 상호작용하여 더 큰 결실을 맺는다는 것이다. 나는 이것을 영적 관점에서 토론하고 싶지는 않지만, 많은 사람은 깊이 있는 지식이 우리 자신과 인간의 조건에 대하여 어떤 통찰력을 제시하는지 증명할 때 영적인 것과 관련된 용어를 사용한다. 우리가 종종 모호하게 지혜라고 불러온 인간 이해의 심층에 접근할 수 있게 된 것은 LiD의 결과다. 물론 모든 LiD가 이러한 이점을 양산하는 것은 아니므로, LiD 프로그램을 설계할 때 깊은 이해를 촉진시키는 주제의 선정 기준을 세우는 것이 필요하다.

LiD와 겸손

교육에 관한 최고의 역설 중 하나는 무엇인가를 깊이 있게 알게 되었을 때에만 현재 아는 것이 얼마나 적은지를 깨닫는다는 것, 그리고 더 많이 배울수록 배워야 할 것이 남아 있다는 것을 더 깊이 깨닫는다는 것이다. 포퍼(Alexander Pope)가 "적은 양의 학식은 위험한 것이다."라고 했듯이 표면적인 지식은 교육의 목표로 볼 때 재앙과도 같다.

사람들이 무엇인가를 표면적으로 알 때 그들은 종종 자신이 그 주제에 관해 모든 것을 알고 있다고 쉽게 가정한다. 가장 보잘 것 없는 지식만을 아는 사람들이 그들이 거의 알지 못하는 것에 대해 확실성을 갖고 자신만만하게 주장하는 경우도 있다. 무엇인가에 대해 점점 더 많은 지식을 얻을 때 그리고 진정한 전문 지식을 획득하기 시작할 때, 사람은 진정 우리의 지식이 얼마나 불안정한가와 우리가 세상의 거의 모든 것을 얼마나 제대로 이해하고 있지 못하는지를 알게 된다. 이러한 경험은 우리를 각성시키는데, 이러한 각성은 LiD를 통해 얻는 축복 중 하나다. 우리가 얼마나 무지한지를 깨닫는 것은 우리를 무능하게 만들지 않으며, 절망감 또는 주제에 대한 흥미 상실을 유발시키지도 않는다. 대신에 이것은 우리가 뚜렷이 아는 것과 잠재적으로 아는 것을 우리의 정신 속에 함께 인지시킴으로써 우리를 짜릿하고도 적절히 유쾌하게 하고, 어쩌면 지식의 신비에 대한 감각을 제공할지도 모른다. 상상력의 차원까지 더해져서 말이다. 우리가 무엇인가를 제대로 알지 못한다는 인식, 심지어는 무엇을 가장 잘 아는가에 대한 인식은 지식의 세계 앞에서 우리의 무지를 깨닫게 하며, 우리는 누구이고 무엇을 이루고자 하는지에 대한 의문을 가지게 한다.

구술 문화권과 문자 문화권의 지식

LiD의 중요성을 강조하는 주장은 사용되는 용어가 모호해서 큰 설득력을 갖지 못할 가능성이 있다. 즉, 주장과 관련된 경험이 먼저 이루어졌을 때에만 그 의미를 이해할 수 있기 때문에 주장 자체로는 다소 모호하게 다가올 것이다. 관련된 경험이 없다면, 일부 주장의 의미에 관한 불안감과 부정확함이 존재할 것이다. 그러므로 우리가 할 수 있는 일은 다만 LiD의 맥락에서 겪었던 경험을 바탕으로 일반적인 학습과 다른 LiD의 장점을 추론하고 전하는 것이다.

우리는 일종의 믿음을 갖고 이러한 주장을 기꺼이 전하는 경향이 있는데, 이는 그 주장들이 적어도 우리가 부분적으로 아는 경험을 설명하기 때문이다. 우리는 어떤 주장을 수용하는 경향이 있다. 이는 그것들이 우리가 동경하는 훌륭한 전문 지식을 갖고 있는 사람들에 의해 만들어졌기 때문이다. 포퍼의 "적은 지식은 위험한 것이다."란 말은 표면적인 지식을 바탕으로 지나치게 자신만만한 주장을 하는 교양 없는 사람들이 상당 수 존재하기 때문에 공감하게 된다. 어떤 것에 대해 깊이 있게 공부한 경험은 새로운 이해의 차원을 열어 줄 뿐만 아니라 호기심에서 오는 유쾌함과 자신의 배움이 모자라는 점을 인식하게 한다. 우리는 경험상 덜 친숙한 것보다는 가장 잘 아는 것에 대해 상상력이 좀 더 풍부해질 수 있다는 것을 안다.

이처럼 하나 혹은 그 이상의 주장들이 우리에게 이와 같은 사실을 알려 줄 수 있을지라도, 이들은 모두 어느 정도 표면적인 인상에 의존하고 있다. 이제부터 논의하고 싶은 것은 좀 더 심층적이고 복잡한 것들이다. 인류학자들이 '원시' 사람들을 연구하려는 의도로 구술 문화권과 접촉해 온 지난 이백여 년 동안 하나의 의문이 생겨났다. 우리가 더 이상 '원시' 상태에 대해 이야기하지 않는 까닭은 초기 인류학자들과 서양 사회의 사람들이 추론 능력이 부족하다고 여겼던 구술 문화권의 원시적인 사람들이 실은 그들을 연구하는 인류학자들보다 사고 수준이 낮지 않다는 사실을 다소 고통스럽고 느리게 발견했기 때문이다.

우리는 많은 인류학자 덕분에 구술 문화권 사람들의 사고를 더 잘 이해하게 되었다. 그중에서 특히 레비-스트로스(Claude Lévi-Strauss)를 언급하는 것이 적절할 것 같다. 그는 내가 이 글을 쓰고 있는 동안 돌아가셨다(2009년). 레비-스트로스는 저서 『야생의 사고(The Savage Mind)』를 통해 구술 문화권의 사고방식을 드러내는 데 중요한 역할을 했다. 이 점에 관해 또 다른 영향력을 가진 글은 필리핀의 한 숲에 사는 부족을 연구한 해롤드 컨클린(Harold Conklin, 1955)의 예일대학교 박사 논문이다. 컨클린은 그 숲에 사는 사람의 식물에 관한 지식이 유럽이나 미국의 어느 누구보다도 우수하다는 것과 그들의 분류 체계가 현대 생물학의 가장 정교한 분류와 공통점이 많다는 것을 보여 주었다.

LiD 프로젝트와 이러한 사실의 관련성은 우리가 다소 최근의 인류학자를 비롯하여 거의 모든 구술 문화권의 사람들에게 알고 있는 나무 이름을 최대한 말하도록 요청했을 때, 그들이 말 그대로 수백 개의 나무 이름을 열거할 것이란 사실을 발견하게 되면 더 명확해진다. 그들은 우리에게는 거의 불가능해 보이는 숫자의 나무들을 말할 수 있을 뿐만 아니라, 나무들의 성장 조건, 다양한 목재의 가능한 이용법, 나무들과 다른 식물들, 동물들과의 생태학적 관계, 기타에 관한 엄청난 양의 지식을 갖고 있다. 우리는 결코 이렇게 할 수 없기 때문에 이같은 사실이 놀라운 것이지만, 이러한 지식은 구술 문화권에서는 흔하다. 현

대의 미국 대학생들에게 아는 나무의 이름을 모두 말해 보라고
했을 때, 그들은 아마 평균적으로 다섯 개나 여섯 개의 이름을
겨우 나열할 것이다. "떡갈나무, 소나무, 가문비나무, …… 체
리나무 …… (피식 웃음) 상록수…… 크리스마스 나무, 이것도
나무의 종류 맞아요? …… 아이들이 말하는 큰 나무, 작은 나
무?"(Atran and Medin, 2009, p. 2.) 이는 많은 인류학자들에 의해
전해지는 역설 "더 많은 형식적 교육은 더욱 적은 지식을 낳는
다."라는 말을 연상시킨다.

아마도 우리는 우리 자신의 상대적인 무지에 대해 불편해하
며 방어적으로 반응할지도 모른다. 하지만 구술 문화권의 사람
들은 컴퓨터 기술의 세부사항과 아이폰 어플들의 끝없는 사용
법에 대한 것들은 모른다. 나무에 관한 그들의 광범위한 지식
은 단지 그들의 관심 집중으로 인해 생겨난 일일 뿐이다. 구술
문화권에 내재된 사고의 복잡성은 인정하지만, 거기에 대한 우
리의 반응은 정말로 적절한 것일까? 우리는 자연 세계에 관한
우리의 전적인 무지가 치명적인 문제임을 인식하고 있는가? 읽
고 쓰는 능력과 현대 기술을 얻은 대신 중요한 무엇인가를 잃
어버렸는가? 아마도 우리의 진짜 문제는 우리에게 자연 지식이
부족하다는 것이 아니라 그것들이 필요 없다고 생각하는 것은
아닐까?

아트란(Scott Atran)과 메딘(Douglas Medin)은 자연 세계에 대
한 현대의 지식 상실은 자연을 대하는 우리의 방식을 바꾸었다
고 강력하게 주장한다. 그들의 우려는 자연 세계에 대한 지식

부족의 인지적 결과에 있다. 그들이 아무리 특정 과학기술 분야에 대한 전문 지식을 가진다 할지라도, 이것이 자연 세계에 대한 무지로 인해 발생한 인지적 손실을 대신할 수는 없다고 생각한다. 자연 세계에 대해 매우 지식이 적은 사람들은 이에 관해 사고하거나 판단해야 할 상황에 놓이더라도 사고의 원천이 될 지식이 거의 없다. 그러므로 그들은 단지 임의로 가장 단조로운 추론 전략을 사용하는데, 그것들은 당장 그들 눈앞에서 일어나는 현실 문제를 해결하기에는 매우 부적당하다. 앞서 언급한 점 중 하나를 살펴보았을 때, 그들은—바로 우리다!—풍부한 상상 활동이 단조롭거나 매우 감성적인 때를 제외하고는 거의 불가능하다는 사실을 발견할 것이다. 어느 것도 심층 지식(deep knowledge)의 적절한 대안이 될 수 없다.

다른 책에서 나는 우리가 문해 능력으로 인해 얻은 것과 잃어버린 것, 그리고 그것에 동반하는 사고의 형태(Egan, 1988, 1900)에 관해 논의했었다. 구술 문화권에서 무엇인가를 기억하기 위해 사용해야 하는 인지 전략들은 이야기 구조(신화)의 정보틀 세우기, 운과 율을 사용하기, 선명한 이미지 상상하기, 풍부한 은유 사용하기, 그리고 서로 다른 두 개의 것으로부터 논리적 구조를 정교화하는 것과 같은 일련의 기술—즉, 학습한 자료와 감정 및 상상력을 생생하게 연관 짓는 일련의 기술을 사용하는 것—을 포함한다. 어린 학생들 그리고 그들의 선생님들과 함께한 나의 대부분의 교육적 작업은 우리가 어떻게 하면 어린 이들의 감정과 상상력이 교육과정 자료를 효과적으로 학습하도록 작용하며, 또한 감정과 상상력이 이러한 일련의 기술을 계획하고 가르치는 데 어떻게 사용될 수 있는지에 바탕을 두고 있었다. 그러나 의미를 구성하는 기술을 적절히 사용하기 위해 어린이들이 필요한 지식을 축적하지 않는다면, 이 기술 중 어느 하나도 작용할 수 없을 것이다.

이야기나 은유 같은 기술이 단순히 구술 문화권에만 실용적이고 적합하다는 것은 아니다. 그렇다고 다른 기술은 문자 문화권에 적합하기 때문에 우리의 문해 능력과 추론 전략이 덧입혀짐으로써 이와 같은 손실이 기분 좋게 무시될 수 있게 된다고 말하는 것도 아니다. 예를 들어, 은유를 융통성 있게 사용할 때 드러나는 인지 전략은 이를 수준 높게 다루는 구술 문화권에서만 사용되는 것이 아니다. 그것은 오늘날 사고의 융통성과 창조성을 원하는 사람 모두에게 가치가 있다.

이러한 일련의 구술 그리고 문자 문화권의 전략은 세계나 경험을 이해하는 능력을 강화하는 인지 도구 상자의 역할을 한다. 우리의 전략이 풍부할수록 우리는 그 일련의 전략을 통해 세계와 우리 자신의 경험을 더욱 잘 이해할 수 있다. 그러면 우리는 문화사에서 개발된 가능한 많은 기술을 지혜롭게 보존할 수 있을 것이다. 특히 최근 발달한 몇몇 문자 중심의 기술이 적절히 작용되기 위해 초기의 몇몇 구술 문화권 기술에 의존하고 있음은 분명하다. 구술 문화권의 이야기 구조는 현재 우리가 끊임없이 사용하고 있는 내러티브의 근본이다. 당신은 저녁 뉴스를 틀 때 연달아 전개되는 이야기를 보면서 감정적 의미를 생생하게 끌어내어 사건을 묘사하는 데 익숙한 기자들의 말을 듣는다. 교육에 있어서 자연 세계에 관한 지식의 엄청난 쇠퇴 속에서 우리가 명백히 무엇을 잃었는지에 대해서는 걱정할 필요가 없다고 생각하는 사람들의 입장을 대하면서 그들의 무지를 일일이 논하기는 어렵다.

가르쳐야 할 내용의 의미를 풍부하게 하는 이러한 기술이 아이들이 깊이 있게 배우기 시작할 때 어떻게 작용하는지는 다른 장에서 다룰 것이다. 여기서는 먼저 자연 세계에 대한 우리의 재앙에 가까운 무지와 LiD의 교육적 가치를 밝혀 줄 또 다른 근거로서 이것의 인지적 결과에 관한 의견을 덧붙이고 싶다. 특히 자연 세계 안에서 주제를 정한다면 모든 학생들로 하여금 지식의 양과 그 의미의 강렬함을 깊이 수용하게끔 할 수 있다. 이는 자연 세계와 그 속의 우리 삶의 터전에 대해 제대로 생각하지 못하는 현재 우리의 무능함에서 우리를 구원하는 길로 나아가는 것일지도 모른다.

누구에게나 필요한 지식의 깊이

이런 사실들을 통해 알 수 있는 것은 깊이 있는 지식의 부족이 심지어는 개인이 갖고 있는 지식의 피상성과 부적절한 이해의 원인이 되고, 타인의 말을 쉽게 믿고, 속기 쉬우며, 학습 그 자체의 기쁨을 빼앗고, 상상력을 빈약하게 하며, 우리가 속한 자연 세계에 관해 감각적으로 생각할 수 없게 한다는 것이다. 깊이 없는 지식은 아무짝에도 쓸모가 없다!

LiD의 가치가 순수한 실용주의적 지식 학습이 나타내는 가치와 유사한 것을 지향하기 때문에 그것을 정확히 분별하기는 쉽지 않지만, LiD가 모든 학생에게 교육적으로 가치가 있다는 것을 밝혀주는 근거들이 있다. LiD의 근거들은 교육의 중요한 면의 핵심에 연결된다. 교육 비용을 부담하는 사람들이 흥미를 가질 만한 내용은 실용적 측면을 무시한 듯한 LiD가 실제로는 가장 실용적이고 효과적인 교육 방법이라는 점이다. 우리가 현재 피상적인 '폭'에만 관심을 두고 있는 것은 결국 효과가 거의 없는 것이라고 할 수 있다. 따라서 모두에게 깊이를 보장하는 제안을 주의 깊게 살피는 것은 일리가 있다.

무엇인가를 깊이 있게 배우는 것의 직관적인 매력도 언급하고자 한다. 지난 해 동안 혹은 LiD에 대해 교사들과 이야기할 때마다 거의 항상 누군가는 세부적으로 공부해야 했기에 큰 즐거움을 주었던 상황을 떠올린다고 말한다. 몇 주 전 한 교사가 말하길, "8학년 때 저는 1년간 피라미드에 대한 특별한 공부를 했어요. 저는 먹고, 마시고, 잠자기를 피라미드에 대한 생각과 함께 했어요! 제게는 그것이 학교에서의 가장 행복했던 기억이었고, 지금까지도 그것에 대해 생생하게 기억할 수 있어요."

이 장에서 나는 LiD의 일반적인 아이디어를 뒷받침하기 위한 많은 주장을 살펴보았다. 이러한 주장에 따라 형성된 프로그램들은 서로 서로 상당히 다르며, 내가 제안하려는 것과도 모두 다르다. 이 글에서 나의 목표는 이 모든 아이디어에 동의한다는 사실을 말하려는 것이 아니라 수년간 많은 교육자가 깊이 있게 아는 것의 중요한 교육적 가치를 인지하게 되었다는 사실을 나타내려는 것이다. 긴 세월을 보낸 후에야 이것의 가치를 인식하는 데 성공했음에도 불구하고, 우리는 아직 이 주장과 관련된 프로그램들이 진정한 목표를 성취하는 데 확실히 성공하지 못했다고 본다.

02

자기주도적 심층학습 프로그램

어떻게 해서 학생들은 깊이 있는 지식을 얻게 되는 것일까? 이 장에서는 그에 대한 답을 간단히 서술하고 있다.

근본 개념은 아이들이 학교수업 첫 주에 정규교육과정 외에 학교생활 내내 배울 특별 주제를 무작위로 배정받는다는 것이다. 주제는 사과, 바퀴, 연체동물, 철도, 나뭇잎, 배, 고양이, 향신료 등과 같은 것이 될 것이다. 학생들은 자신의 주제에 대해 개인 포트폴리오를 만드는 데 도움과 제안, 그리고 안내를 해 줄 전담 선생님과 정기적으로 만날 것이다. 이 활동의 목표는 학교교육이 끝났을 때 학생이 진정한 전문 지식을 갖도록 하는 것이다. 이 과정을 통해 학생과 지식의 관계 그리고 지식의 본질에 대한 학생의 이해가 완전히 바뀔 것으로 기대된다. 각각의 아이들을 위해 학교교육의 내용은 완전히 바뀌어야만 한다. 이 과정은 대체로 강요되지 않은 학습이 그러하듯 학생들이 정서적으로 만족해야만 한다.

학생들이 학교를 졸업할 무렵에는 어떤 것에 대해 아는 것이 아주 많아질 것이다. 확실히 학생들은 자신이 공부한 특정 주제에 대해서만큼은 전문가 못지않게 아는 것이 많을 것이다. 또한 학생들은 자신이 공부한 전문 지식을 담은 주제가 자신의 이해 안에서 어마어마하게 확장되었다는 것을 인지하고, 알아야 할 것에 비해서 자신이 아는 것은 너무 작다는 것도 알게 될 것이다.

이러한 교육과정 혁신의 산물은 무엇인가에 대해 깊이 그리고 본질적으로 알며, 부적절하게 학습된 인과 관계적 지식이 아니라 전문 지식과 겸손을 발달시켜 나갈 학생들이다. 당신은 학생들이 가면 갈수록 더 재미없는, 극심한 지루함을 주는 화제에 대해 반발할 것이라고 생각할 것이며, 학생들이 특정 주제에 대해 진저리가 날 수도 있으니 학생 스스로 주제를 선택하도록 해야 하고, 학생이 특정 주제에 대해 진저리가 나면 주제를 바꿀 자유를 주어야 한다고 회의적으로 생각할지도 모른다. 어쨌건 이 제안은 시행될 수 없다고 생각할 것이다.

이 제안에 관해 내가 떠올리는 인상 한 가지는 친구 제인(Jane)은 서커스에 대해 공부하는 데 자신은 향후 12년간 '먼지'에 대해 공부해야만 한다고 비참하게 울부짖던 어린 나탄(Nathan)의 모습이다. 후에 나는 어떻게 하면 학생들이 주제를 부여받는 상황을 '내 주제가 무엇일까?'라는 기대와 흥분으로 가득한 채 맞이하는 의식으로 만들 수 있으며, 나탄처럼 자신의 주제를 알고는 실망하는 경우를 어떻게 완화할 수 있을지에 대해 논의할 것이다.

학생들과 우리는 이 제안의 기저에 깔린 원리가 '우리가 무엇인가에 대해 충분히만 배운다면 모든 것은 경이롭다.'는 것을 인식할 필요가 있다. 아마 모든 것이 경이로운 것은 아닐 것이다. 하지만 무지는 주제에 관여하는 데 실패하거나 지루함을 느끼는 데 한몫을 한다. 우리는 나중에 이 문제에 대해 살펴볼 것이다.

사라(Sara)가 학교에 다닌 첫 주에 사과를 주제로 할당받았다고 생각해 보자. 그녀는 처음에 포트폴리오에 맥킨토시(McIntosh) 빨간색 사과와 그래니 스미스(Granny Smith, 호주 시드니 이스트우드 지역의 과수원에서 자연 교접을 통해 우연히 발견된 녹색 또는 녹황색의 사과–역자 주) 초록색 사과를 그려 넣는다. 그러고 나서는 사과 종류의 목록을 만든다. 첫 번째 목록은 사라가 상점에서 발견한 종류로 구성되어 있고, 그다음에는 부모님이 데리고 간 농산물 직판장에서 발견한 그 지역에서 재배된 사과가 있다. 그 뒤에는 인터넷에서 끌어 모은 더 정교한 사과의 목록이 있으며, 그녀는 자신이 먹은 사과 옆에는 사과의 크기, 색깔, 맛에 대해 추가로 메모를 해 두었다. 그녀는 자신이 최고라고 생각하는 사과에 별 다섯 개를 표시하는 방식을 택하고 있다.

후에 사라는 세계에서 현재 경작되고 있는 7,500종의 사과 중에서 자신의 목록에는 매우 적은 수의 사과만이 포함되어 있다는 사실을 알아챘다. 그녀는 우리가 오늘날 먹는 것과 같은 가장 오래된 달콤하고 맛있는 사과는 4,000년 전 카자흐스탄에서 처음 발견된 사과에서 시작되었다는 사과의 역사를 주제로 한 파일을 만들기 시작했다. 그녀는 사과가 언급된 매우 오래된 기록이 있던 장소를 알려 주는 메모를 참조해 세계지도와 전국 지도에서 그 지역을 확인해 보았다.

그 후 그녀는 사과에 대한 이야기를 모아 파일을 만들었다.

이야기 중에는 성경에 나와 있는 에덴 동산 얘기도 있다. 성경에는 비록 '과일'이라고만 언급되어 있지만 보통 이 과일이 사과를 의미하는 것으로 추정되고 있다. 또한 윌리엄 텔(William Tell)이 아들 머리 위에 있는 사과를 쏜 이야기, 조니 애플시드(Jonny Appleseed, 미국 각지에 사과 씨를 뿌리고 다녔다는 미국 개척 시대의 전설적 인물 – 역자 주)로 잘 알려진 존 채프만(John Chapman), 뉴턴(Isaac Newton)이 만유인력의 법칙을 발견한 계기가 된 사과 이야기 등이 파일에 있다.

그리고 나서 그녀는 사과에 관한 게임과 시와 속담으로 이루어진 파일을 만들었다. 이 파일에서는 '내 눈의 사과'(내 눈에 넣어도 아프지 않을 만큼 소중한 사람 – 역자 주) 또는 '썩은 사과 하나가 사과 한 통을 망친다.'와 같은 어구의 정의와 왜 사람들이 '하루 사과 한 알이면 의사가 필요 없다.'라고 말하는지를 써 놓은 것이 한 부분을 차지했다. 그녀는 빨간 사과로 가득 찬 통이 있는 항해 중인 오래된 해적선 그림을 가지고 있었다. 그녀는 이 사과가 선원들을 괴혈병으로부터 보호해 줄 것이기 때문에 선상에 있는 것임을 알았고, 사과가 괴혈병 예방에도 효과가 있음을 알게 되었다.

당신이 중학교에 들어간 사라의 포트폴리오를 훑어본다면, 사과가 장미과이며 가장 큰 사과는 대략 4파운드 정도라는 사실을 알 수 있을 것이다. 이 포트폴리오에는 현재 레이디 애플(lady apple)이라는 사과가 '아피(Api)'라는 에르투리아(이탈리아 중서부에 있던 옛 나라 – 역자 주) 여자에 의해 처음 경작되었다는 사실을 써 놓은 메모가 있다. 사라는 프랑스에서는 이 사과를 '작은 빨간 사과(Pomme d'Api)'라고 부른다는 점을 기억하기 좋도록 메모해서 붙여 놓았다. 그리스인과 로마인은 사과를 귀하게 여겼고, 약 20종의 사과를 경작했다. 사라는 이 초기의 사과로부터 현재 풍부한 종들이 발전했음을 보여 주는 복잡한 가계도를 가지고 있다.

그녀는 헬레네(Helen)와 아킬레스(Achilles), 그리고 이미 잘 알려진 부족의 그림과 함께 트로이 전쟁에 대해 몇 쪽에 걸쳐 기술해 놓았다. 역사가 된 신비한 신화 속으로의 여행은 그녀의 사과에 대한 이야기 찾기, 특히 결혼식에 초대받지 못해 화가 난 불화의 여신 에리스(Eris)가 결혼식장에 와서 이 자리에서 가장 아름다운 여인에게 상으로 황금 사과를 던진 이야기에서 시작되었다. 세 명의 여신 아테나, 헤라, 아프로디테가 '가장 아름다운 여인에게'라고 쓰인 '황금의 사과'를 서로 차지하기 위해 다툴 때 제우스는 트로이의 왕자 파리스를 심판관으로 임명하여 판정을 내리도록 했다.

심판을 맡은 파리스에게 헤라는 왕권을, 아테나는 지혜를, 아프로디테는 인간 중에서 가장 아름다운 여성을 약속했다. 파리스는 세상에서 가장 아름다운 여인인 스파르타의 헬레네를 선물받기로 하고 아프로디테에게 황금 사과를 바쳤다. 아프로디테가 파리스와 함께 헬레네를 트로이로 데려온 사건은 1,000척의 배를 물에 띄우게 만들었으며, 트로이의 많은 탑을 무너뜨렸고, 말의 조련사였던 고귀한 헥토르와 위대한 아킬레스를 죽음으로 내몰았음은 물론 약삭빠른 율리시스가 방랑하다 결국 이타카 섬으로 돌아가도록 만들었다. 이 모든 모험은 사과로부터 야기된 것이다.

사라의 포트폴리오에는 예이츠(W. B. Yeats)의 시 「방랑하는 잉거스의 노래(The Song of Wandering Aengus)」가 적힌 중세의 작품과도 같은 아름다운 큰 종이 한 장이 있다. 여기에는 "어렴풋이 빛나는 아씨 / 사과 꽃을 머리에 달고"에 해당하는 삽화와 오랫동안 어렴풋이 빛나는 아씨를 찾아 헤맨 잉거스가 그녀를 찾으면 둘이서 "시간과 세월이 다할 때까지 따리라 / 달의 은빛 사과와 해의 금빛사과를"이라고 생각하는 장면에 해당하는 삽화가 곁들여 있다.

그녀는 한 장을 덧붙여 처음에는 사과에 대해 잘 알지 못했지만 사과의 마술에 이끌려 지금은 사과에 대해 너무 잘 알게 되었고, 많은 노래와 시와 글이 사과를 다루었던 만큼 그것들은 그녀와 함께하고 있으며, 이것들은 적절할 때마다 풍성한 이미지를 발생시켜 삶을 더 흥미롭게 만들어 주었다고 썼다. 더구나 예이츠의 시는 사과에 대한 그녀의 지각에 하나의 관점을 더 추가했다. 이것은 남은 평생 동안 그녀에게 일종의 반향을 일으킬 것이다.

아마 이 시나리오에 대한 적절한 반응은 '흥, 퍽이나 그렇겠지!'일 것이다. 이 시나리오는 다소 이상적이다. 나는 해가 갈수록 이 프로그램이 어떻게 될 것인지, 실용적인 프로그램은 무엇일지를 기술하고자 한 것이 아니다. 이런 부분은 책의 후반부에서 다룰 것이고, 지금은 이상적이든 아니든 학생이 이 프로그램을 통해 어떻게 변하게 될지에 대해 대략적으로 보여 주려 한다.

이 프로그램은 학생들에게 어떤 한 주제에 대한 상세한 정보 더미를 소개해 줄 뿐 아니라 학생들이 지식을 널리 확장시켜 인간의 경험에 대해 이해하고 그들의 상상력과 감정에 관여하게 하기 위한 것이다. 모든 주제를 이렇게 할 수 있는 것은 아니므로 우리는 이 프로젝트를 적절하게 수행할 수 있는 특정 주제의 범위를 생각해 내는 데 시간을 들여야 하고, 이와 같은 프로젝트가 요구하는 새로운 형식의 교육에 대해 살펴보아야 한다. 또한 더 실용적인 면에서 이 포트폴리오가 어떻게 될 것이며, 어디에 그들을 보관할 것인지, 학생들의 발표는 어떤 식으로 진행할 것이며, 그들이 이 프로젝트를 수행하는 목적이 무엇인지, 그리고 이 이상을 일상 학교생활의 영역에 가져오는 과정에서 생길 수 있는 많은 문제를 검토해 봐야 한다.

바로 그것이다. 핵심은 간단한 개념이 다양하게 가지를 뻗으며 확산되도록 하는 것이다. 새로운 학교교육의 요소를 정규 교육과정으로 가져오는 데 시간이 많이 걸리지는 않으나 해를 거듭할수록 이 새로운 요소가 학생과 학생의 지식, 나머지 교육과정에 대한 접근 방식에 엄청난 영향을 미칠 것이다. 만약 이 프로그램이 시행된다면 학생들은 무엇인가를 정말 깊게 배우는 새로운 교육과정을 시작할 수 있을 것이다. 그들은 천천히 포트폴리오를 축적해 나갈 것이며 더 많이 배울 것이다. 그들의 학습의 질은 시간에 따라 변할 것이고 그들 자신의 흥미가 포트폴리오 방향에 영향을 줄 것이다. 모든 학교 제도는 이 포트폴리오를 계속 키워서 학생들이 특정 주제에 대해 더 많이 배우도록 요구할 것이다.

처음에 학생들은 포트폴리오 발전을 지도하는 선생님에게 많은 도움을 받아야 할 것이다. 그러나 시간이 지남에 따라 이 주제에 대한 학생들의 지식은 선생님의 지식을 능가할 것이며, 그들이 학업을 계속함에 따라 더 자주적이 될 것이다. 일부 학생들의 학습 능력은 분명히 다른 학생보다 더 빨리 독립적이 될 것이라고 기대된다. 선생님들은 포트폴리오가 발전해 나가는 것을 계속해서 지켜볼 것이고, 그들이 탐구하는 주제의 새로운 관점에 대한 학생들의 질문에 답해 주고 상담해 줄 것이다.

우리는 이 새로운 교육과정의 특색을 학생들의 정규 교실 수업과 구분해야만 한다. 학습 주제가 비록 임의로 학생들에게 부여되지만 이것을 학생들에게 소개하는 것은 일생 가운데 색다른 관계가 시작되는 것과도 같기 때문에 중요하게 다루어져야 한다. 나는 일종의 의식을 치르듯이 주제 선정 과정을 진행하는 것이 중요하다고 생각한다.

의식은 졸업식처럼 학생들이 첫 포트폴리오를 받는 간단한 식이 될 수도 있다. 식의 초반부에 학생이 주제를 고르고 공식적으로 학생이 이 주제에 대한 소유를 주장하는 상징적 활동을 하는 것이 바람직하다. 학생은 필요하다면 도움을 받아서 학습 주제를 자기 것으로 공식 선언한 첫 번째 사람이 되어야만 할 것이다. 이 활동이 학생들에게 스트레스를 줄 필요는 없으며, 이 의식의 모든 부분에서 그들은 지지받아야 한다. 그들의 주제가 무엇인지 공개적으로 발표하는 사람은 바로 그들 자신이 될 것이다. 학생들에게 주어진 첫 포트폴리오 파일 안에 주제가 있을 것이며, 학생들은 학교의 지정된 벽에 주제를 알록달록하게 붙여서 매력적인 모자이크를 만들 수도 있다.

이 의식의 목적은 학생이 맡은 주제의 중요성을 강조하고 자신의 특별한 주제에 대한 학생들의 헌신을 이끌어 내기 위해서이다. 식은 주말 아침이나 가능한 많은 부모님이 참석할 수 있는 시간대에 거행하는 것이 좋을 것이다. 또한 이 의식은 진지해야 한다. 아이들은 어른만큼 총명하다. 단지 경험이 적고 아는 게 적을 뿐이다. 이 의식은 상징적인 면에서 세계를 알아가는 인간의 위대한 모험이 시작됨을 나타낸다.

이 프로젝트의 또 다른 독특한 특징은 학생들이 대부분의 시간 동안 혼자서 일한다는 점이다. 그들은 담당 선생님들과 만나고, 같은 주제를 다루는 선배나 학부모 자원봉사자, 대학생 자원봉사자, 학교 교사나 사서, 그리고 친구와 만날 것이다. 하지만 주제는 학생 자신의 것이다. 그것은 그들이 바라는 방향대로 나아가야 하며 채점을 위해서나 대학교 입학 자격, 상을 위한 경쟁이나 자격 증명을 위한 부분이 아니다. 그것은 처음에는 복잡해 보이지만 점점 무한해 보이는 어떤 지식의 한 영역에 대한 탐구가 될 것이다.

자기주도적 심층학습(Learning in Depth: LiD) 프로그램의 두 가지 특징에 대해 강조하고자 한다. 비록 그것을 언급하는 것이 이 프로그램의 시행에 대한 사람들의 생각에 큰 영향을 미치지는 못하겠지만 말이다.

첫째, 학생들의 주제는 나머지 학교교육과정을 대체하기 위한 것이 아니다. 학생들은 지금처럼 정규 학교교육을 계속 받을 것이며, LiD 프로그램은 단지 추가된 프로그램일 뿐이다. 이 점이 일으키는 실질적인 문제에 대해서는 나중에 살펴볼 것이다. 여기서는 학생들이 그들의 주제를 통해 모든 것을 배워야만 하는 것이 아니라는 점을 강조하고 싶다. 이 혼동은 예전에 이루어진 교육적 제안들이 대개 일반적인 교육과정을 완전히 대체해야 한다고 주장해 왔기 때문에 발생하는 것이다. 급진적인 이론가들은 학생들이 스스로 선택한 자신의 주제나 질문에서 시작해야 한다고 제안한다. 그렇게 되면 교육과정은 학생들이 이러한 중요한 질문에 답하기 위해 사용한 탐구로 구성될 것이다. 이러한 제안의 지지자들은 학생들이 그들의 흥미에 이끌려가다 보면 전체적인 학식을 점진적으로 발견해 나갈 것이라고 기대하거나 바란다(예, Postman & Weingartner, 1971. LiD는 전혀 다른 접근법을 취한다.).

둘째, LiD는 또 다른 형태의 수업이 아니다. 나는 교실에서 LiD 프로젝트를 수행하는 모든 사람에게 교사라는 직업적 신분이 제공되어야 한다고 생각하지도 않는다. 우리는 이 개혁이 초래할 조직상의 문제점에 대해 살펴볼 것이다. 하지만 LiD는 현재 교육과정을 대체하기 위한 대안 교육과정이 아니다.

자기주도적 심층학습 프로그램에
대한 문제 제기와 답변

　자기주도적 심층학습(Learning in Depth: LiD)에 대해 처음 들어 보는 학교 관리자들에게 이 제도를 도입하는 것에 대해 어떻게 생각하느냐고 물어보자. 관리자들은 이런 특이하고 새로운 개념에 대해 거부할 것이다. 그 방법이 그토록 교육적 효과가 있는 것이라면 누군가가 이미 그것을 제안했을 것이고 어디선가 적용되지 않았겠는가? 교육 관리자들은 대체로 새로운 가능성에 대해 열려 있지만, 새로운 프로그램을 실행할 때 발생하는 문제에 대해 잘 알고 있고, 상당히 신중하다. 그리고 사람인지라 무언가 추가로 하는 것, 특히 많은 혼란을 야기할 수 있고 어쩌면 교사, 관리자 혹은 학부모에게까지 반감을 살 수도 있는 일을 피하기 위해 온갖 이유를 생각해 낼 것이다.

　LiD에 대해 관리자들이 제기할 수 있는 반론을 살펴보자. 어떤 문제가 예상되는지 알아보기 위해 모여 앉아 돌아가면서 이야기한다고 가정해 보자. 그중에는 특히 더 회의적인 사람도 있지만 모두가 오늘날 우리의 학교를 움직이는 지배적인 생각을 대변하고 있다. 이 가상의 거부자들이 제시하는 반론이 어느 정도 근거가 있어야 하므로 이들에게 교육 경력이 있다고 가정하자. 그리고 LiD 프로그램의 주창자가 관리자위원회 앞에 앉아서 질문에 답하고 있다고 가정하자. (나는 책 전체를 이 '토론' 으로 채우지는 않을 것이기 때문에 가끔 위원회와 상호작용하는 가상의 장면 도중에 나중에 더 상세한 설명이 있을 것이라고 말하고 넘어갈 것이다. 그리고 이 토론을 LiD 프로그램이 어떻게 실행되는지를 더 상세히 설명하는 기회로 이용할 것이다.)

나는 LiD 프로그램을 옹호하는 입장이지만, 이런 가상의 장면에서는 프로그램에 대한 비판적 공격을 기술하는 것이 방어하는 것보다 훨씬 더 쉽고 재미있다. 지금까지는 논증과 추론, 추측에 근거하여 가능성을 제시했다면, 이제는 그에 대한 실제적인 예를 보여 주며 옹호할 것이다.

 문제 제기 1 <u>학생들은 각자 받은 주제가 곧 싫증날 것이다.</u>

이 위원은 새로 임명된 교육장이다. 그녀는 초등학교 세 곳에서 15년간 학생들을 가르치다가 도시의 큰 학교에서 교감을 거쳐 교장이 되었다. 아동의 지능 발달을 전공하여 교육학 석사학위를 받았고, 교육과정 리더십을 전공하여 교육학 박사 학위를 받았다.

당신이 평범한 5세 아동에게 나뭇잎(혹은 당신이 제안하는 다른 주제)에 대한 공부를 시작하게 할 수는 있겠지만, 아동에게는 수년 동안 한 가지 주제를 공부할 수 있는 흥미가 없다. 당신이 이 심층학습을 시작하게 하려는 연령대의 아이들은 집중할 수 있는 시간이 짧다. 아이들은 당신이 요구하는 대로 한 가지 주제에 주의를 집중할 수 없을 것이다. 5~6세 아동은 나무나 사과에 어느 정도 관심을 갖기는 하지만 그다지 큰 흥미는 없다. 그들은 쉽게 지루해하고, 교사가 도와주지 않으면 더 빨리 싫증을 낸다. 한 달이 지나면 대부분의 아이는 자신이 공부해야 하는 주제가 무엇인지조차 잊어버릴 것이다.

교사가 계속 도와주더라도 아동은 금방 싫증을 낼 것이다. 당신은 영리한 중산층 아동은 부모가 계속 도와주면 지속할 수 있을 것이라고 생각하는 것 같다. 그러나 대부분의 아이가 부모로부터 그런 도움을 받지 못할 것이다. 평범한 부모들이 나무나 사과에 대해 얼마나 알고 있겠는가? 부모가 알고 있는 것을 아이에게 모두 다 이야기해 준다 해도 최대 30분을 넘기지 못할 것이다. 아이들을 계속 도와주기 위해 나뭇잎이나 새에 관해 더 많이 알아보는 부모는 매우 적을 것이다. 만약 자녀가 셋이고 각각 주제가 다르다면 매우 이상적인 환경에서도 이 모든 일이 불가능할 것이다.

그렇다면 아이들은 어디서 도움을 받아야 하는가? 아이들이 이 프로젝트를 시작하는 시기에는 잘 읽지도 못하고, 인터넷을 이용해서 정보를 찾지도 못한다. 프로젝트 전체가 일반적인 아이들의 학습 준비도를 무시하고 있는 것이다. 이 프로젝트는 어린 과학자들이 배우는 데 열정적이라고 전제한다. 그것은 내가 20년 넘도록 경험한 학생 대부분의 현실과는 거리가 멀다. 나는 이 프로젝트가 현실이라기보다는 환상이 아닌지 염려된다. 그것은 보통 아동의 마음이 작동하는 방식을 완전히 무시하는 것이다. 대부분의 아동이 점점 싫증을 내고 있는데 점차 흥미가 솟아날 것이라고 가정하는 것이다. 이런 저런 학습장애를 가진 많은 아이들을 무시한다는 것이 더 큰 문제다. 우리 학군에는 특수교육이 필요한 학생이 많은데, 이 프로젝트는 그들에게 아무 소용이 없어 보인다. 그들은 시작도 못할 것 같다.

평범한 학생이 나무에 대해 수 년 동안 공부해서 밝혀내야 할 것은 도대체 무엇인가? 생물학자들이야 전문적으로 오랫동안 연구하겠지만, 아이들은 값비싼 장비와 실험실이 필요한 실험을 하지 못할 것이다. 내가 오랫동안 경험해 보니 학생들이 열정을 가지는 것은 따로 있다. 그것이 무엇인지는 모두 다 알고 있다. 바퀴나 사과, 심지어 서커스에 관한 지식을 쌓는 것은 오늘날 아이들의 마음을 전혀 끌지 못한다. 아마 백 년 전쯤의 엘리트 학교에서는 효과가 있었을지 모르겠지만, 오늘날의 현실은 전혀 다르다.

내가 너무 부정적이어서 미안하다. 그러나 우리 교육의 문제점—나는 우리교육에 문제가 있다는 데는 정말 동의한다—에 대한 대책이 이런 이상한 혁신이라는 것은 납득하기 어렵다. 우리는 약물 문제, 가족 위기, 인터넷이나 다른 매체를 통해 온갖 유해물에 쉽게 접근하는 것 등 수많은 문제를 가지고 있다. 나는 아이들이 12년 동안이나 사과를 공부하는 데 시간과 돈을 투자할 가치가 있다고는 전혀 생각되지 않는다.

답변 1 교육장이 여러 가지 좋은 지적을 해서 만족할 정도로 답할 수 있을지 의문이다. 우선 이 프로젝트의 시작 단계에 있는 아이들은 집중 시간이 아주 짧기 때문에 자신의 주제에 금방 싫증을 느낄 것이라는 대목부터 생각해 보자. 짧은 일화 하나를 소개하는 것으로 답변을 시작하겠다. 오래전에 교사 한 명, 아동심리학교수 한 명과 함께 라디오 토론에 참여한 적이 있었다. 주제는 아동의 주의집중 시간이었는데, TV와 오늘날 아이들이 가지고 있는 수많은 전자기기로 인해 집중 시간이 얼마나 점점 더 짧아지는가에 대한 이야기였다. 토론 진행자는 유감스럽게도 아이들이 점차 어느 것에든 오랫동안 집중하지 못하는 것이 당연하다고 가정하고 있었다. 몇 가지 연구—토론이 있게 한 실제 원인—가 인용된 후 '전문가들'에게 견해를 제시하라고 했다. 나는 우리 모두를 스튜디오로 부를 것 없이 진행자가 그 연구에 대해 보고하고, 또 우리에게 와서 해 달라고 했던 말까지 다 하는 것이 낫겠다고 말하고 싶었다. 그러나 진행자와 우리 셋은 함께 앉았고, 광고 때문에 8분 만에 방송을 끝내지 않았다면 우리의 말이 중단 당했거나 소리가 꺼져 버렸을 것이다. 우리는 단 몇 분밖에 이야기하지 못했고, 진행자는 우리가 동의하지 않는 내용을 계속 이야기하려 했다. 즉, 그 토론은 아동의 주의집중에 관한 잘못된 견해를 성인 청취자들이 당연히 옳다고 여기도록 하려는 것이었다.

내 경험상 아동의 주의집중 시간은 어른과 마찬가지로 무엇을 하고 있느냐에 따라 상당히 길어질 수 있다. 아동이 교실에서 집중하는 시간이 매우 짧다면 그것은 교실에서 진행되는 일이 그다지 재미있지 않기 때문이라고 생각한다. 어떤 교실에서는 아동이 놀랄 정도로 오래도록 집중할 수 있고, 어떤 교실에서는 거의 집중하지 못하기도 한다.

한마디로 아동은 어떤 일을 하고 있느냐에 따라 집중 시간이 매우 달라진다. 나는 아동이 이 점에서 성인과 크게 다르지 않다고 생각한다. 즉, 이 프로젝트에 대해 여러 가지 다른 반론이 있겠지만, 아동의 주의집중 시간이 짧다는 사실은 심각한 문제로 생각되지 않는다.

더욱 심각한 것은 교육장이 그것과 관련지은 것, 즉 주의집중력 부족이나 다른 이유 때문에 아이들이 주어진 과제에 금방 싫증을 낼 것이라는 것이다. 결국 이 반론은 설득한다고 해결될 것이 아니라 실제로 경험해 보아야 알 수 있다. 그러나 우선 시범사업이라도 실시하려면 타당한 근거가 있어야 한다. 그 타당한 근거는 바로 지금까지의 많은 경험이 그 반론의 정반대가 진실이라는 것을 보여 준다는 사실이다.

나는 오랜 기간 교육을 받아오면서 싫증이라는 것은 부적절한 지식이나 무지로 인해 나타나는 증상이라는 것을 알게 되었다. 무언가에 대해 알아갈수록 그것은 더 재미있어진다. ("모든 것이 굉장하다."는 것은 LiD 계획서에 포함된 다소 과장된 기초 슬로건 중 하나다.) 깊이 있는 지식이라는 자원이 없는 사람은 싫증을 더 쉽게 느낀다.

이 대답은 아마도 이 프로젝트의 3년차 혹은 그 이상이 될 때 적절한 답일 것 같다. 나는 최소한 초기에는 학생의 지식이 '깊지' 않다는 데 동의한다. 그들은 학교에서 여느 과목을 공부할 때와 마찬가지로 자기의 주제에 대해 공부를 시작해야 한다. 그 초기 단계는 학생이 주제를 받은 것을 축하해 줌으로써 격려할 수도 있고(6장), 교장 선생님이 학생들에게 주제에 대한 상상력을 발휘하도록 격려할 수도 있다(5장). 학생들은 상당히 빨리, 심지어 첫 해에도, 가르침을 받아서 배우는 다른 어떤 것보다 자기 주제에 대해 더 많이 배울 수 있다. 싫증이 무지의 산물이라는 사실은 학생들이 자기 주제에 대해 일찍 싫증을 느끼지 않을 것이라는 우리의 생각에 어느 정도 자신감을 준다. 실제로 이제 2년차에 들어가는 첫 시범사업 보고서에 의하면 참여했던 교사도 놀랄 정도로 아이들이 이미 '자신의' 주제에 애착이 강하며, 그것을 계속 공부하려는 마음이 크다고 한다.

프로젝트의 초기 과정에 교사가 학생들과 한 달에 한 번 정도 만나는 것으로는 부족하다는 지적은 맞는 말이다. 초기 단계에서는 프로젝트가 궤도에 오를 때까지 매주 혹은 짧은 만남이라도 더 자주 가지거나 그 이상의 지원 체계를 고려할 필요가 있다. 위원 중에는 이 프로젝트가 시간과 에너지, 비용, 그 밖에 자원을 너무 많이 필요로 하기 때문에 효과적이지 않다고 반대하는 사람도 분명히 있을 것이다. 그 문제에 대해서는 추후에 그러한 반대에 대해 답할 때 (부모 참여 문제와 함께) 논의하기로 하겠다.

나는 LiD가 부모에게 충분한 지원을 받는 똑똑한 중산층 학생에게만 적절하다고는 생각지 않는다. 사실 이 공부는 오늘날의 학교 제도가 별로 도움을 주지 못하는 학생들에게 더 많은 도움을 준다고 생각한다. 현재 체계에서는 가정에서 학습 지원을 거의 받지 못하는 학업 부진 학생은 학교에서도 모든 학생이 받도록 되어 있는 혜택을 거의 못 받고 있다. 모든 학생에게 '기회 균등'을 약속하고, 그 모든 낙관적인 '교육 강령'이 수많은 학교 벽과 웹사이트를 도배했던 것을 기억하는가?

이 프로젝트는 모든 학생이 어느 정도의 지적 양육을 받도록 하려는 것이다. 이 말은 모든 사람은 본래 주위 세계에 대한 학습에 흥미가 있다는 신념—당신은 받아들이지 않을지도 모르지만—에 근거한 것이다. 우리는 알아갈수록 더 흥미를 느낀다. 모를 때만 지루한 것이다. 그것이 우리 인간의 마음이다. 이 프로젝트는 무지의 근원을 깨뜨리려는 시도다.

나는 포트폴리오를 처음 작성하는 학생들이 과학자처럼 실험을 수행하지 못할 것이라는 말에 동의한다. 그러나 왜 그들이 자신의 작은 실험을 할 수 없는지, 생물학자가 아니어도 할 수 있는 실험조차 할 수 없는지 모르겠다. 그들이 생물학자를 찾아가서 나뭇잎을 가지고 자연에 대해 무언가를 보여 줄 수 있는 실험을 도와달라고 할 수도 있다. 만약 이런 혁신적인 방법이 학교에서 일상적인 과정이 된다면, 시간이 지나면 수업 일부를 각 분야 전문가와 함께할 수도 있을 것이다. 어떤 학생의 주제가 태양계라면 천문학자와의 만남을 계획할 수도 있다. 모든 주제에는 전문가가 있고, 그런 전문가들이 앞으로 그 분야에 전문가가 될 학생들과 비록 잠깐이라도 함께 할 수 있는 방법을 찾아볼 수 있는 것이다. 대학 교수 중에는 학교교육을 돕는 것이 그들이 해야 할 '봉사'의 일부라고 생각하는 사람도 분명히 있다.

오랫동안 한 가지만 깊이 공부하게 하는 것은 배움에 대한 저항과 싫증을 유발할 것이라는 가정은 현재 시행되는 학교 경험에 근거한 것이라고 생각된다. 지난 세기 내내 많은 교육학자들이 제시해 온 온갖 이유 때문에 초기 교육과정에서 지적 활동을 자극하는 것이 체계적으로 막혀 왔다. 아동을 싫증나게 만드는 것은 지적으로 도전적인 주제가 아니라 지적 분위기를 열망하는 아이들을 내버려 둔 초기 학교 교육과정의 부실함이었다. 아동은 '구체적'으로 사고한다는 것과 같은 이상한 개념 때문에 재미있고 복잡한 것은 거의 모두 제거되어 버렸다. 또한 어린 아동의 마음은 (실제로 공룡, 악한 마녀, 우주 전사 등에 매료되는데도 불구하고) 가깝고 직접적인 것에 한정된다는 이상한 신념이 있다. 이 문제에 대해서는 다시 논의하겠다.

아동이 배움에 대해 공통적으로 싫증을 내고 에너지가 부족한 것은 그들이 어려운 주제를 만나서가 아니라 현재의 피상적인 교육과정이 아동을 지루하게 만들기 때문이다. 나는 교육장의 반론에서 LiD가 효과가 없을 것이라고 주장하는 근거로 제시한 문제점들 때문에 오히려 LiD가 필요하다고 생각한다. 교육장은 이 프로젝트의 교육과정 주제가 지루해서 성공하지 못할 것으로 생각하지만, 이 프로젝트는 바로 그 교육과정 주제의 지루함을 극복하기 위한 것이다.

교육장은 거의 전적으로 프로젝트의 아주 초기 단계에만 집중하고 있다. 그것은 교육장이 제시한 이유 때문에 계획 자체가 수행될 수 없다고 생각하기 때문일 것이다. 그러나 만일 학교에서 시행되어 20년이나 30년이 지난 후에 이 사업이 모든 사람에게 교육의 중심으로 당연히 여겨지는 때는 어떠하겠는지 상상해 보라. 아동은 자신의 주제를 탐구하는 큰일을 위해 친구나 가족에게 사전 교육을 받고 학교에 입학할 것이다. 나는 그러한 주제가 친구로 받아들이리라 기대한다. 무언가를 진정으로 깊이 학습할 모든 사람에게 각 주제는 친구가 되어야 하기 때문이다. 그것은 오랫동안, 어떤 의미에서는 일생동안 신뢰할 수 있는 친구가 될 것이다. 학년, 교사, 학교가 변해도 학생들은 그들의 전체 학창 시절 동안 안정적인 지적 중심이 되는 하나의 변함없고 성장하는 주제를 가지게 될 것이다.

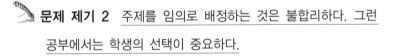

문제 제기 2 주제를 임의로 배정하는 것은 불합리하다. 그런 공부에서는 학생의 선택이 중요하다.

교육위원에 선출되기 전까지 23년 동안 체육 교사로 근무했다. 그는 그 도시의 아동 청소년에 관한 자문위원회 대표로 활약하고 있다. 체육 전공으로 교육학 석사학위가 있다.

나는 이 사업이 다른 분들이 생각하는 것처럼 희망이 없다고 생각하지는 않지만 학생들에게 선택권을 주어야 한다고 생각한다. 초기 6개월 정도는 아동의 관심이 어디에 있는지 알아보기 위해 시간을 보내야 한다고 본다. 학생들이 몇 가지 주제를 고려하면서 어느 것에 가장 흥미가 있는지 발견하게 해 주어야 한다.

학생들에게 주제를 임의로 배정하는 것은 창의적이지 못하고 그들의 상상력을 자극하지 못한다. 학교생활을 처음 시작하는 학생을 생각해 보라. "조(Joe), 12년 동안 방충제에 대해 공부하기 바랍니다." "예?" 이런 식이다.

왜 선택권이 없는가? 이런 방식을 고집한다면 머지않아 학생들에게 자기의 관심 분야와 맞는 주제를 선택하게 해야 한다고 생각하는 교사들이 생길 것이다. 학생들이 어떤 주제에 흥미가 떨어졌을 때 주제를 바꿀 수 있는 기회를 주어 자신이 더 공부하고 싶은 새로운 주제를 시도해 보도록 허락해야 한다. 나는 이 프로젝트에 융통성이 많이 부여된다면 한 번 시도해 볼 생각이 있다. 학생들은 8학년까지 한 가지 주제를 공부하게 되며, 그때 가서 그 주제를 계속할지 자신이 원하는 다른 것으로 바꿀지를 선택할 수 있다고 말할 정도의 융통성은 있어야 한다.

나는 내 학창 시절을 기억한다. 다른 아이들과 마찬가지로 내가 열정을 가진 어떤 것이 있었으므로 선생님들이 성(castle)이나 다른 것에 대해 더 알아오라고 하면 싫어했다. 그런데 그런 열정은 오래가지 못했다. 나는 어릴 때는 공룡에 대해 관심이 있었고, 그 이후 아마 여덟 살부터 열두 살 정도까지 성에 매료되었다. 나는 레고로 성을 쌓았고, 언제나 성을 그리고, 유럽

여행을 갔을 때는 가는 곳마다 모든 성을 방문하겠다고 부모님을 괴롭혔다. 나는 이런 과정이 극히 정상이라고 생각하므로 우리의 관심 영역이 변한다는 사실이 이 계획에 포함되어야 한다고 생각한다. 그래서 더 많은 선택권, 융통성 그리고 주제를 쉽게 바꿀 수 있는 가능성이 있어야 한다고 주장한다.

당신이 이 계획서에 언급한 주제들은 모두 상당히 학문적인 경향이 있고, 거의 대부분 과학이나 자연 세계에 관한 것들이다. 체육이나 예술 혹은 그 밖에 다른 영역에 관한 것은 전무하다. 어떤 것이 깊은 공부의 주제로 적절한지에 대해 훨씬 명확한 설명을 해야만 이 혁신안에 기꺼이 서명할 수 있다.

답변 2 1950년대에 TV 채널이 여러 개인 나라와 하나뿐인 나라에 사는 어린이들의 관심 영역의 범위에 대한 연구—지금은 그 출처를 찾을 수가 없다—가 있었다. 예상과는 달리 여러 채널이 있는 나라에 사는 어린이의 관심 영역의 범위가 유의미하게 좁았다. 물론 직관적으로 이해가 간다. 선택권이 주어지면 우리는 편하고 친숙한 것을 택하게 된다. 교육의 목적 중 하나는 학생의 흥미를 확장시키는 것이다. 학생에게 친숙한 것을 선택하도록 계속 허락하면 그 목적을 달성할 수 없다. TV 채널 관련 연구에서처럼 오히려 반대가 된다. 주제 변경이 허락되어야 하는 경우가 있을 수도 있지만 주제를 배정하는 데는 그만한 이유가 있다.

사람은 단지 실리적인 이유에서 배우거나 의지와 반해서 배

운 것이 아니라면, 깊이 있게 배운 것에 대체로 흥미를 느끼게
된다. (수도원에 내려오는 속담 중에는 수도원을 떠나려는 이유를
계속 찾는 수도사에게는 자기 방이 지루한 장소가 되지만 수도원을
지키려는 수도사는 자기 방을 사랑하게 된다는 속담이 있다.) 주제
를 임의로 배정하는 데 바탕이 되는 원리는 모든 것이 재미있
다는 것이다. 많이 알아갈수록 더 많은 상상력이 지식과 결합
되어 더 깊은 의미와 이해를 추구하게 된다.

교육위원이 첫해의 6개월 동안은 학생에게 자신이 공부할 주
제들을 일단 탐색해 보게 하고, 그 후에 가장 공부하고 싶은 것
을 선택할 수 있게 하자는 제안을 했다. 아마 많은 교사도 학생
들이 스스로 여러 가지 주제를 생각해 낼 수 있다고 여길 것이
다. 학생들은 브레인스토밍을 통해 서른 가지, 오십 가지 주제
를 생각해 낼 것이고, 교사는 그 목록을 칠판에 기록하는 것이
다. 그것은 학생들은 단지 브레인스토밍만 한다는 점에서 어느
정도 주제 배정의 의미가 있고, 동시에 학생들이 목록에서 좋
아하는 주제를 택하게 된다면 선택권도 허락할 수 있는 것처럼
보인다.

나는 앞서 말한 원리— 모든 것은 충분히 배우면 재미있어진
다—가 우리가 학생들에게 선택권을 주어야 한다는 믿음보다
중요하다고 믿는다. 학생들에게 선택하게 했을 때 발생할 수
있는 한 가지 문제는 만약 학생이 자기가 첫 번째 선택한 것에
즉시 만족하지 못하거나 친구가 더 빨리 적응하는 것을 보면
자기가 무언가 다른 것을 선택했어야 한다고 생각할 수 있다

는 것이다. 만약 주제에 착수하고 보니 생각보다 재미있지 않다고 생각하게 되면 자신이 잘못 선택한 탓이라고 생각할 수도 있다.

우리는 다섯 살에 제일 좋아하던 주제가 열다섯 살까지 이어지지 않을 것이라는 것을 경험을 통해 알고 있다. 학생에게 선택권을 주는 것은 커서도 계속 흥미를 가질 만한 주제를 줄 수 있는 믿을 만한 방법이 아니다. 일반적으로 아이들은 일주일 전에 영화에서 보았던 무언가 혹은 어제 누군가가 언급했던 무언가에 대해 특히 흥미를 보이며, 그런 관심은 보통 쉽게 사라진다. 우리가 학생들을 위해 선택할 주제는 지속적인 흥미와 이해의 발달을 촉진할 것이다. 그러한 흥미와 발달은 다섯 살 아동이 선택한 주제가 갖지 못하는 것이다. 브레인스토밍에서 나온 주제 안에서 선택하게 하는 것이라도 역시 이 자리에서 제기되는 여러 반론에는 취약할 것이다.

나는 학생들에게 선택권을 주지 않는다는 것이 거의 보편적으로 인식되는 원리를 거스른다는 것을 알고 있다. 물론 거의 보편적이라고 해서 옳은 것은 아니다. 또한 나는 만약 충분히 깊이 배운다면 '모든 것'이 재미있다는 주장도 정당화해야 한다. 4장에서 그것을 어떻게 정당화할 수 있는지, 또 이 프로그램이 효과적으로 운영될 수 있게 해 주는 주제를 어떻게 선택할 것인가에 대해 탐색할 것이다. 우리는 학생들이 좋아하건 좋아하지 않건 관계없이, 출석부터 시작해서 중요한 학교생활 가운데 학생에게 선택권을 주는 것은 사실상 거의 없다는 사실을 기억할 필요가 있다. 우리는 대수학을 선택할 사람 혹은 프랑스 혁명에 대해 배우고 싶은 사람은 손들어 보라고 하지 않는다. 선택권은 별로 가치 없는 것에 대해서만 부여되는 경향이 있다. 실제로는 거의 선택권을 주지 않으면서 표면적으로는 학생들에게 선택권이 있는 것처럼 하는 것이다. 그것은 제도권 교육의 강제적 특성을 위장하는 데 도움이 된다.

그래서 나는 주제를 무작위로 배정하는 것이 대체로 장점이 많고, 선택을 도입하는 것은 문제가 많다고 생각한다. 그러나 이에 대해 너무 독단적이고 싶지는 않다. 어떤 학생이 어떤 정당한 이유로 특정 주제가 심각하게 불만족스럽거나 혼란스럽거나 문제가 있다면 물론 다른 주제로 바꾸도록 허락할 수 있다. 그러나 그런 충분한 이유가 있는 경우는 드물 것으로 생각된다. 이 프로그램을 실행했던 한 교사는 LiD 웹사이트에서 추천 주제들을 가져와서 학생들과 토의한 다음 각 학생에게 세 개씩 선택하게 했다. 교사는 세 가지 주제 가운데 각 학생에게 가장 적합하다고 생각되는 주제를 골라 주었다. 적절한 타협안을 찾은 것이다.

이 교육위원은 내가 많은 사람의 공통적 특성이라고 생각하는 것을 정확하게 기술했다. 즉, 어떤 주제에 열정을 가지다가 다른 무언가가 상상력을 자극하면 그리로 옮겨가는 것이다. 5장에서 기술하는 바와 같이 학생들의 주제 탐구를 도와주는 교사들이 알아야 할 기본 원리 중 하나는 한 주제에 대해 학생이 포트폴리오를 개발해 나가는 동안 연령에 따라 각각 다른 유형의 열정이 나타난다는 것이다. 즉, 각 주제는 미학적, 물리적, 정서적, 학문적으로 다양한 차원에서 탐구될 것이라는 것이다. 여기서 예를 들어 설명하기보다는 5장과 6장에서 더 자세히 알아보기로 하자.

나는 이 프로젝트가 연령대에 따라 학생들의 흥미가 변하는 특성을 상당히 잘 수용할 것으로 생각한다. 변화하는 흥미를 수용한다는 것은 학생이 이 주제 저 주제로 옮겨 다녀야 한다는 것이 아니다. 여기서 목표하는 바는 계속해서 '깊이 공부하는 것'이며, 그 안에서 다양성을 탐색하는 것이 중요하다.

내가 주로 학문적이고 과학적인 주제만을 선택했고 탐구 방법도 대부분 학문적인 방법만 제안했다는 주장에 대해서는 나도 약간 우려하고 있다. 그러나 이 문제도 이 프로젝트를 효과적으로 실행하게 해 주는 주제에 관해 알아볼 4장으로 넘기고자 한다.

예를 들어, 많은 사람이 학생들에게 8학년 정도에 자신의 주제를 계속하거나 변경할 수 있는 선택권을 주어야 한다는 제안에 동의할 것이다. 다시 말하지만, 이러한 일을 고려할 때는 아무도 이런 프로그램으로 공부를 해 본 적이 없다는 사실을 명심하는 것이 중요하며, 따라서 지나치게 현재의 규준에 맞춰서 예상하는 것은 현명하지 못하다. 나는 학생들이 8년 간 투자하여 자신에게 놀라움의 대상이 된 어떤 것에 대해 자기가 얼마나 조금밖에 알지 못하는가를 깨닫기 시작할 때 주제를 바꾸기란 매우 싫을 것이라 생각한다. 학생들이 아주 다른 상황에서 찰톤 헤스톤(Charlton Heston)에 의해 유명해진 다섯 단어(from my cold dead hands: 죽기 전에는 안 된다)[1]를 흔히 사용하지는 않겠지만, 새 주제로 바꾸고 지금까지 포트폴리오를 작성해 오던 주제를 버린다는 것에 대해 거의 대부분 학생의 반응은 "죽기 전에는 안 된다."에 가까울 것이다. 학생들이 기꺼이 다른 주제로 바꾸거나 LiD 자체를 포기할 것이라고 예상하는 사람들은 오늘날 학생들이 새로운 것만 좋아하고 오래된 것은 싫어한다는 가정에 근거하고 있다. 8년 동안 어떤 특정한 주제를 자발적으로 격려 받으며 공부함으로써 형성될 사고방식을 상상하기가 어려운 것이다. 그렇다 하더라도 어떤 학생들에게는 선택이 필요하다고 생각한다. 그러나 그런 선택은 진정한 전문 지식을 쌓는다는 주요 목적을 손상시킬 것이다.

나는 학생들이 주어진 주제 안에서 자신만의 취향과 흥미를 만들어 내고 발전시킬 수 있다는 합리적인 희망을 가지고 있다. 포트폴리오는 궁극적으로 학생 것이다. 점수를 매기기 위한 것이 아니다. 프로젝트 초기에는 학생들이 자료를 찾거나 아직 접해 보지 못한 새로운 특성을 탐색하도록 돕는 등 교사의 역할이 중요할 것이다. 시간이 지나면 학생들이 점차 자기

---

1) 미국총기소지협회(National Rifle Association: NRA)의 슬로건인 "I will give you my gun when you pry it from my cold, dead hands(내가 죽기 전에는 총을 내 놓을 수 없다)."의 일부다. 2000년 5월, 배우이자 당시 NRA 회장이던 찰톤 헤스톤이 NRA 회원들 앞에서 총을 들어올리며 "from my cold, dead hands."라는 말로 연설을 마무리함으로써 유명한 표현이 되었다. – 역자 주

주제에 대해 주도권을 잡고, 가끔 조언이 필요할 때 선생님을 자문가로 활용하면서 대체로 자기 관심에 따라 포트폴리오의 내용을 결정해 갈 것이다.

예를 들어, 생물을 좋아하는 사라(Sara)는 사과(apples)와 질병을 집중적으로 공부할 수 있고, 요리를 좋아하는 사라라면 식품으로서의 사과를, 기계를 좋아하는 사라는 껍질 벗기는 기구나 씨를 파내는 기구를 연구할 것이고, 예술적인 사라는 사과를 자기 나름대로 표현한 미술 작품집으로 만들어 낼 것이다. 즉, 주제를 배정한다고 해서 학생들을 완전히 구속하는 것으로 볼 필요가 없다는 것이다. 오히려 그 반대다. 그 주제는 학생들이 전혀 생각지도 못했을 지식의 세계로 인도하고, 흥미가 변화함에 따라 그 지식의 여러 차원을 탐구하게 해 준다. 나는 이것이 밑그림을 그려 놓고 그 안에서 자유롭게 색칠하게 하는 것과 유사하다고 생각한다. 이 프로젝트를 탄생시킨 신념은 학생들은 지식이 깊어지면서 상상력이 더욱 풍부해져서 포트폴리오를 발전시키려는 동기가 저절로 일어날 것이라는 것이다. 이는 이미 경험을 통해 입증된 사실이다. 취미 활동이나 물건 수집을 생각해 보라.

나는 앞에서 20세기 초에 킬패트릭(Kilpatrick)이 제안하고(예를 들면, 그의 1918년 저서에서), 카츠(Katz)와 차드(Chard)의 주도하에 오늘날에도 지속되고 있는 '프로젝트법'을 언급한 바 있다. 카츠와 차드(Katz & Chard, 1998a, 1998b)는 주제 선택에 대해 논의하면서 학생의 선택이 중요하다는 가정을 하지 말아야 할 이유 네 가지를 제시한다. 그들이 말한 이유는 앞에 제시된 내용과 다소 중복된다.

주제를 선택할 때 아동의 흥미가 어디에 있는가에서 시작하는 것이 적절한 주제 선택으로 이어질 수도 있겠지만 다음과 같은 문제가 발생할 수 있다.

첫째, 어떤 아동이나 집단이 어떤 주제에 대해 '흥미 있다.'고 말하는 것이 무엇을 의미하는가? 흥미라는 것은 교육적 가치가 다소 낮을 수 있다. 한 연구자는 자기 학급의 한 남자아이는 한동안 주된 '관심'이 어떻게 하면 파리 다리를 떼어낼 수 있는가 하는 것이었다고 말한다. 아이들의 관심은 실제로 스쳐 지나가거나 순간적인 생각, 공포, 망상 혹은 대중 매체 캐릭터에 대한 끌림 등일 때가 많다.

둘째, 아동이 어떤 주제에 단지 흥미를 보인다고 해서 교사가 주의를 기울이면 그 흥미가 더욱 증대될 것이라고 볼 수 없다. 예를 들어, 아동은 영화를 통해 알려진 어떤 주제를 보고도 흥미를 가질 수 있다. 어떤 주제에 대해 아이가 보여 주는 즉흥적인 행동을 장려하는 것과 한 주제에 집중하는 장기간의 노력에 투자하는 것을 구별해야 한다는 것이다.

셋째, 어른이 져야 할 책임 중의 하나는 아동이 새로운 지적 흥미를 발달시키도록 도와야 한다는 것이다. 예를 들어, 아이들은 자기 선생님이 연구 가치가 있는 주제에 대해 진정으로 깊은 흥미가 있다는 것을 알면 자신도 그 주제에 관심을 가질 수 있다.

넷째, 아이들과 그들의 지적 능력을 진지하게 받아들이고, 아이들을 진지한 연구자로 대하겠다는 우리의 약속이 반영될 수 있는 주제를 선정해야 한다. 우리는 아동이 주위 현상에 대해 세밀하게 관찰하고 연구하여 얻은 만족감과 의미를 과소평가해 버리기 쉽다.

 문제 제기 3 <u>학생들이 중도에 포기하거나 반항할 것이다.</u>

어느 도시 고등학교의 교감이다. 그녀는 중학교에서 사회를 10년간 가르친 후 상담 석사학위를 받았고 상담자로 10년간 근무했던 학교에서 교감이 되었다.

청소년을 오랫동안 다루어 온 내 경험으로 볼 때, 어린 아이들에게 한 주제를 6, 7년 이상 공부하게 해 왔더라도 일단 청소년기가 되면 오랫동안 자기 삶의 일부였던 이 일―학교와 교사, 부모가 함께 이 과정을 잘 도와주었다면―도 권위자가 강제로 부과한 과제로 여기게 되어 장담컨대 그들은 대거 반항할 것이다. 아이들이 어린 몇 년 동안은 학교에서 보통 사용하는 다소 약한 협박과 뇌물을 이용해서 과제를 작성하게 할 수 있겠지만 대부분의 학생은 그것에 진력이 나고, 고역으로 여길 것이다. 나는 그들이 중도에 포기할 것이고 포트폴리오 작성도 그만둘 것이라 생각한다. 좀 순한 아이들은 드러내고 반항하지는 않겠지만, 포트폴리오를 작성하고 있는 척 하는 것일 뿐 실제로는 작업을 하지 않을 것이다.

나는 학생들이 이 프로젝트를 청소년기에도 계속하도록 할 수 있다는 데 회의적이다. 선택권이나 융통성을 준다면 약간 도움이 될지 모르지만, 그래도 동요가 심한 청소년기에 그 프로젝트를 지속하지 못할 것이라고 확신하며 그것이 반항의 표적이 될 것이라는 것도 확신한다. 그들이 오랫동안 작업해 오던 것이고, 교사나 부모에게 가치 있는 것으로 보인다는 사실은 청소년들에게는 더욱 반항의 표적으로 삼고 싶은 대상이 된다. 가치 있는 것으로 보이는 그것에 반항함으로써 수많은 청소년들이 그 나이에 갈망하는 효과를 얻을 수 있을 것이다.

이것이 내가 오랫동안 경험한 학생들의 심리에 근거한 생각이다. 학생들이 프로젝트를 계속할 수 없게 만드는 더 큰 이유는 이 프로젝트가 평가될 것이 아니라는 사실이다. 고등학교 졸업이 가까운 학생들은 압박이 크다. 그들은 학교 공부를 다 해 낼 시간도 없다. 그래서 만약 어떤 것을 포기해야 할 경우, 다가오는 시험에 필요한 것을 포기할 리가 없다. 평가를 하지 않는 풀이나 새에 관한 포트폴리오가 그 대상이 된다.

나는 동료들의 의견에 전적으로 동의한다. 특히 이 프로젝트가 다른 교육과정과 어떻게 조화될 것인지 걱정스럽다. 학교에서 이루어지는 모든 활동은 어떤 형태로든 평가된다. 모든 사람이 평가가 최선의 동기 부여 방법이 아니라는 것을 알고 있지만, 평가는 적어도 학생들이 우리가 가르치는 것에 대해서 얼마나 잘하고 있는지를 확인할 수 있게 하고, 학생들에게 배움에 대한 지속적인 동기 부여가 된다. 당신은 학교에 시험이 없다면 학습이 얼마나 가능할 것이라고 생각하는가? 당신은 당신이 상상하고 있는 배움의 즐거움이라는 것 외에는 학생들의 포트폴리오 작성을 지속하도록 도와주는 인센티브 하나 없이 유치원부터 12학년까지 지속되는 프로그램을 우리에게 실행하라고 한다. 나는 당신이 정말 정말 낙관적이라고밖에는 생각할 수가 없다. 학생들이 그 작업을 끝까지 계속하도록 동기를 부여할 수 있는 방법은 결코 없을 것이다.

만약 우리가 중도에 포기하는 학생에 대한 제재 없이 이 프로젝트를 실시한다면 어떤 일이 일어날 것이라고 생각하는가? 포기하는 학생이 생기기 시작하면 그때는 어떻게 할 것인가? 한두 명만 포기하면 나머지는 자기도 그 일을 계속할 필요가 없다는 것을 알게 될 것이고, 그렇게 되면 이 프로젝트는 심각한 문제에 부딪힐 것이다.

이 프로젝트가 당신이 말하는 대로 효과가 있는 합리적인 아이디어라면 이미 어딘가에서 시도되었을 것이다. 그것이 효과가 있었다면 여기저기서 모두 실시했을 것이다. 나는 이 프로젝트는 시범사업을 해 볼 가치조차 없다고 생각한다.

답변 3 교감 선생님은 설사 이 프로젝트가 계속된다 하더라도 학생들이 청소년기가 되면 표류할 가능성이 매우 높다고 가정하고, 청소년기부터 언급하고 있다. 실제로 청소년을 어른의

뜻에 따르도록 만드는 것은 결코 쉽지 않으며, 오히려 따라야 할 기준에 다양한 형태로 저항하거나 반항하는 결과를 가져오는 경우가 많다. 그런데 급속하게 깊어지고 넓어지는 지식도 학생들에게는 반항의 대상이 될 것인가? "나는 그 놈의 사과, 나무, 철도, 나뭇잎은 이미 많이 공부했어요!" 나는 그렇기보다는 이러한 주제들이 소외된 청소년들에게 의지와 위안을 제공할 가능성이 훨씬 높다고 생각한다. 사람은 그들을 실망시키고, 학교는 그들을 구속할 수 있지만 그들은 언제나 나무, 사과, 철도에 의지할 수 있다. 농담이 아니라 학생들은 그 주제를 버리기보다는 쌓여 가는 전문 지식—10대가 될 때쯤이면 오늘날 학교에서 대부분의 학생이 습득하는 것보다 훨씬 더 풍부한 정보원이 될 것이다—에 애착을 가질 것이라고 예상할 수 있다는 것이다.

포트폴리오와 각자의 주제가 반항의 표적이 되기보다는 청소년 시기의 동요로부터 피난처가 될 것이라는 기대를 설득력 있게 주장하는 것은 물론 불가능하다. 오직 경험만이 말해 줄 것이라 생각한다. 지금 내가 할 수 있는 것은 교감 선생님이 예측하는 결과가 대부분의 아이에게서 나타나지는 않을 것이라고 말하는 것이다. 틀림없이 아이들 중에서는 포기하거나 반항하는 경우가 있을 것이고, 우리는 이러한 잠재적 위험 요소에 대해 미리 대비해야 할 것이다. 나는 교감 선생님의 반론을 진지하게 받아들이며, 그 영향을 최소화할 수 있는 몇 가지 과정을 5장에서 기술할 것이다. 한 가지 주제를 오랫동안 지속적으로 연구하는 것은 학창 시절 동안 학급, 학교, 교사, 교과목 등이 계속 변하는 가운데 생활하는 대부분의 학생에게 의미있는 지적 구심점이 될 것이라 기대하고 있다.

나는 학생들이 작성하는 포트폴리오를 교사가 잠깐씩 도와주는 비공식적인 방법 외에 채점을 하거나 평가해서는 안 된다는 생각에 변함이 없다. 학생이 지식을 심화하도록 돕기 위해 포트폴리오 작성을 관리해 줄 수는 있지만, 학생들은 아무도 얼마나 잘하는지 평가받지는 않을 것이다. 포트폴리오를 작성하는 것은 지식 그 자체를 위한 것이다. 학교에서 실시되는 모든 것은 평가되어야 하며 그렇지 않으면 제대로 실시되었는지 알 수 없다는 것이 현재의 정설이지만, 교육은 가치와 의미의 장이라는 사실을 인정한다면 그 정설은 이해하기 어렵다. 우리는 가치와 의미를 정확하게 평가할 수 없다. 그래서 우리는 가치 및 의미와 관계된다고 생각되는 다른 것을 평가하고, 그 다른 것에만 주목하다가 가치와 의미는 잊어버린다. 이러한 비판을 얼마나 진지하게 받아들이느냐에 관계없이 심층학습을 위해 전혀 평가를 하지 않는 이 프로그램을 교육과정에 도입하여 현재 당연하게 여기는 것을 인정해 주는지 알아보는 것도 해볼 만한 실험일 것이다.

우리는 아이들이 학교 밖에서 책을 읽는 데 대해서 평가하지 않고, 취미나 페이스북 활동에 대해서도 평가하지 않는다. 그런데 학생들은 그런 활동에 엄청난 열정과 에너지를 쏟고 있고, 그것을 통해서 많이 배운다. 평가가 동기 부여의 원천으로 중요하다는 것은 분명하다. (그런데 그 개념의 지지자들은 평가를 동기원으로 사용할 때 일어날 수 있는 문제들을 무시하는 경향이 있다.) 만약 우리가 아이들에게 열쇠나 조개껍질, 돌, 우표를 수집해야 한다고 하거나 매일 페이스북을 1시간씩 사용해야 한다고 말한다면 교감 선생님은 평가가 없기 때문에 아이들이 그런 활동을 계속할 것이라 기대해서는 안 된다고 말할지도 모른다. 그러나 아이들은 우리가 그것을 하라고 하지 않아도, 또 그것을 하면 상을 주고 제대로 안 하면 벌을 준다고 말하지 않아도 하고 있다. 실제로 거의 모든 아이는 약 7세가 되면 수집이나 취미생활을 시작한다. 왜 그럴까? 무엇이 그것을 가능하게 하는가? 우리는 거의 보편적이고 자발적이며 지적인 활동을 모두 함께 하고 있는데, 이러한 취미나 수집에 관한 교육학적 연구는 어디에 있는가?

취미나 수집이 아동기에 거의 보편적으로 나타나는 현상이라는 사실은 단일 주제에 관한 포트폴리오는 적절하게 제시되기만 하면 엄청난 에너지를 끌 만한 요인이 된다는 것을 말해 준다. 지금까지 LiD 프로젝트를 실시해 온 교사들의 경험에 의하면 놀랍게도 학생들은 무작위로 배정된 주제에 대해 전혀 거리낌이 없었으며, 즉시 자기 주제로 받아들이고 열심히 작업하기 시작했다고 한다. (프로그램을 지속하기 위해 학생들에게 선택권을 줄 필요가 있다는 시기인 6학년과 7학년에 이 프로그램을 시작한 경우에는 별로 그렇지 않았다.)

만약 학생들이 포트폴리오를 작성하다가 중간에 그만두고

싶을 때는 어떻게 해야 하는가? 특별히 할 것이 없다. 원하는 대로 하게 하면 된다. 이것은 보조적인 교육과정이기 때문에 학생들이 원하지 않을 때는 강제로 계속하게 해서는 안 된다. 내 생각에는 오늘날 학교에서 요구하는 대로 따르는 사람보다 이 프로젝트를 중도에 그만두는 사람이 훨씬 더 적을 것 같다. 나는 그만 둔 학생들도 몇 달 혹은 1년 이상 포트폴리오를 보지 않다가 우연히 아주 단편적인 것이라도 그 주제를 다시 시작하도록 자극하는 무언가를 발견할 것이라고 생각한다. 다른 학생들의 열의, 포트폴리오가 완성되어 가는 것을 보는 것, 그리고 재미있는 발표 등도 중도 포기한 학생들에게 다시 시작하도록 하는 압력으로 작용할 수 있을 것이다. 일단 해 보면 알게 될 것이다.

존 듀이(John Dewey)는 점수를 매기기 위한 교과목과 그 모든 것, 즉 학교라는 '형식적' 교육은 많은 학생에게 이상하리만큼 반항의 대상이 되는 반면, 아이들은 강요되지 않은 학습에 대해서는 큰 에너지를 발휘한다고 강조하였다(Dewey, 1966, pp. 7-8). 몇 년 전에 함께 일했던 교사가 "아이들 중에는 상세한 내용은 그냥 한 귀로 듣고 한 귀로 흘리는 경우도 있었습니다. 그런데 그 아이들이 진짜 재미있는 것이 있으면 몇 개월 동안 정보를 수집하고 조그마한 상세한 것까지 모두 기억하고 있었습니다. 나는 광범위한 주제도 몇 가지 영역으로 나누어 각 학생들이 관심을 가지고 세부 내용을 수집한다면(특히 '수집'이라는 형태로 구조화할 수 있다면) 재미있어 할 것이라 생각합니다."라고 말했다.

(나는 이러한 프로젝트가 실시되기 전에 성공 지표가 확립되어 있어서 이를 통해 각 아동의 달성 수준을 측정할 수 있는 엄격한 평가 절차가 있어야 하는데, 그것이 없다면 프로젝트가 성공적인지 아닌지를 어떻게 알 수 있는가라는 질문에 대해서는 답하지 않았다. 이에 대해서는 다음 질문에 대한 답변에서 논의하는 것이 나을 것 같다.)

LiD에서 제안하는 아이디어가 좋은 점이 있었다면 이미 어디선가 실행되었을 것이라는 언급도 있었다. 그 말은 분명히 잘 못된 아이디어를 미연에 방지할 수 있는 유용한 발상이기는 하지만, 모든 새로운 아이디어는 좋든 나쁘든 제외해 버리는 문제가 있다. 누구도 전에 이 아이디어를 시도해 본 적이 없다는 것은 분명히 진지하게 고려해야 할 사항이지만, 그것 때문에 새로운 아이디어를 생각하고 평가하는 것을 포기해서는 안 된다. 나는 LiD가 새롭다는 것이 LiD의 가능성을 검토해 볼 가치도 없게 만들 만큼 큰 문제가 되는 것은 아니라고 생각한다.

교감 선생님은 또한 고등학교 고학년이 되면 시험의 압력, 재미있는 활동과 사회생활, 전형적인 십대의 낮 밤을 넘치도록 채우는 그 모든 것 때문에 무언가를 포기해야 하는데, 많은 학생이—만약 대부분이 아니라면—LiD 포트폴리오를 포기할 것이라고 주장했다. 그것은 사실일 수도 있다. 그러나 그 주장은 LiD 프로그램이 십 년 혹은 그 이상 실행된 이후에도 학교가 현재 상태와 똑같을 것이라는 생각에서 오는 반론이다. 나는 이러한 프로그램이 우리 학교와 학생들을 교감 선생님이 상상하는 것보다 더 깊이 개혁할 것이라고 생각한다. 교감 선생님은 학생들이 경험하는 더 매력적이고 더 강력한 것(시험처럼) 때문에 이 프로젝트는 단지 스쳐 지나가는 하나의 활동일 뿐이라고 본다. 나는 학생들이 포트폴리오 개발을 그만둔다면 교감 선생님이 예상하듯이 무심코 그만두는 것이 아니라 헤스톤의 말을 다시 사용해서 표현하면, "내가 죽기 전에는 빼앗지 못할 것입니다."에 가까운 심정일 것이라 생각한다. 나는 대부분의 학생이 LiD 포트폴리오에 강한 매력을 느낄 것이라고 생각한다. 그리고 그들이 시험을 치는 동안 포트폴리오를 작성하지 못한다 하더라도 잃을 것이 없다. 다시 한 번 말하지만 일단 해봐야만 알 수 있는 문제다. LiD를 시도해 볼 만한 이유는 충분하다고 생각한다.

🦐 문제 제기 4 이 프로젝트는 조직하기에 너무 복잡할 것이다.

교육행정위원회 위원장. 그는 교육 리더십 분야에서 교육학 박사학위를 받았고, 5년 동안 교육부에서 일하다가 현재 재직하는 교육청에 선임 관리직으로 돌아왔다.

이렇게 복잡한 프로그램을 운영할 때는 문제가 매우 많이 발생하며, 특히 학생들이 끊임없이 이 지역 저 지역으로 학교를 옮겨 다니면 문제는 더욱 심각해진다. 누가 모든 학생이 연구하는 포트폴리오 주제를 관리할 수 있는가? 그리고 졸업 때 이것을 어떻게 기록할 것인가? 학생들이 이 '심층' 학습에서 낙제할 수도 있는가? 낙제 사유는 충분히 깊이 연구하지 않았다는 것이 될 것인가? 얼마나 깊어야 충분한가? 평가를 하지 않는다면 당신은 열심히 창의적으로 12년 동안 연구해 온 학생이 별로 공을 들이지 않고 시시한 포트폴리오를 만든 학생보다 잘했다는 것을 어떻게 보여 줄 것인가? 우리는 아이들이 모두 잘했다고 생각해야 하는가?

이 프로젝트는 겉으로는 아무 문제가 없어 보이지만 실행하고 관리하려면 악몽이 될 것이다. 3학년인 어느 학생이 나뭇잎을 연구하다가 다른 도시로 이사 가는 경우를 생각해 보자. 새 학교에서 한 교사가 이 학생이 개발하고 있는 포트폴리오를 도와주기 위해 배치되어야 하고, 그 교사는 적절한 지도를 하기 위해 그 주제에 대해 공부해야 한다. 비용은 어떻게 충당할 것인가? 2년 후에 그 아이가 또 다른 학교로 전학가게 되면 문제는 더 커진다. 아이가 떠나버린 학교에서 근무하는 교사들은 월급이 감봉될 것인가? 당신의 아이디어는 한 학생이 한 지역에서 학창 시절 대부분을 보낼 때는 쉬워 보이지만, 전국에서 수백, 수천 명의 학생들이 전학을 다니고, 어떤 아이들은 1, 2년 혹은 그 이상을 외국에서 보내기도 한다는 것을 명심해야 한다. 만약 학생이 포트폴리오 작성을 도와주지 않는 나라로 가면 포트폴리오를 중단해야 하는가? 학년 간 단절, 학교 간 단절, 그리고 초 · 중등학교 간 진짜 큰 단절이 있으며, 학생이 자기 주제를 가지고 고전하고 있을 때 교사들의 관심과 배려의 정도가 모두 다르다. 그것은 결론적으로 악몽이다.

한 교사가 포트폴리오를 몇 개나 도와주어야 하는가? 한 학교에서 한 교사가 약 30명의 학생을 담당한다고 가정해 보자. 그 말은 각 교사가 30개의 포트폴리오를 어떻게든 지도해야 하고, 각 학생을 적어도 한 달에 한 시간씩 만나야 한다는 것을 의미한다. 즉, 하루에 한 명 이상을 만나야 한다는 것이다. 혹시 당신은 이런 포트폴리오만을 전적으로 담당하는 교사를 임용할 생각인가? 그러면 교육청에서 비용을 얼마나 지불해야 하는가? 내 동료가 조금 전에 지적했듯이 프로그램 초기에는 학생들이 선생님과 일주일에 한 번이나 그 이상을 만나야 할 텐데, 그러면 교사들은 하루에 학생 5, 6명 정도를 만나게 된다. 교사들은 전혀 다른 일은 못하게 될 것이다.

어떤 주제이든 학습 단원을 나누고 준비하는 데 매우 많은 시간이 필요하다. 이 프로그램에서는 교사들에게 20~30개 이상의 주제에 대한 자료와 학습 단원을 준비하라고 요구하고 있다. 불가능한 일이다.

안 된다. 좋은 생각이기는 한데, 아무도 실제 계산을 안 해 본 것이다. 한마디로 비현실적이다.

답변 4 나는 교육행정위원회의 위원장이 제기한 문제—학생들이 이 학교 저 학교로 옮겨 다니고 나라를 한동안 떠나 있기도 한다 등—는 해결 가능하다고 생각한다. 물론 이 프로젝트가 성공하려면 자원과 기술이 필요하다. 그러나 그런 이유로

취소한다는 것은 행정과 교육의 본말이 전도된 것이다. 교육적으로 바람직하다면 우리는 가능하도록 만들어야 한다. 이 프로젝트가 실제로 그러한 문제를 야기하지도 않는다. 교사들이 모든 주제에 대한 전문가가 될 필요는 없다. 교사들은 단지 제안하고, 학생들이 주제를 깊이 사고하도록 도와주고, 학생들이 계속할 수 있도록 정보를 찾아 주고 방향 제시를 잘하면 된다.

교사들은 학생들의 연령대별 발달 과정을 이해하고, 이에 대해 민감할 필요가 있으며, 학생들이 자기 주제의 여러 측면을 적절하게 볼 수 있도록 도와주는 데 집중해야 할 것이다. 나는 이 내용을 5장에서 좀 더 상세히 다룰 것이다. 시간이 지날수록 교사는 조언자 정도의 역할을 할 것이고 학생들은 스스로 방향성을 찾아갈 것이고 그 방향은 끊임없이 정교화될 것이다. 학생들이 이 교사 저 교사로 옮겨 다니는 것도 현재 학교에서 학년이나 교사가 바뀌어서 일어나는 문제보다 더 심각하지는 않을 것이다. 부모나 다른 성인 보호자가 학생들을 지속적으로 도와줄 수 있을 것이다.

일반적으로 이러한 교육과정 혁신은 비용이 그다지 많이 들지 않는다. 사실 주요 교육 개혁을 하려면 경비가 적지 않게 들 것이다. 이 프로젝트에는 복잡한 관료 제도가 필요 없다. 이 프로그램 적용을 위해 교사교육 프로그램을 크게 변화시킬 필요도 없다. 아마 (5장에서 제시될) 상세한 내용이 담긴 지침서와 학생들의 포트폴리오 작성을 돕는 방법에 대한 워크숍 한두 번이면 충분할 것이다.

그러나 교사-학생의 비율 때문에 이 프로그램이 제대로 운영될 수 없다는 말은 깊이 생각해 볼 필요가 있다. 이 프로젝트를 세 단계로 나누어 생각해 보자. 첫 단계는 프로젝트를 시작하는 초기 몇 년으로서 대충 5세에서 8세 사이가 된다. 위원장이 계산한 바에 따르면 가장 문제가 되는 기간이다. 두 번째는 약 8세에서 14, 15세 사이이다. 세 번째는 그때부터 고등학교를 마칠 때까지이다. 세 번째 단계에서는 학생들이 선생님과 한 달에 한 번 정도 잠깐씩 만나고 대부분 독립적으로 작업할 것이다. 두 번째 단계에서는 선생님과 만나는 시간이 좀 길겠지만 세 번째 단계와 거의 비슷할 것이다. 그래도 아마 시간과 자원 측면에서 현재 예산으로 충당하기 어려울 수도 있다.

심각한 문제는 프로젝트 초기인 첫 3, 4년 동안 일어난다. 비록 각 학생의 포트폴리오가 다소 늦은 속도로 진행된다는 것을 알고 있고, 첫 3년 동안은 그들이 전문가가 되기를 기대하지 않는다고 하더라도 우리는 여전히 한 교사가 20~30명의 학생에게 어떻게든 적절한 도움을 주어야 하는 상황에 있다. 교사와 만나는 횟수를 한 달에 한 번 이상, 많게는 일주일에 한 번 혹은 그 이상을 원한다면 교사를 훨씬 많이 고용하지 않고 어떻게 운영이 가능할 것인가? 교사는 시간을 어느 정도나 들여야 하는가? 나는 한 달에 한 번 만나는 것은 그다지 힘들지 않을 것으로 생각한다. 그러나 만약 일주일에 한 번이라면, 그리고 30명 학생들에게 일주일에 30분 정도 지도해 주어야 한다면

15시간이 필요하다. 만약 한 번에 3명씩 함께 만나서 한 학생당 약 7~8분 정도 집중적으로 지도하고, 남은 시간 동안 일반적이고 공통적인 문제를 함께 논의하는 방식으로 지도한다 하더라도 여전히 일주일에 5시간이 더 필요하다. 그럴 경우 포괄적인 논의나 이해를 위한 시간은 많지 않겠지만 각 학생에게 일주일에 약 7~8분 정도를 할애하는 것은 적절할 것 같다. 매일 마지막 시간에 30분씩 3명을 만난다면 한 교사가 30명 학생을 매주 한 번씩 만날 수 있다. 이 일은 예산이 필요할 것이고, 이미 스트레스가 많은 교사들에게 큰 부담이 될 수 있다.

그러나 문제를 해결할 수 있는 다른 방법들이 있다. 적절한 주제가 몇 개로 제한되어 있다고 생각해 보자. 그러면 매 3~4년마다 주제가 반복될 것이다. 학교에 갓 입학한 어느 학생에게 사과라는 주제가 배정된다고 생각해 보자. 3학년 중에 어떤 학생도 사과에 대해 포트폴리오를 작성해 오고 있고, 6학년에 어떤 학생도, 그리고 근처 학교의 7학년, 11학년에 재학 중인 학생들도 사과에 대한 포트폴리오를 작성하고 있을 것이다. 상급생들이 약간만 도와주면 교사의 시간 부담을 덜 수 있고, 학생들끼리 '세대 간' 접촉 경험도 풍부해질 것이다. 나는 이 부분을 더 강조하고자 한다. 교육에 종사하는 사람이라면 거의 모든 상급생이 후배 가르치기를 좋아한다는 것을 알고 있다. '상위권'에 있지 않은 학생들도 어린 학생들이 그 주제를 시작할 수 있도록 매우 중요한 도움을 줄 수 있을 것이다. 이 프로젝트가 광범위하게 실시될 경우, 상급생과 하급생의 세대 간 접촉 활동은 이 프로젝트가 주는 중요한 혜택 중 하나로 인식될 것이다. 상급생은 학교와 후배들이 필요로 하는 중요한 역할을 담당하는 것이다. 이것은 이 프로젝트가 학교에 제공해 줄 수많은 혜택 중 하나다.

학생들은 효율적인 인터넷 사용자가 될 것이므로 스스로 어느 정도는 구조화할 능력을 갖추게 될 것이다. 프로젝트가 시작되면 머지않아 사과나 새에 열정을 가진 학생들이 웹사이트를 통해 큰 네트워크를 만들고, 여러 지역의 학생들이 가세하여 이 프로젝트를 공유할 수 있게 될 것이다. 틀림없이 페이스북에도 그와 유사한 것이 만들어지고 허브 페이지에서 학생들이 의사소통할 수 있을 것이다.

학생들이 포트폴리오 작성을 시작하는 첫 3년 동안에는 도서관 사서들도 (만약 있다면) 유용한 역할을 할 수 있다. 학부모 자원봉사자들도 (만일 있다면) 교사의 시간 부담을 줄여 줄 수 있을 것이다. 약간의 예산이 있다면 대학생, 특히 교생 실습을 하는 학생들에게는 저학년 학생들의 포트폴리오 작성을 도와주는 것이 좋은 일자리가 될 수도 있다. 이 대학생들은 학교 내 상급생들이 도와주는 것과 유사한, 그러나 그 이상의 혜택을 제공할 수 있다. 포트폴리오를 작성하기 위해 학교 선생님 외에 다른 사람을 만난다는 것은 학생들에게 자신이 '특별'하다는 느낌을 더해 준다.

교사의 시간적 부담을 덜기 위한 이러한 방법들이 자원과 시간의 문제를 완전히 해결해 주지는 못하겠지만, 우리가 큰 비용을 들이지 않고도 활용하고 전환할 수 있는 자원들이 있다는 것을 말해 준다. 따라서 우리는 위원장이 생각하는 완전 불가능이라는 결론에서 어느 정도 진전을 이룰 수 있다. 이를 위해서 교사는 학생을 가르치는 것이 아니라 관리해 주고, 다른 교과목 시간 중 일부를 LiD 프로그램 시간으로 변경하는 등 교사 활동이라는 자원을 재배치할 필요가 있다.

내가 최근에 시간 문제를 어느 초등학교 직원과 논의하고 있을 때, 교장 선생님이 중간에 가로막고 말하기를 학교에서는 많은 시간을 기본 학습 활동에 보내야 하고, 교사와 학생들이 지겨워 하고 별 효과도 없는 많은 프로그램과 반복 학습을 실시한다고 했다. 그 교장은 LiD가 지금 학교에서 실시하는 과제와 반복 학습보다 학업 성적을 더 많이 향상시킬 수 있다면, 기존 활동 중 일부를 중단하고 LiD로 대체하고 싶다고 말했다. 그 교장과 논쟁을 하지는 않았지만 그렇게 생각하는 사람도 있다는 것을 알게 되었다.

최악의 경우, 위원장이 반대하는 이유인 엄격한 계산법에 대해 이상과 같은 방안을 제시했음에도 불구하고 이 프로젝트를 여전히 운영하기 어렵다고 하면, 아마도 첫 3년 동안에는 교사를 증원해야 할 필요가 있다. 상당한 경비가 들겠지만 그만한 보상이 따르는 가치 있는 교육적 투자라고 생각한다. 반일 근무 교사 한 명이면 이 작업이 가능하다. 그런데 만약 학교와 교사가 할애할 시간이 없다면 LiD와 다른 학교 활동들을 교육적 가치라는 측면에서 비교해 보아야 한다. 현재 시행되고 있는 것들이 LiD보다 교육적으로 더 가치 있는 것이라고 생각되면, 이 개혁안은 시도될 수 없을 것이다. 만약 LiD가 현재 시행되는 몇 가지 활동보다 더 가치 있을 수 있다고 여겨지면 그 몇 가지 대신 시도해 볼 수 있다. 그러한 결정은 개별 학교와 개별 환경에 따라 교사와 관리자들이 하게 된다. 그런 결정이 내려지면 그에 따라 현재 실시되고 있는 몇 가지 프로그램이나 활동 대신에 LiD가 실시될 수 있다. 교사와 관리자들은 끊임없이 이런 결정을 해야 하며, 새롭고 가치 있는 프로그램을 적용하는 문제를 논의할 필요조차 없다고 해서는 안 된다.

위원장이 이 프로젝트는 교사들의 업무 부담을 가중시킨다고 주장한 데 대해 내가 지금까지 응답한 내용은 시범사업을 실시해 온 많은 학교에서 교사의 업무 부담이 가중되지 않았던 사실에 근거하였다는 것을 밝혀 둔다. LiD에 처음으로 관심을 보인 학교에서 프로젝트를 위한 시간과 자원을 확보하는 데 아무 문제가 없었다는 사실에 나도 놀랐다. 이 학교들은 행사 일정에 이 활동을 위한 시간을 할당해 놓은 학교들이었다. 대부분의 학교에 '재량 활동 시간' 혹은 '탐구 시간' 같은 시간이 있다. LiD에 관심을 가진 학교에서는 관리자와 교사들이 이 프로젝트 시범사업의 초기 3년 동안 그런 시간의 일부를 사용하기로 결정했다. 한 학교에서는 일주일에 두 번 있는 도서관 시간의 상당 부분을 포트폴리오 작성에 할애하였다. 다른 학교에서는 보충 활동 시간을 활용하였다. 즉, 모든 학교에서 교사에게 전혀 추가 시간을 요구하지 않고 LiD 프로젝트를 운영할 수 있었다. 학생들이 포트폴리오 작업을 하고 있으면, 교사는 학생들이 어떻게 하고 있는지 확인하고 도와주기 위해 학생들과 돌아가면서 이야기를 나눌 수 있었다. 교사들은 LiD 프로젝트를 이전에 하던 활동보다 더 좋은 활동으로 인식하는 것 같았다. 한 교육장이 말한 것처럼 "학교에는 여러 가지 활동이 있다. 그것들이 모두 똑같은 교육적 가치를 지닌 것은 아니다. 우리는 이것을 논의하였고 LiD가 우리 아이에게 미치는 가능성을 인정하였다. 그래서 우리는 다른 몇 가지 활동을 중단하고 그 시간을 LiD를 실시하는 데 사용한다."

나는 이 프로젝트를 실행하는 데 따르는 어려움을 과소평가하고 싶지는 않다. 그러나 그 어느 것도 재정이나 행정, 교사의 시간 등에 과도한 요구를 할 것이라 생각되지 않는다. 이 모든 것에 약간의 부담은 있겠지만 그것이 주는 혜택에 비하면 비용은 미미하며 학교 예산의 아주 일부에 지나지 않는다. 이 문제는 여기서 더 이상 논하지 않고, 나중에 우리가 이 프로그램을 현재 학교에 어떻게 실행할 수 있는지를 보여 줄 때 다시 논의하겠다.

어려운 질문에 대해 답이 너무 길어졌지만, 한 가지만 더 언급하면 LiD 작업의 많은 부분이 학교 밖에서 이루어진다는 것이다. 학교 시간은 교사와 학생이 만나서 다소 짧은 시간 동안 포트폴리오를 어떻게 제작할 것인지 의논하고, 최근에 추가한 것을 확인하고, 학생이 탐구해야 할 방향에 대해 제안하고 혹은 이미 포트폴리오에 들어 있는 내용을 더욱 발전시키도록 학생을 격려하는 것 등에 주로 필요하다. 즉, 포트폴리오 작업은 예를 들어 어떤 아이들이 수업 시간에 자기 과제를 일찍 끝내면 다른 학생들이 다 할 때까지 포트폴리오 작업을 할 수 있도록 허락해 주는 경우 등을 제외하고는 수업 시간을 이용하는 일은 별로 없을 것이다. 학교 사서도 학교 내에서 포트폴리오 작업을 할 공간을 마련해 줄 수 있을 것이다.

나의 답변이 많은 초등학교 교실의 현실을 잘 모르고 하는 말로 생각될 수도 있을 것이다. 내가 프로그램을 기술한 방식 때문에 이 프로젝트가 많은 아동이 전혀 가지고 있지 않은 기술이나 능력을 필요로 하는 것처럼 보일 수도 있다. 어떤 경우에는 학생들을 주제에 대해 지속적으로 집중하게 하고, 기억하게 하고, 포트폴리오를 어떻게 작성할지 생각해 보도록 하는 것조차도 교사의 주의와 노력이 많이 필요할 것이다. 그래서 어떤 학교나 학생들의 경우, 프로그램을 시작하기까지의 어려움과 프로그램을 궤도에 올려놓기까지 소요되는 시간을 과소평가했다는 지적이 일리가 있다고 생각하며, LiD는 이상에서 제시된 것보다 더 많은 도움이 필요할 것이라는 사실을 인정할 수 있다. 그렇다면 관리자와 교사도 이와 똑같은 질문을 받을 수 있다. 즉, 그만한 노력, 시간, 비용이 가치가 있는가 하는 질문이다. 결국 그런 아이들에 관해 LiD가 가지는 문제는 다른 모든 교육과정 영역에서 직면하는 문제와 다르지 않다. LiD는 그런 아동의 학습 문제까지 해결해 주지는 못하겠지만, 오늘날의 학교가 그들에게 주지 못하는 하나의 자산을 제공할지도 모른다.

마지막으로, 교사에게 모든 주제에 대한 학습 단원을 준비하게 해야 한다는 위원장의 걱정은 LiD가 실시되는 방식을 오해한 데서 오는 결과다. LiD 슈퍼바이저들은 이 주제에 대해서 가르치지 않는다. 그들은 학생이 주제 탐구를 시작하도록 도울 것이다. 서두를 필요가 없다. 시험이 있을 때는 단원 하나가 3주 동안 계속될 수도 있다. LiD 슈퍼바이저는 학생이 자기 주제에 대해 더 많은 것을 알기 위해 도움 받을 곳이 있다는 것은 알려 주어야 하지만, 그 주제에 대해 수업을 준비할 필요는 없다. 그러나 지역 자원만으로 학생이 특정 주제를 지속하기에 부족한 경우에 교사가 학생들에게 도움을 줄 수 있도록 LiD 웹사이트에 연령에 맞는 자료가 제공될 것이다.

 문제 제기 5 이 프로젝트는 적절한 연구 근거가 없다.

교육심리학을 전공하는 대학 교수. 그는 교육위원에 당선되어 2년간 휴직 중이다.

이 주장은 백년 혹은 이백 년 전에 이루어졌던 교육과정 수립을 생각나게 한다. 누군가의 뛰어난 생각에 따라 교육과정이 수립되는 것이다. "자, 이대로 하면 될 겁니다. 이것은 모든 것을 변화시킬 것입니다. 내일부터 시행하시오!" 그것은 뒷받침해 주는 근거가 전혀 없는 순전히 사색이요, 안락의자에서 나온 탁상공론이다. 시범사업도 실시해 보지 않고 가져다 주는 대로 학교에서 시행하는 것이다.

우리는 어떠한 아이디어도 단순히 받아들여지지 않는 시대에 살고 있다. 학교에 도입되는 모든 새로운 활동은 건전한 교육 목표를 달성할 수 있음을 보여 주는 연구에 근거하도록 요구된다. 이 아이디어는 난데없는 발상이며, 누구나 알고 있는 사실에 약간의 지식만 더하면 그것이 곧 깊은 지식이라고 보는 당신의 주장에 불과할 뿐이다. 내가 이 프로젝트를 학교에 기꺼이 도입하려면 그전에 이것이 효과가 있다는 근거가 있어야 한다.

더욱 큰 문제는 당신은 이 프로그램이 목표를 달성하는지 확인하기 위해 평가 절차를 만들어야 한다는 말조차 없다. 더더욱 큰 문제는 평가할 수 있는 목표조차 없다는 것이다. 프로그램이 효과가 있는지 알아볼 방법도 없고, 심지어 어떤 것을 '효과적'이라고 보는지도 알 수 없는 독특하고 복잡하고 새로운 프로그램을 도입할 이유가 무엇인가?

이 프로젝트에서는 어떻게 해야 성공했다고 보는가? 실시되고 있기만 하면 성공하는 것인가? 이 프로그램을 학생들에게 실시하기 전에 필요한 것이 있다. 당신은 이 프로젝트를 다시 연구하든지 안락의자에 앉아 생각해 보든지 하여 과학적 교육 연구 시대에 맞는 무언가를 찾아내어야 한다. 우리는 엄밀한 검증이 가능하도록 명확하게 정의된 목표들, 프로그램 평가 절차에 대한 기술, 이러한 목표들을 달성할 수 있다는 근거 등이 포함된 훨씬 더 정확한 계획서가 필요하다. 당신은 연구 설계법과 기본적 교육 연구 수행 방법 등을 배우기 위해 기초 교육 심리 몇 과목을 들은 후에 당신이 제안하고자 하는 내용을 과학적인 방법으로 기술한 계획서를 다시 준비해야 할 것이다.

답변 5 교육과정 구성 요소에 대한 결정은 가치와 의미의 문제라 할 수 있다. 이와 같은 프로젝트에 대해서는 이 교육 프로그램의 결과에 가치를 부여할 것인지, 부여한다면 얼마나 많이 할 것인지를 생각해 보아야 한다. 우리는 이 프로그램을 마친 사람이 우리가 의미하는 '교육받은' 사람—학교를 졸업한 사람을 일반적으로 표현하는 의미가 아닌—을 더 잘 대변하는지를 고려해야 한다. 이런 문제는 어떤 과학적 검증을 통해 밝혀낼 실증적 질문이 아니다. 그것은 의미와 가치의 문제다.

교육과정에 사회 과목을 포함시키는 정당한 근거가 무엇인지 생각해 보자. 그런 교육과정 요소를 포함시키는 결정은 실증적인 문제가 아니다. 사회 혹은 LiD 프로그램을 교육과정에 포함시킬지 말지는 실증적 근거에 달려 있는 것이 아니라 교육 개념이 그러한 요소에 의해 더 잘 구현되는가에 달려 있다. 그런 요소를 어떻게 가장 잘 실행할 수 있는가에 대한 실증적 질문은 있겠지만 우리가 여기서 다루어야 할 주요 문제는 의미의 문제이며(당신은 이 요소를 추가함으로써 교육이 향상된다고 보는가?), 또한 가치의 문제다(이 요소가 당신의 교육 개념을 더 잘 구현하는가?).

구체적인 근거를 요구하는 것은 오래전에 발견 학습법과 직접 강의법 중 어느 것이 더 효율적인가에 대해 연구하던 것과 유사하다. 무엇에 대해 더 효율적인가? 문제는 진보주의자들은 발견 학습법이 지식의 암기나 보유에 가장 효율적이기 때문에 지지했던 것이 아니라는 사실이다. 누군가가 발견 학습법은 강의법이나 어떤 새로운 반복 기법보다 효과적이지 않다고 실증적으로 증명할 수 있다 하더라도 그러한 결과가 교육의 핵심이 아닌 것이다. 진보주의자들은 그런 방법이 진보주의 교육 개념의 일부를 구현할 수 있기 때문에 좋아하는 것이다. 이와 같이 LiD도 특정한 교육적 이상의 구성 요소로서 적절성이 평가되어야 한다. 어떤 기법에 의해서가 아니라 생각을 통해 결정되어야 한다. 안락의자는 그 결정을 하기에 아주 좋은 장소다. 이 정도에서 마치고, 이 문제는 〈부록 1〉에서 상세히 다루겠다.

이런 의미에서 무엇을 성공이라 할 수 있는가? 다시 사회 과목과 비교해 보자. 교육과정에서 차지하고 있는 위치를 정당화해 주는 성공을 어떻게 평가할 수 있는가? 사회 과목이 길러 내도록 되어 있는 책임 있는 시민을 그 과목이 성공적으로 길러 내고 있다는 증거는 어디에 있는가? 사회 과목을 교육과정의 주요 요소로 정하고 있는 나라와 그렇지 않은 나라 간에 시민 정신의 적절성을 어떻게 비교할 수 있는가? 이와 마찬가지로 LiD는 지식이 풍부한 사람을 독특한 방식으로 길러 내려고 하지만, 이러한 사람이 우리가 의미하는 교육에 부합되는지에 근거해서 그리고 기술된 목적—어떤 산출물을 만들어 낼 것인가가 아니라 어떤 사람을 길러낼 것인가—을 달성할 수 있다고 믿는 이유에 근거해서 LiD를 교육과정에 포함시킬지 말지를 결정해야 한다.

LiD 프로젝트는 사색에서 나온 것이 아니다. 적절한 실증적 근거 없는 하나의 추측이 아니다. 교육 이론의 가치는 그 이론이 추구하는 바대로 교육받은 사람이 가진 이미지의 적절성과 그러한 이미지가 교육과정에서 지니는 의미를 분석함으로써 알 수 있다. LiD를 도입하려는 목적은 교육적으로 합의된 어떤 목표에 도달하는 데 더 효과적이어서가 아니라 그 '교육'의 의미를 다소 변경하기 위한 것이다. 그것은 더 적절한 교육에 대한 이미지를 생성해 내려는 시도인 것이다.

그것이 성공적인지를 어떻게 알 수 있는가? 초기에 적용해 볼 수 있는 다소 허술한 척도는 많다. 학생들이 싫증을 내고 상당수가 중도에 포기하는가? 학생들이 대체로 양질의 포트폴리오를 만들기 시작하며 주제에 대해 점차 흥미를 가지는가? 학생들을 계속 진행시키기가 얼마나 힘든가? 각 학생을 도와주는 데 시간이 얼마나 필요한가? 상당한 양의 정보를 수집하는 과정에서 대부분의 포트폴리오가 제대로 작성되고 있는가? 즉, 학생들이 그 정보를 분명히 이해할 수 있을 정도로 분류하고, 정보가 많아짐에 따라 적절하게 재분류하는가? 학생들은 교사가 제안하는 것을 실시하는 데 필요한 최소한의 시간보다 더 많은 시간을 포트폴리오에 투자할 정도로 열정이 충분한가? 학생들은 스스로 노력해서 정보를 발견하고 그것을 감독교사와 다른 사람이 이해할 수 있도록 기록하는가? 학생들의 연말 발표는 어느 정도나 분명하고, 재미있고, 잘 조직되었는가? 학생들은 자기 주제에 창의적으로 참여했다는 증거를 보여 주는가? 학교 내 여러 자원—사서, 학부모 자원봉사자, 다른 학생들—도 도움을 주는가? 이 프로젝트를 유치원부터 시작하는 것이 좋은가 혹은 1학년, 3학년 혹은 7학년에 시작하는 것이 좋은가? 평가를 하지 않는 그런 공부가 적절한 동기를 유발하는가?

이 프로젝트에 대한 연구를 시작하는 한 가지 좋은 방법은 사회경제적 지위 차이가 많이 나는 지역에서 여섯 개 정도의 학교를 선정해 2~3학급에 3년간 실시하면서, 프로그램이 진행되는 동안 그리고 3년간의 프로그램을 마칠 때 여러 가지 평가를 수행하는 것이다. 학생들이 자신의 주제에 대해 정말 많이 배웠는지 그리고 그것을 계속하고 싶어하는지를 확인해 볼 수도 있고, 프로그램이 이 책에서 주장하는 것들과 얼마나 일치하는지를 교사와 학부모들로부터 파악할 수도 있다.

나는 대부분의 학교에서 이런 프로그램의 실행 여부를 결정할 때 교육적 가치를 얼마나 잘 구현하는지 혹은 그 반대인지에 대한 생각에 기초할 것이라고 생각한다. 그렇다 하더라도 이 프로그램이 성공적인지 혹은 이 책에 제시된 프로그램 목표들이 얼마나 달성되었는지를 측정할 수 있는 상당히 단순하고 허술한 평가 방법이 몇 가지 있기는 하다. 단순히 프로그램이 실시되고 있다고 해서 성공했다고 말할 수 없으며, 학교에서 실시되는 그 자체 외에는 아무 목적도 없는 프로그램이 아니기 때문이다. 이 책에는 LiD의 목적들이 많이 제시되어 있다.

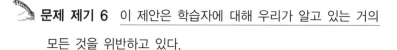

문제 제기 6 이 제안은 학습자에 대해 우리가 알고 있는 거의 모든 것을 위반하고 있다.

한 초등학교 여교사. 이 교사의 경력은 9년이며, 유아교육 전공 박사학위가 있으며, 5년 동안 학교 연구위원회에서 활동 하였다.

어떤 교육 아이디어가 이전에 한 번도 시도되지 않은 데는 그 만한 이유가 있기 마련이다. 교육 아이디어가 아동의 인지 발달에 관해 우리가 알고 있는 것과 맞지 않을 때 그 아이디어를 적용하려고 시도하지 않는다. 어린 아동은 구체적 조작기에 속하기 때문에 이들의 일상생활 경험과 연계된 주제로 배움을 시작해야 할 필요가 있다. 우리가 처음 가르치는 새로운 주제는 모두 아동이 이미 알고 있는 것과 연계시켜야 한다. 만약 당신이 아무 주제나 무작위로 아동에게 제시하기만 한다면(예, 딱정벌레, 서커스, 양념과 같은 단어를 무작위로 제시하는 것), 아동은 이 주제를 자신과 연계시켜 본 구체적 경험이 없을 것이다. 그 결과 이런 주제는 아동에게 전혀 의미 없는 것이 될 것이다.

이 안은 학습 내용만 있고 아동은 어디에도 없다는 의미에서 전통주의적 제안이다. 즉, 교육을 지식의 축적으로 보고 있다. 우리가 20세기에 배운 것이 있다면 그것은 아동을 위한 조기 교육이 아동에 우선 초점을 두어야 한다는 것이었다. 먼저 '아동의 욕구가 무엇인가?' 라고 질문하는 것을 배웠다. 나뭇잎이나 사과에 대해 많은 양의 정보를 배우는 것으로 시작하는 것이 아동의 욕구에 부합하는가? 물론 아니다. 이런 방식은 아동의 마음을 지식의 저장고로 취급하면서 새로운 교과 내용을 소개하는 것이다.

우리가 그동안 믿어온 것으로써 강력하면서도 증거가 충분한 원리 한 가지는 아동이 자신의 학습을 스스로 계획하도록 허락해야 한다는 것이다. 이 제안은 아동에게 학습 주제를 제시하라고 권하기 때문에 위의 원리를 어기고 있으며, 심지어 아동이 자신의 흥미에 따라 선택하는 것조차 허락하지 않는다. 또한 우리는 학생마다 다르기 때문에 욕구 또한 서로 다르다는 점을 인식하고 각자의 고유한 지적 능력에 맞추는 것을 강조하고 있다. 이 제안은 모든 학생을 똑같이 취급하고 각 학생에게 매번 무작위로 학습 주제를 제시하기 때문에 이 원리도 어기고 있는 것이다.

다섯 살짜리 보통 아동이 나뭇잎, 거미, 심지어 사과에 대해 충분히 잘 배우도록 안내하기 위해 이런 주제에 흥미를 가지도록 만들 수조차 없을 것이다. 조기 학습에 관한 다른 핵심 원리는 아동은 자신이 배우고 있는 것은 모두 손으로 직접 만지면서 경험할 필요가 있다는 것이다. 당신이 아동에게 서커스를 가르칠 때 어떻게 이 원리에 따라 계획을 세울 수 있을지 의문이다. 다른 주제들도 마찬가지다. LiD는 우리가 아는 어린 아동의 학습에 관한 원리와 맞지 않으며, 새로운 좋은 원리를 제공하지도 않는다.

또한 어린 아동은 협력하면서 학습하는데, 이 안에 따르면 협력하는 빈도가 낮다. 대다수의 학생은 혼자 공부하고, 자기 자신만의 독자적인 포트폴리오를 만든다. 간혹 같은 주제를 하는 다른 학생이나 조언을 해 주는 여러 명의 교사나 학부모가 포트폴리오 만드는 데 참여할 수는 있지만, 자신의 포트폴리오를 만드는 일에 다른 사람은 참여하지 않는다. 우리는 지식을 학생으로부터 나오는 어떤 것으로 여기지 학생들에게 주는 정보로 여기지 않는다. 사실 이 제안은 조기 학습에 관한 거의 모든 이론을 위반하고 있는 것처럼 보인다.

이 제안이 발달적으로 적절하지 않기 때문에 거의 희망이 없다고 말할 때 나는 그 말이 무슨 뜻인지 명확히 하고자 한다. '발달적 적절성(developmental appropriateness)'이라는 개념은 세 가지 차원을 가진다. 연령 적절성, 개인 적절성, 문화 적절성이 그것이다. 연령 적절성은 널리 알려진 피아제(Jean Piaget)의 아동발달이론에서 나온 것으로, 출생 후 아홉 살이 될 때까지 아동에게서 일어나는 성장과 변화에는 보편적이고 예측 가능한 순서가 있다는 연구에 기초한다. 당신의 안은 이런 모든 연구의 결과를 무시하는 것처럼 보인다. 개인 적절성은 각 아동이 자기만의 고유한 성장 패턴과 시기뿐만 아니라 고유한 개인적 성격, 학습 양식, 가족 배경을 가진 독특한 존재임을 인정하는 것이다. 당신의 안에는 이것들이 인정되지 않고 있다. 문화 적절성은 아동이 살고 있는 사회 문화적 맥락에 대한 지식의 중요성을 인정하는 것이다. 즉, 아동의 학습 경험은 아동에게 유의미하고, 관련성이 있고, 아동과 가족을 존중하는 것이어야 한다. 당신의 제안은 단지 지식의 축적, 우리의 문제를 마술처럼 해결할 것이라는 신념에만 관심 있지 학생에게 문화적으로 적절하게 만드는 특성은 무시하고 있다.

관련성이 없을 수도 있지만, 나는 최근에 우리 학생들을 위해 좀 더 유의미하게 통합된 교육과정을 개발하는 데 많은 연구를 하고 있음을 말하지 않을 수 없다. 그러나 이 안은 정반대로 가고 있다.

답변 6　최근 사람들이 널리 믿고 있는 아동교육에 대한 많은 이론과 원리들은 상당히 괴상하다. 우리는 우리가 스스로 선택하였거나 무의식중에 습득한 이론에 의존하여 세상과 아동을 본다. 따라서 어떤 사람이 아동은 구체적 조작기에 속하며 일상경험이나 지엽적인 환경에 대해서만 배운다고 믿고 있다면, 아동을 관찰할 때 꼭 그런 것만 보려고 한다. 몇십 년 전을 되돌아볼 때 사람들이 어떻게 행동주의 기치를 그렇게 믿었었는지 의아해하는 것처럼 앞으로 10여 년이 지나간 뒤에 사람들은 어떻게 아동에 관한 이상한 이론을 그렇게 신봉했는지 의아해하게 될 것이다. 한 아이와 10여 분 동안 대화하고는 어떻게 그 아이가 구체적 조작기에 해당한다고 결론내릴 수 있는가? 아동이 가장 흥미를 느끼는 것이 무엇인지를 보고는 어떻게 그 아동의 마음이 다소 지엽적인 경험과 환경에 얽매여 있다고 결론내릴 수 있는가? 내가 아는 어린 아동 중 거의 대부분은 공룡, 괴상한 마녀, 스파이, 우주 전사, 괴짜 대중가수에 열광을 한다.

내가 아는 아이들이 자주 읽는 이야기는 『이솝우화』와 『괴물들이 사는 나라』다. 이 이야기들은 주로 공포와 안전, 용감함과 비겁, 선함과 악함 사이의 갈등 구조를 가진다. 아동은 생각하거나 말할 때 항상 그런 개념들을 사용한다. 사람은 일생 동안 이보다 더 추상적인 개념을 배우지 못하므로 아동도 어른과 비슷한 수준의 추상적인 개념을 사용하고 있다고 봐야 한다.

그래서 나는 내 제안이 오늘날의 아동기 교육에 관한 정설과 상반된다는 교육위원의 믿음에 대해 신경쓰지 않는다. 어떤 사람은 이 모든 아이디어를 받아들여도 프로젝트가 그대로 시행되는 데는 별 문제가 없다고 생각할 수도 있지만, 나는 그렇게 생각하지 않는다. 그녀가 내 프로그램을 아동의 마음속으로 지식을 집어넣는 것으로 그리고 아동의 마음을 무의미한 자료의 저장고로 묘사하는 것에 대해서도 개의치 않는다.

결국 나는 무지의 문제를 말하고 있으며, 반론을 펼치고 있는 이 교육위원이 그러는 것처럼 교육 원리를 강조하는 사람은 자신의 무지를 방어하기 위해 애쓰는 자신을 보지 못한다. (여기서 여러분의 탄식소리가 들린다). 이 교육위원은 학생이 단지 많은 지식을 축적하는 방식의 교육을 막고 싶어 한다. 그러나 포트폴리오를 만드는 것은 지식이 담긴 자료를 차곡차곡 쌓는 것만이 아니다. 5장에서 나는 학생들이 지식을 축적해 나가는 동안에 포트폴리오를 제작하면서 동시에 깊고 풍부한 이해를 얻도록 도울 수 있는 원리를 상세히 다룰 것이다.

이 교육위원은 아동이 나뭇잎, 태양계, 사과와 같은 주제에 흥미를 느끼도록 만드는 방법이 없다고 확신하는 것처럼 보인다. 그러나 그런 확신은 '발달적으로 적절한' 것이 무엇인지에 대한 이론에서 나온 것이다. 그런데 그런 이론 자체에 오류가 있는 것 같다. (나는 여러 곳에서 이런 이론들이 어디에서 나왔으며, 어떻게 현재의 모습으로 발달하였으며, 어떤 결함을 가지고 있었고 여전히 그런 결함을 가지고 있는 지를 보여 주었다. 2002년 논문 참조.)

이런 생각을 마음에서 걷어내기 위해 나는 5장에서 나의 제안이 발달적으로 부적절하다는 교육위원의 두려움을 진정시키고 시간이 지나갈수록 아이들은 포트폴리오 주제에 더 깊이 몰두하게 될 것이라고 기대하는 타당한 이유를 제시하기 위해 노력할 것이다. 학생들이 어떻게 자기 자신의 학습을 계획하는 데 푹 빠지게 되고, 학생이 원한다면 협력적으로 활동할 수 있고, 소홀히 다루어질 것이라고 교육위원이 걱정하는 모든 것이 내 제안 속에서 다 이루어질 수 있음을 보여 줄 것이다. 이 프로젝트에 깔린 또 다른 원리는 제롬 브루너(Jerome Bruner)가 말하는 "모든 주제는 아이의 발달 단계와 관계없이 지적으로 진실한 형식으로만 된다면, 모든 아이에게 효과적으로 가르쳐질 수 있다."(1960, p. 31)는 것이다.

문제 제기 7 이 제안은 주장하는 바를 제대로 전달하지 못하고 있다.

가장 오랫동안 학교위원으로 활동한 사람. 그는 10여 년 동안 아시아에서 가르쳤고, 이어서 유럽에서도 가르친 경험이 있다. 그는 6년 전에 교육리더십 분야에서 교육학 박사학위를 취득하였다. 건전하고 상식이 풍부한 현실주의자로 알려져 있으며, 이론과 혁신에 대해 걱정이 많다.

내 이웃은 1950년대 자동차에 관한 모든 물건을 수집한다. 그는 자동차 관련 물건들로 가득 찬 창고가 하나 있다. 그는 그 시기에 생산된 모든 차종과 모델에 대해 알고 있으며, 온전한 상태의 제품 설명서, 광고물, 차종의 이름이 새겨진 많은 양의 자동차 열쇠 꾸러미를 가지고 있다. 그는 정말로 샌님 같은 사람이며, 자동차에 관한 거의 모든 것을 잘 아는 사람이다. 그는 당신의 제안에 딱 맞는 광고 모델 같은 존재지만, 인간으로서는 걸어 다니는 재난 덩어리다. 그의 취미는 자신을 위한 피난처로 작용하였고, 당신이 제안하는 것 같은 멋진 혜택은 전혀 받지 못하고 있다. 사실 아버지에게 물려받은 재산에서 나오는 소득이 없었다면 그가 어떻게 생존할 수 있을지 모르겠다. 그는 지금 몇 년 동안 직업도 없이 지내고 있다.

학생들이 졸업할 때 학업 지식을 많이 갖지 않으면서도 어떻게 기타 잡다한 것을 많이 알게 되는지에 대해 당신이 걱정하고 있음을 잘 알고 있다. 학교의 실패로 인해 아이들이 무척 무식해지는 현상에 대해 손사래를 치고 있는 사람들과 이 모든 증거 때문에 내 마음은 무겁다. 내가 보는 오늘날의 아이들은 정말로 인상적이다. 학교는 바로 지금 우리 사회가 요구하는 기술을 갖춘 사람을 배출하고 있다. 학생들이 잡다한 것만 배우면서 무기력하게 살아가는 것은 시스템을 100년 전으로 되돌리고 싶어 하는 사람들 때문이다. 그리고 내가 보기에 당신의 제안이 바로 그렇다.

아이들이 베르사유 조약(나는 이것에 대해 전혀 모른다!)에 대해 모를 때 학업 성적은 엉망이 된다. 그러나 그 아이들은 영상물은 잘 다룰 수 있으며 인터넷에 쉽게 접속하며, 모든 종류의 기술을 쉽게 다룰 수 있다. 아이들이 할 수 있는 일을 다 열거하려면 숨이 찰 지경이다. 여러 날에 걸쳐서 지구 온난화에 관한 수업을 촬영한 동영상을 본 적이 있는데, 화려한 기술을 사용하였고 모든 정보를 잘 정리하여 담고 있었다. 정말 멋졌다. 학생들은 그 동영상을 유튜브(www.youtube.com)에 올려놓았다. 베르사유 조약에 대해 안다고 누구나 이렇게 하지는 못할 것이다. 오늘날에는 어느 것이 아이들에게 더 적절한 것인가? 아이들은 영리하며 미래의 세상이 요구하는 바에 맞추어 기술을 익히고 있지 100년 전의 세상에 적합한 방식에 맞추어 기술을 익히지 않는다. 그런데 이 안은 100년 전 방식과 같고 이미 지나간 세상을 위한 낡은 방식의 교육을 보존하려고 한다.

우리가 광범위한 관련 지식을 모든 학생에게 최우선으로 배우게 만드는 실수를 했으며, 대부분의 학생은 그 지식이 무엇에 관한 것인지 제대로 알지도 못하고 있다고 당신은 말한다. 당신은 LiD를 최우선으로 두는 것이 한 가지 해결 방법이라 주장한다. 깊게 파고들어 배운 지식은 학생이 새롭게 배울 다른 지식에도 '전파' 될 것이라 주장한다. 나는 이렇게 될 것이라고 기대할 이유가 없다고 본다. 이러한 혁신안의 가치를 주장하고 싶다면 실제로 이런 전이가 일어난 다음에나 내놓고 우리를 설득하길 바란다. 만약 이런 전이가 일어나지 않는다면 아이들의 지식의 넓이는 현재 상태에 머물러 있는데, 당신의 제안 때문에 시간만 흘러가 결국 아이들은 일상생활에 하등의 쓸모없는 것들만 잔뜩 알게 될 것이다. 사과나 거미에 대해 풍부한 지식을 가지는 것이 그 사람의 교육적 성취를 보장해 주는 것이 아니다. 이것은 학생들이 촌스럽거나 괴기스런 취미라고 부르는 것이다. 당신이 주장하는 전이가 실제로 일어나는 것을 보여주는 증거는 있는가?

답변 7 단지 지식을 축적하는 것만으로는 충분하지 않다는 것은 명확하다. 어떤 종류의 지식이냐가 중요하다. 뭔가를 끊임없이 수집하거나 미식축구의 통계에 푹 빠지는 것은 그 직업을 갖는 데 필요한 올바른 도구를 가지는 것과 다르다는 교육위원의 지적은 옳다. 그래서 우리는 그 '아무것'을 뒤집어 볼 필요가 있을 것이다. 아무 지식이나 깊이 배우면 좋은 것이 아니다. 그래서 아무 지식이나 깊이 가르치는 것이 인지적 가치를 전달하도록 만드는 일은 어려울 수 있다. 야구, 크리켓 점수, 유명 가수의 삶, 기네스 기록의 내용에 대해 많이 아는 것이 우리에게 중요한 역할을 할 가능성은 낮다. 4장에서 다룰 특정한 지식만이 LiD를 통해 이득을 얻을 수 있다.

어떤 것(그것이 아주 하찮은 것이 아니라면)을 충분히 깊게 학습한 사람은 대부분 자신이 그것에 관한 지식을 축적하였을 뿐만 아니라 지식 전반에 대한 어떤 이해를 축적하였음을 알게된다. 대학과 같은 현재의 교육 시스템 속에서도 LiD가 간혹 이루어지고 있지만, 충분하지 않다. 그러나 이런 제한된 LiD을 경험한 학생들조차도 지식을 어떻게 구성하는지에 대한 자신의 감각이 변화하고 있음을 알게 되며, 새롭게 이루어진 더 깊은 학습이 사전 지식에 영향을 준다는 것을 인식하게 된다. 이전에 학습한 것에 대해 표면적인 뜻만 알고 있음을 알게 되는 것 자체만으로도 큰 도전이다.

이것만으로는 교육위원의 반론에 대한 대답으로 충분하지 않다. 그런 질문에 대한 대답은 실천을 통해서만 나오며, 이제 우리는 내 제안이 실천해 볼 가치를 가지고 있는지 아닌지를 결정하도록 도와줄 증거를 찾을 수 있다. 물론 전이의 문제는 복잡하며, 특히 내가 제안하는 '깊이 파고드는 학습(depth learning)'에서의 전이는 복잡하다. 내 생각에 우리가 볼 수 있는 대부분의 증거(확실하지는 않음)는 학생이 깊이 파고들어 배운 것이 그가 알고 있는 다른 모든 것에 큰 영향을 줄 수 있음을 보여 줄 것이다. 어떤 사람은 깊이 파고들면서 배웠어도 그것을 널리 전이하여 인지적 혜택을 받지 못하였음을 보여 주는 증거도 있다는 것을 부정하지는 않는다. 이들은 몽테뉴(Michel Montaigne)의 유명한 구절처럼 '책으로 가득 찬 바보(Asses loaded with books)'로 남을 수 있다. 그러나 내 생각에 그 사람들은 내 프로그램에서 설정한 방식으로 LiD를 하지 않은 사람들이다. 더욱 중요하게 생각하는 것은 그들이 깊게 배운 주제들은 내가 제안하는 프로그램에서 다루는 주제들만큼 풍부하지 않다는 점이다. 좀 더 낙관적으로 보는 이유는 프로젝트가 어떻게 구성되는지를 설명하는 5장과 6장에서 다룰 것이다.

어떤 것을 깊이 파고들면서 배우는 과정에서 획득한 여러 종류의 학습 전략을 학교에서 배우는 교과목에도 전이하게 만들 가능성이 높다. 즉, 학생들은 자신의 주제를 이해하고 점점 더 복잡한 지식을 획득해 나가는 동안에 다른 어떤 주제에도 적용할 수 있는 전략도 배우게 된다. 학생들은 어떤 주제를 깊게 연구하는 동안에 사용한 전략을 다른 것을 배우는 데도 사용할 수 있을 것이다. 예를 들어, 당신이 사과를 여러 가지 방법(예, 크기, 색깔, 영양가, 저장 기간, 익는 데 걸리는 기간 등)으로 분류할 수 있는 방법을 배웠다면 당신은 이런 이해를 곧 학습할 다른 주제를 조직하는 데 사용할 것이다. 그리고 당신이 지독한 병을 막기 위해 다양한 종류의 사과를 보존하는 것의 중요성을 깨닫게 된다면, 당신은 그런 인지적 기술을 다른 음식 재료나 다른 측면의 인간 행동을 관찰하는 데 사용할 수 있다. 그래서 나는 LiD를 실천한 학생은 점차 그러나 다소 다른 방식으로 모든 학습에 다가설 것이라고 기대해도 될 충분한 근거가 있다고 믿는다.

이 제안이 가진 약점은 우리 교육계에서는 이와 비슷한 어떤 시도도 이루어진 바가 없다는 것이다. 그래서 내 제안이 홍보된 것처럼 작동할 것이라고 확신을 가지고 주장하기는 쉽지 않다. 특히 일부 특성이 오늘날의 널리 알려진 교육 원리와 상충하는 것처럼 보이기 때문에 더욱 그렇다. 우리 주변에는 어떤 것을 깊이 파고드는 학습을 한 사람들이 있다. 대학에 있는 일종의 전문가들이 그런 사람들이다. 그러나 그런 사람들이 내가 주장하는 것의 예시는 아니다. 그들은 직업이라는 이유 때문에 한 가지 연구 분야에서 전문가가 되었고, 대개 이 프로젝트가 거의 끝날 무렵인 고등학교 3학년 이후부터 겨우 전문가가 되기 시작하였다. 나는 아동 각자가 매우 구체적인 몇 가지 주제에 대해 풍부한 지식을 가지게 만들고 싶다. 그리고 아이들이 다섯 살 내지 여섯 살부터 고등학교를 졸업할 때까지 그 주제에 관해 배우게 만들고 싶다. 내가 권하는 방식 덕분에 아이들은 자신의 주제에 대해 탐색할 수 있을 것이며, 이 안을 실행한 결과는 오늘날 우리가 평범하게 볼 수 있는 것과 다소 다른 마음일 것이라고 기대할 만 하다. 물론 이 안과 비슷한 것을 우연히 실천한 사람도 있으며, 그들의 결과에는 칭찬할 만한 것이 있다. 그러나 여기에 모든 사람이 이용할 수 있는 제안이 있으며, 이 안이 주는 새로운 정신 발달은 각자가 마음속에서 수행하는 정신적 도구의 나머지 부분으로 전이되거나 확산될 것이다.

내가 여기서 하고 있는 것처럼 우리는 어떤 증거가 주제와 관계가 있는지를 추측하고, 직관을 정교화하고, 논쟁을 벌이고 해석한다. 이 책에서 하고 있는 낙관적인 예측보다 더 나은 결과가 나올지도 모른다는 것이 나의 희망 섞인 기대다.

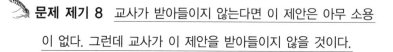

문제 제기 8 교사가 받아들이지 않는다면 이 제안은 아무 소용이 없다. 그런데 교사가 이 제안을 받아들이지 않을 것이다.

> 학교위원회의 원로위원. 그는 20년 동안 위원회에서 일하고 있다. 그는 처음에는 학교 재정담당부의 신참위원이었지만, 이후로 이 분야의 전문가가 되었다. 현재 그는 지역 학군의 프로그램을 다른 지역, 특히 다른 나라에 판매하는 책임을 맡고 있다.

우리는 이미 이 제안이 교사에게 추가 부담이 될 수 있다는 사실에 주목해 왔다. 이 제안은 일부 교사들이 좋아하는 특징이 있을 수 있다. 예를 들어, 무평가제(nongraded), 집중 학습(learning intensive), 한계와 정부 지침이 없는 무제한적 탐색, 학생이 전문가가 되어서 실제적 지식을 갖도록 이끌기, 개별 학습에 강한 인센티브를 제공하는 특징이 있다. 다수의 내 동료들이 이런 기대에 회의적이었다는 점을 기억해야 할 것이다. 만약 우리 모두가 이 제안을 지지한다 할지라도 여전히 교사들의 적대감이라는 벽에 부딪쳐 학교에서는 설 자리가 없을 거라고 생각한다.

우선 당신은 과로로 지쳐 있고 교육 개혁에 피로감을 느끼는 교사들로부터 '업무만 늘어날 것'이라는 반대에 부딪힐 것이다. 교장들도 새로운 것을 시도하는 데 주저하는 교사들에게 이 제안을 적극 권하지 못하는 것도 보게 될 것이다. 이 제안은 지극히 새롭다. 이전에 시도된 적도 없는 교육이기 때문에 교사들이 머리를 싸매고 고민해 봤자 별 수 없을 것이다. 이 계획대로 따르다보면 교사들은 학생들이 학습하는 내용과 방법에 대한 통제권을 잃게 되기 때문에 교사들은 오래된 '전문직 자율성'이라는 카드를 사용하여 이 교육을 거부할 수도 있다.

답변 8 이 반론과 관련하여 다소 우스운 것은 내가 학교나 교사 연찬회에서 LiD에 대해 설명할 때 대다수의 교사는 자신은 열망하지만(항상 그런 것은 아님) 교육 행정가들에게 지지를 얻어내기가 정말로 어려울 것이라고 내게 하소연하였다는 점이다. 반대로 교육 행정가들은 자신은 LiD를 실행하고 싶지만, 교사들이 이것을 결코 받아들이지 않을 것이라고 말한다. 사실 내 강연을 들은 대부분의 사람은 LiD를 좋아하게 되지만, 다른 집단의 적대감이라는 벽에 부딪힐 것이라고 말한다.

학교위원회 위원이 잘 묘사한 것처럼 과로로 지쳐 있고 교육 개혁에 피로감을 느끼는 교사들이 '업무만 늘어난다.'고 반대하는 일이 아주 드물 것이라 생각하는 이유가 두 가지 있다.

첫째, 우리는 필요하다면 교사들을 지원하기 위해 자원봉사 학부모, 사서 교사, 고학년 학생, 대학생, 보조 교사를 배치할 것이다. 즉, 이 프로그램을 실행하는 것이 단지 교사의 등을 떠미는 것이어서는 안 된다. 이미 짜여진 '재량 활동 시간(challenge time)'이나 현재 교사의 시간을 낭비하고 있는 다른 활동을 LiD로 대체하기로 전체 교직원이 동의한 경우가 아니라면 다른 자원을 찾아야만 한다.

둘째, 학생들이 참여하지만 성적에 반영되지 않는 탐색 학습은 거의 대부분의 교사에게 매우 매력적임에 틀림이 없다. 많은 사람이 내게 말해 주었듯이 LiD는 교사들이 가르치고 싶어 열망하였으나 너무 기회가 부족하여 현실에서 실행하지 못했던 것이다. 많은 교사가 제안해 온 또 다른 이유는 우수한 학생이 '다 했다!'라고 외치는데 나머지 학생들이 과제의 겨우 한 부분만 완성하였을 때 학급을 다루는 쉬운 방법을 이 프로젝트가 제공할 수 있다는 데 있다. 교사는 우수한 학생에게 남은 시간을 자신의 포트폴리오를 개발하는 데 사용하라고 권할 수 있다.

교장은 이 프로젝트에 대한 가장 열렬한 집단 중 하나다. LiD는 교장이 학부모들에게 현재의 교육과정에 가치를 더해 준다고 말해 줄 수 있는 보조적이면서도 중요한 프로그램이다. 나와 대화를 나눈 거의 모든 교장은 교사들이 새로운 책임을 맡는 데 도움을 줄 수 있는 자원에 대해서만 우려를 표명하였다. 솔직히 나와 대화를 나눈 교장의 수는 많지 않으며, 이들이 전체 교장을 대표한다고 볼 수 없을 것이다. 나와 대화를 한 교장 중에는 이 장에서 제시한 것과 비슷한 이유들을 제시하면서 LiD를 단호히 거절한 사람도 몇 명 있었다.

지금까지 '오래된 전문직 자율성 카드'를 사용한 교사는 한 명도 없었다. 솔직히 이 프로젝트에 대한 내 강연을 들은 교사 중에는 그런 사람이 없었다. 내 생각에 이 프로젝트가 교사에게 충분히 매력적이어서 '전문직 자율성'에 대한 걱정을 유발하지 않을 것 같다.

🦐 문제 제기 9 인터넷이 이 프로젝트를 방해할 것이다.

고등학교 영어 교사. 그는 도심 지역에서 15년간 아이들을 가르쳤고 그 이후 4년 동안 한 대학교의 교직 프로그램에서 예비교사를 지도 감독하면서 강사로 활동하고 있다. 그는 교원 자격에 관한 일을 맡은 학교위원회 연락 담당관이다.

당신은 학생들이 그림, 노트, 사진, 작문, 기타 자료로 구성되는 물리적 포트폴리오와 학교나 지역 교육청 서버에 할당된 공간을 이용한 온라인 포트폴리오 둘 다를 만들 수 있다고 말하였다. 내 생각에 인터넷은 여러 가지 방식으로 이 아이디어를 방해할 것이다. 당신은 아이들에게 주제를 줘서 집에 보내고, 며칠 뒤에는 학부모가 사과나 새에 관한 자료를 50GB 정도 다운받아서 학생의 서버 공간에 올린다. 학생은 아무것도 학습하지 못할 것이지만, 거대한 포트폴리오는 가질 것이다. 학생들이 프로젝트를 시작할 때뿐만 아니라 프로젝트가 끝날 때까지도 이런 일이 일어날 것이다. 오늘날 지식에 접근하기 쉽다는 것은 당신의 학생들이 단지 주제와 관련된 자료를 대량으로 축적하지만 주제에 대한 깊은 지식을 획득하지 않을 수 있음을 의미한다.

당신은 교사나 포트폴리오 감독자에게 문지기 역할을 시켜

서 학생들이 '학습'하지 않은 것을 자신의 포트폴리오에 넣는 것을 예방하고 싶어할 것이다. 그렇다면 당신은 이 프로젝트에서 삭제했다고 말했던 평가와 시험 치기로 되돌아간다. 만약 '사과'에 대해 공부하는 학생이 키르기스스탄(당신이 제시한 예를 사용함)으로 가서 원조 사과나무의 잎에 붙은 해충에 대해 연구를 하고 있는 탐험대가 만들어 낸 흥미로운 문서를 발견하고 68쪽의 PDF 파일을 자신의 온라인 포트폴리오에 포함시키고 싶어 한다면, 교사가 해야 할 일은 무엇인가? 학생이 그 파일을 읽고 이해하였는지 확인해야 하는가? 그 학생이 이제까지 모아온 수백 개의 파일 속에 별도 파일로만 첨가하도록 허락해야 하는가? 교사가 학생으로 하여금 매번 자신의 온라인 포트폴리오를 재조정하도록 요구해야 하는가? 그리고 학생이 새로운 파일을 자신의 포트폴리오 어느 부분에 올려야 하는지에 대해 감각을 가지고 있을 때에만 그 파일을 받아 주는 것과 같이 학생이 수집한 정보를 어떻게 구조화하는지를 보고 학생이 그 주제에 대해 점점 더 깊게 이해하고 있음을 알아야 하는가?

다른 한편, 당신은 좀처럼 인터넷을 접속하지 않는 가족이나 학교를 만나게 될 것이다. 그럴 때에는 학생들이 어떻게 정보를 계속해서 축적할 것인가?

당신이 이 아이디어에 대해 상당히 모호하고 일반적으로 말할 때에는 이 아이디어가 정말 멋지게 들리지만, 당신이 이 프로젝트가 어떻게 작동하는지에 대해 핵심으로 다가가면, 너무 많은 구멍이 있다는 것이 내가 제기하는 문제다. 이런 인터넷

구멍이 당신이 상상하는 것처럼 이 프로젝트가 작동하지 않고 당신이 제안하는 혜택이 발생하지 않을 또 다른 이유가 된다.

답변 9 여러 학교위원의 사례 중 일부가 보여 주는 것처럼 인터넷에서 제공하는 지식에의 용이한 접근성 덕분에 학생들은 방대한 포트폴리오를 만들 수 있다. 이런 결과는 이 프로그램의 의도와는 정면으로 배치된다. 마음으로 따르지 않으면서도 법의 문구를 있는 그대로 지키는 많은 사례가 있는 것처럼 방해가 되느냐 아니냐를 명확하게 구분하는 것은 쉽지 않다. 이 프로그램이 경쟁을 유발하지 않고, 교사의 주요 역할은 학생이 포트폴리오를 만들도록 도와주는 것이며, 포트폴리오가 학생이 학습한 것으로만 만들어지되 점수 매겨지지 않는다면, 학생의 온라인 공간에 방대한 양의 자료를 모으기를 기대하는 것이 아니라는 사실을 분명하게 하는 것은 어려운 일이 아니다. 근대식 학교교육의 탄생 때부터 있어온 경쟁(많은 부모는 이런 관점을 가지고 있다)이 주로 이런 반론을 초래한다. 경쟁을 제거하라. 자료를 많이 모으는 것에 대한 보상은 없다.

학부모나 기타 보호자는 프로젝트가 성공하도록 돕거나 방해하는 데 중요한 역할을 한다. 이들에게 프로젝트가 무엇에 관한 것인지를 이해시키는 것이 중요하다. 아동이 자신의 관심 주제를 탐색하는 것을 가장 잘 도와줄 수 있는 방법을 학부모가 확실하게 이해하도록 만드는 것도 중요하다. 프로그램의 목적을 설명할 처음 기회는 학생들이 자신의 주제를 받을 때 조그만 축하 행사를 가질 때이다. 학부모, 보호자, 기타 가족 구성원이 그 행사에 초대되어야 한다. 아동이 특정한 주제에 대해 LiD하도록 가장 잘 지원하는 방법을 설명하고 있는 소책자를 제공하여 이들이 집에 가져가도록 해야 한다.

사실 몇 명이 인터넷 요소는 삭제해야 한다고 제안해 왔다. 즉, 학생은 자신의 연구를 위해 인터넷을 사용하도록 허락되어야 하지만, 이들의 포트폴리오는 가상적이기보다는 물리적이어야 하며, 디지털이기보다는 아날로그여야 한다는 것이다. 이것이 학교위원회 위원이 지적하는 문제에서 쉽게 벗어나게 해 줄 것이다.

그러나 남용을 막으려다가 프로젝트가 제공하는 잠재적으로 가치 있는 지원을 막을 수도 있다. 그런 식으로 제한하는 것은 비현실적이다. 오늘날 우리는 자유를 남용하는 사람의 행위를 제한하기 위해 개인의 자유를 함부로 사용할 수 없는 많은 제약을 가지고 살아간다. 나는 이런 제약을 하나 더 추가하는 것에 주저한다. 프로그램의 긍정적인 부분이 의도한 대로 작동하도록 만들기 위해 더 열심히 일하는 편이 더 낫다.

다른 한편 일부 교사들은 처음부터 온라인 포트폴리오를 주장해 왔다. 이들은 이제 아동의 작품을 디지털 사진 복사본으로 만들어서 온라인에 저장하는 것이 매우 쉬우며 교사들은 이것을 일상적으로 반복하고 있으며 시간이 흘러감에 따라 아동이 자신의 포트폴리오를 조직하는 것을 도와줄 수 있다고 제안하였다. 이에 대해 교사와 논의할 때 포트폴리오 자료를 인터넷과 온라인에 저장하는 것의 가능성에 대해 매우 날카로운 대립이 있어 왔다.

일부 사람들이 인터넷과 관련하여 제안해 온 수정된 형식의 배제 정책이 있을 수 있다. 아마도 처음 5~6년 동안 교사들은 오직 물리적 형식의 포트폴리오만 요구하다가 5학년이나 6학년이 되었을 때 온라인 포트폴리오를 개발하기 위한 서버 공간을 제공할 수 있다. 내 생각에 이것의 문제점은 이런 방식이 어떤 주제에는 잘 어울리지 않을 수 있다는 데 있다. 'Ubiquitous dust(화성을 둘러싸고 있는 먼지)'나 '서커스'에 대한 정보를 물리적 포트폴리오에 저장하는 것이 '나뭇잎'이나 '새'에 관한 정보를 저장하는 것보다 더 어려울 것이다. 나는 이것을 전적으로 확언하지는 못하지만, 학교위원회 위원은 중요한 반론을 명확하게 제기하였고, 이것을 극복하기 위해서는 상세한 내용이 요구된다. 나는 포트폴리오가 어떤 형식을 갖추어야 하는지를 논의하는 6장에서 이에 관한 상세한 내용을 제시하려고 한다.

인터넷에 의해 야기되는 것으로 사전에 알려져야 하는 다른 잠재적 문제가 더 있다. 만약 프로그램이 제안한 것처럼 잘 작동하여 몇 년 이내에 동일한 주제를 가진 학생들이 함께 모여들 수 있는 페이스북이나 유사한 사이트를 가진다면, 우리는 어떻게 '사과'에 대한 연구가 정보 속에 파묻히지 않게 막을 수 있느냐라는 문제가 야기될 것이다. 누군가가 그 나라에 있는 나무에 관해 또는 사과라는 종의 발달 역사에 관한 프로젝트를 멋지게 완성할 것이며, 그 뒤에 프로젝트를 하는 학생들은 단지 이미 완성된 것을 얻고 자신은 발견하는 것이 거의 없는 채로 남을 수 있다. 물론 우리가 새로운 어떤 것을 발견하고 싶어할 때 우리 모두 이와 같은 상황에 놓인다. 우리는 인터넷으로 달려가서 우리보다 더 많은 전문성을 가진 사람들이 우리를 위해 올려놓은 것을 찾는다. 모든 것이 학생들을 위해 너무 준비된 상태로 주어지는 위험이 있지만, 이를 방어할 수 있는 방법이 몇 가지 있다.

첫째, 단지 더 많은 수의 주제를 주는 것이다. 둘째, 학생들이 자신의 개인 포트폴리오를 만들 때 사용할 수 있는 여러 개의 지식의 원천 중에서 이미 이용 가능한 자료를 찾아보라고 학생들을 격려할 수 있다. 셋째, 과거에 만들어진 포트폴리오를 이용하여 점점 더 깊게 주제에 파고들도록 도와서 새로운 포트폴리오를 만들도록 지원하며, 그 결과 학생들이 더 높은 전문성을 개발하도록 만들 수 있다. 넷째, 동일한 주제에 관한 이전의 포트폴리오는 능력이 낮은 학생들이 스스로 학습하도록 도와줄 수 있으며, 자신은 주제의 어떤 측면을 가장 연구하고 싶어하는지 발견하도록 도와줄 수 있다. 즉, 다수의 다른 학생에 의해 조직된 지식을 보는 것은 오늘날 교재나 온라인에서 보게 되는 전문가의 손길이 닿은 완성된 형식을 탐색하는 것보다 훨씬 덜 위협적이다. 그러나 여전히 문제는 남아 있다(아마도 우연히 균형을 이루는 것 같다). 완성된 포트폴리오는 어린 학생에게는 위협이 될 수 있지만, 다른 학생들에게는 자극이나 영감을 줄 수도 있다. 인터넷은 문제를 낳을 수 있지만 극복할 수 없는 문제가 아니라는 것이 내 생각이다.

문제 제기 10 당신은 이 제안을 옹호하기 위해 패트릭(Kil Patrick)의 프로젝트법, 피터스(R. S. Peters)와 허스트(Paul Hirst)의 LiD 정당성, 그리고 가드너(Howard Gardner)의 『훈련된 마음(The disciplined mind)』에 담긴 아이디어를 인용하고 있다. 그러나 이들은 모두 LiD와 상당히 다른 아이디어를 주창하고 있다.

다중지능이론을 여러 해 동안 적용하고 있는 학교의 교감 선생님. 이 교감은 다중지능이론과 실천에 관해 정기적으로 워크숍을 개최하며, '다중지능이론의 정규 학교 실천'이라는 주제로 박사학위 논문을 작성하고 있는 중이다.

교육받는다는 것은 '광범위한' 내용뿐만 아니라 어떤 것을 깊이 아는 것이어야 함을 오랫동안 주장해 온 유명한 학자들을 언급함으로써 당신의 제안을 정당화하려 하고 있다. 그러나 그들 중 어느 누구도 LiD가 자신의 제안과 같다고 말하지 않았다. 당신은 현대 철학적 분석을 교육 개념에 적용하려고 한 피터스와 허스트를 언급한다. 이들은 깊이 기준을 충족시켜 주는 하나의 프로그램을 제시하지 않았다. 왜냐하면 이들은 어떤 지식의 영역에서 그 지식의 '깊이'를 구체적으로 명시하는 것은 그 분야의 전공학자들에 의해 수행되어야 하는 것이라고 생각했기 때문이다. 당신의 제안이 그들이 보는 깊이 기준을 충족시킬 것이라고 나는 생각하지 않는다. 그들은 지식의 형식 또는 그 지식으로부터 도출된 분야로 이루어진 폭넓은 교육과정을 마음속에 품고 있다. 논리 수학, 물리 과학, 도덕적/종교적 사고, 대인 민감성, 문학/예술, 역사적 이해와 같은 지식의 형식은 서로 다른 모습을 가지고 있다. 심각한 차이는 아닐지라도 차이는 엄연히 있다. 넓이 기준은 각 영역의 지식 중 중요한 지식은 학생들이 반드시 배워야 한다는 개념에서 나왔다. 그러나 깊이 기준은 이런 기본 지식 중에서 한두 가지만이라도 깊고 상세하게 배워도 된다는 개념에서 나왔다. 그렇다면 '깊이'는 학생들이 결정할 수 있는 것이 아니다. 오히려 화학이나 지리학에 대해 어느 정도 이해해야 심층 이해를 했다고 구체적으로 말할 수 있는 사람은 그 주제를 전공한 학자일 것이다.

그래서 LiD가 합리적 의미에서 교육의 필수 요건이라고 주창하는 철학자의 관점에서 보면, 당신의 제안은 오히려 엉뚱하다. 이런 철학자들은 학생들이 역사나 화학에 대해 정통해야 한다고 말하는 것이지 학생들이 지상에 있는 모든 사람만큼 '사과'나 '새'에 대해 배워야 한다고 말하는 것이 아니다.

LiD에 대한 가드너의 지지는 당신이 제안하는 프로그램과 그 방향이나 성격이 매우 다르다. 그는 다윈의 진화론, 모차르트의 작품인 피가로의 결혼, 나치의 홀로코스트와 같은 중요한 주제 세 가지를 상세히 다룬다. 또한 이런 세 가지 주제처럼 풍부하고 복잡한 주제에 대해 훈련을 통해 이해하는 것이 어떻게 사람들의 마음을 새롭게 변화시키는 효과를 주는지를 보여 준다. 이렇게 마음을 변화시키는 효과가 우리가 속칭 교육이라 부르는 것이다. 이와 달리 당신의 제안은 서로 조화를 이루지 못하는 주제들이 축약되어 우연히 나열되어 있는 것 같다. 당신이 제안하는 바에 따라 '새'에 대해 깊이 파고드는 학습을 하는 것은 새에 대한 지식만 풍부하게 제공할 뿐이다. 그러나 이것이 인간의 조건의 중요한 특징을 이해하고 오래된 세 가지 전통인 진, 선, 미의 중요성을 인식하는 교육받은 인간이 되도록 만들 수 있을지 모르겠다. 가드너의 책은 학생이 우연한 기회를 통해 주제를 어디서 탐색할 것인지를 정하도록 안내하는 것이 아니라 학생이 훈련된 마음을 개발하는 방법을 상세히 다루고 있다.

가드너의 책은 우리의 삶과 문명에 관해 가장 근본적인 질문을 하는 방식으로 LiD를 다루고 있으며, 시간을 초월하여 모든 사람에게 중요한 문제와 정치적으로 긴박한 문제를 다룬다. 당신의 제안은 상대적으로 사소한 것을 다룬다.

당신은 앞에서 킬패트릭의 프로젝트법과 카츠(Katz)와 차드(Chard)에 의해 최근에 개선된 프로젝트법을 언급하였다. 킬패트릭에게 프로젝트는 학생들로 하여금 중요한 사회 학습에 참여하도록 만드는 도구이며, '목적의식을 가지고 온 마음으로 하는 활동'을 의미한다. 그는 프로젝트를 듀이(John Dewey)가 학생을 자신의 학습활동에 적극 참여시키라고 요구하는 진보주의를 지지하는 핵심적인 교수 기법으로 보았다. 또한 프로젝트법은 학생에게 지루한 지식을 축적하도록 하여 수동적이게 만드는 전통적인 교육 양식에서 벗어나는 교수 기법이다. 킬패트릭과 최근의 프로젝트법 주창자들은 학생들로 하여금 어떤 문제를 해결하기 위한 실제 프로젝트를 하면서 서로 협력하고 중요한 사회 학습에 참여하도록 요구한다. 프로젝트법은 16세기 이탈리아에서 실제 문제를 해결하도록 시키면서 예비 건축가(student-architects)를 훈련시켰던 방법에서 발달된 것이다 (Knoll, 1995).

당신의 제안 대부분은 과거로 되돌아가고, 학생들이 주로 혼자서 공부하도록 요구하며, 사회적 목표를 전혀 가지고 있지 않는 것처럼 보인다. 당신의 제안은 풍부한 사회·문화적 환경에 주목하지 않고 오직 개인의 마음에 초점을 두는 것 같다. 사회·문화적 환경은 마음에 양식을 제공하고 우리의 삶 속에 도덕적이고 민주적인 사회 활동을 풍부하게 만든다. 이것은 진보주의가 이룬 모든 교육적 성취를 무시하는 역류와 같다.

답변 10 물론 맞는 말이다. 그리고 내 제안은 다른 유사한 제안들과 일종의 경쟁을 하기 위해 만들어진 것이 아니다. 피터스와 허스트가 어떤 종류의 LiD를 만들려고 했는지 나는 모른다. 그들이 적절한 교육을 위해 필요한 것으로 제안한 일종의 깊이 파고드는 연구를 달성하기 위한 방법을 찾기 위해 나는 그들의 글을 읽고 또 읽었다. 그러나 아무것도 찾을 수 없었다. 교감 선생님이 지적한 것처럼 그들은 필요한 것을 채워 넣는 일을 내용 전문가들에게 맡겨 버렸다. 그들이 말하는 '깊이'는 일종의 특화된 연구를 의미하는 것 같으며, 이런 특화된 연구는 영국의 문법학교나 공립학교에서 수십 년 전에 널리 사용하던 것이며 오늘날에는 몇몇 고등학교나 대학교에서 사용되고 있다. 즉, 피터스와 허스트는 깊이 학습(depth learning: DL)을 교육을 위한 표준으로 삼을 만큼 중요하게 여기고 LiD를 완성하는 방법을 제안하지 않았다.

내 제안이 그들이 생각했던 것이 아니라는 것에 대해 나는 조금도 개의치 않는다. 내가 그들을 언급한 이유는 내가 제안하는 바를 그들이 말하지 않았을지라도 그들이 '깊이'와 폭넓고 정교한 탐색에 대한 교육적 필요성을 주장했기 때문이다. 폭넓고 정교한 탐색은 LiD 프로젝트에서 일어날 가능성이 높으며 이것은 피터스와 허스트가 제시한 기준에서도 중요한 부분을 차지한다. 피터스와 허스트가 내 프로젝트를 자신이 정한 깊이 기준을 적어도 보충해 주는 것으로 받아들여 줄지는 모르겠다.

나는 LiD를 주창하기 위해 가드너의 주장을 인용하고 있다. 내 생각에 그의 주장이 옳고, 우리가 일반적으로 받아들이는 교육 목적을 잘 뒷받침하고 있기 때문이다. 물론 그의 책은 나의 프로젝트보다 더 광범위한 주제를 다루고 있다. 사실 내 책은 가드너의 책보다 훨씬 더 축소된 안을 담고 있다. 내 책은 그가 탐색한 중요한 주제 중 아무것도 다루고 있지 있다. 그러나 나는 비교적 사소하고 축소된 이 제안이 중요한 어떤 것에 기여하는 바는 없는지, 더 실용적이지 않은지 그리고 우리가 목적으로 삼고 있는 것을 더 깊게 이해하도록 만들 가능성은 없는지 고려해 볼 가치가 있다고 생각한다.

이 책에서 제공하는 것은 비교적 쉽게 실행될 수 있는 단순하고 실천적인 프로그램이다. 이 제안은 교사를 위한 전문성 훈련을 근본적으로 바꾸라고 요구하지 않으며, 학교의 구조를 바꾸라고 요구하지 않으며, 교육과정의 변화도 요구하지 않으며, 명강의도 요구하지 않으며, 본질적인 변화를 요구하는 다른 교육 안처럼 조건도 달지 않는다. 즉, 이 제안은 오늘날의 전형적인 교육과정에 그대로 적용할 수 있으며, 가드너가 추천하는 방식으로 변화된 교육과정에도 적용할 수 있다.

교감 선생님은 프로젝트법에 대해서도 정확하게 지적하고 있다. 프로젝트법이 사회적 목적 및 도덕적 목적을 명확하게 가지면서 학습을 촉진시키려 한다고 볼 때, 더 많이 축약된 내 제안이 유사한 목적을 달성할 수 있을지 또는 없을지를 고려하는 것은 가치 있는 일이다. 프로젝트 작업과 내가 제안하는 것에는 명확한 차이가 있다. 그 차이는 교감 선생님이 지적하는 바와 같다. (여기에 프로젝트법에 대한 설명이 있다. "프로젝트법은 아동이 며칠 또는 몇 주에 걸쳐 실제 문제를 해결하는 교육 활동이다. 로켓을 만드는 것, 놀이터를 설계하는 것, 학급 소식지를 발간하는 것과 같은 활동이 포함될 수 있다. 프로젝트는 교사에 의해 제시될 수도 있지만, 학생들이 될 수 있는 한 스스로 프로젝트를 계획하고 실행하며, 혼자서 또는 집단으로 할 수도 있다. 프로젝트는 구체적 지식이나 기술을 그냥 알려 주는 것이 아니라 적용하는 것을 강조하며 또한 독립적 사고, 자신감, 사회적 책임을 촉진하기 위해 학생을 참여시키고 동기를 부여하는 것을 강조한다."-교육백과사전 홈페이지 http://education.stateuniversity.com/pages/2337/Project-Method.html에서 인용.)

앞의 설명에서 다루지 못한 것은 킬패트릭이 하나의 공동 목적을 위해 학생들이 함께 작업하는 목적적 활동을 강조하였다는 점이다(이것은 민주시민의식을 의도적으로 훈련시키기 위한 것이다). 이제껏 내가 본 프로젝트 중 어떤 것도 몇 년간의 학교교육에서 오직 한 가지 주제에만 초점을 두는 경우가 없었다. 프로젝트와 내 제안이 가지는 공통점은 더 깊이 파고드는 것에 초점을 둔 학습(LiD)은 쓸모없는 지식을 단순히 축적하는 것 이상의 교육적 가치를 가진다는 것이다. 그럼에도 불구하고 (내 제안과 프로젝트법 사이에는) 유사점보다는 차이점이 더 많을 것이다.

그러나 교감 선생님이 말하는 것처럼 LiD 프로젝트가 학생들을 혼자서 비사회적으로 활동하게 만들 것이라 생각하지 않는다. 이 프로젝트의 명시적 목적에 필수 미덕을 갖춘 민주적 사회생활을 포함하지 않고 있음은 확실하다. 그러나 학생들은 교사들과 끊임없이 접촉할 것이며, 같은 주제 또는 서로 연결될 수 있는 다른 주제를 다루고 있는 다른 학생들과 접촉하도록 독려 받을 것이다. 또한 학생들은 포트폴리오를 만드는 과정에서 부모, 친척, 가족이 아는 사람, 복도에서 만나는 다른 학생, 전문가, 기타 사람들과 대화하도록 격려 받을 것이다. 나는 특정한 주제와 관련하여 모든 종류의 네트워크가 신속히 발달할 것으로 기대한다. 공통의 주제를 가진 한 지역, 한 국가, 또는 전 세계의 학생들이 푹 빠져들 주제만 전적으로 다루는 웹사이트를 상상해 본다. 여러 문화권의 학생들이 참여한 프로젝트에서 만들고 수정한 '사과' 사이트를 상상해 보라. 어느 여 교사는 내 프로젝트가 '분산(distributed) 학습'이 가능하도록 좋은 기회를 제공하는 것을 보았다고 말했다. 그렇다면 내 프로젝트는 프로젝트법에서 추구하는 사회성과 상반되게 독자성만 키우는 것이 아니다. 사실 첫 번째로 만들어진 '표절'(어느 교사가 이렇게 불렀다.) 예비 프로그램은 아동이 고양이나 개미 또는 친구의 포트폴리오에 쓸모가 있을 수도 있는 것은 무엇이든지 그것에 관한 책, 잡지 또는 사진을 끊임없이 가져와서 친구들에게 나눠 주는 것을 보여 주었다.

　나는 나의 부족함을 미덕으로 만들고 있거나 LiD 프로젝트가 가진 심한 단순성(교감 선생님이 내 프로젝트를 비난하기 위해 인용한 프로젝트들에 비해 단순하다는 뜻)을 미화하고 있을 수 있다. 즉, 부족한 것이 더 낫다고 말하는 것과 같은 오류를 범하고 있을 수도 있다. 그러나 이 프로젝트가 가지는 엄격함(starkness)과 단순성에 미덕이 있다고 생각하지 않는다. 이 주장을 충분히 변호하기 위해서는 내가 이 책에서 다루기에 부족할 만큼 깊이 있는 철학적 논쟁을 해야 할 것이다. 그러나 내 생각에 여기에서 적절하다고 여겨지는 주장을 간략하게라도 설명하고 싶다. 진보주의 교육 이론에 기초한 프로젝트 작업이나 DL을 위한 제안은 학교에서 적절하게 배우기 실패한 문제를 개선된 교수법이나 더 좋은 자원을 공급함으로써 해결되는 사회적 또는 심리적 문제로 보는 경향이 있다. 물론 분명히 그런 측면도 있다. 그러나 '사과'와 같은 중요하지 않은 주제조차도 지식을 깊이 쌓으면, 피터스와 허스트가 원하고, 가드너의 책이 기술하고, 프로젝트법이 목표로 삼는 혜택을 낳을 수 있다는 것이 지식의 본질이요, 마음의 본질이라고 생각한다.

진보주의가 가진 상징적 특징은 많은 양의 내용을 학습하는 것에 대한 깊은 회의다. 많은 양을 학습하는 것은 '기계적 학습' 또는 '불활성 지식(inert knowledge)을 축적하는 것'으로 여겨지기 쉽기 때문이다. 그런 학습은 전통주의자의 죄악이었으며, 진보주의는 모든 학습을 학습자의 경험과 관련시키고 활동적인 일상 생활에 유의하게 만듦으로써 우리를 그런 죄악으로부터 구원하고자 하였다. 이 와중에서 사람들이 깨닫지 못한 것은 마음은 지식이 '활성화되지 않는' 상태로 내버려 두지 않는 점이다. LiD에 깔린 신념은 지식이 강요받지 않은 조건에서 학습되었다면 스스로 성장하고 발달하며 우리 모두가 동의할 수 있는 교육적 가치를 가진 방식으로 경험을 풍부하게 만든다는 것이다. LiD 프로젝트에서 말하는 '강요받지 않은 조건'은 일종의 '형식적 학습'과 서로 대비된다. 형식적 학습은 듀이 (1966, p. 9)가 학교 교육과정으로부터 학생을 소외시킨다며 조롱하는 학습이다. 복잡한 지식을 점점 더 많이 축적하는 것은 대개 그 지식에 관한 정교한 감을 점점 더 많이 형성하는 데 필요한 자신의 도구를 생성하게 한다.

지금까지의 설명만으로는 모든 것이 다소 불가사의해 보이고, 너무 응축되어 있음이 분명하다. 〈부록 1〉에서 내가 의미하는 바를 상세하게 다시 다룰 것이다. 이 자리에서 내가 하고 싶어 하는 것은 내가 제안한 프로젝트가 현재의 교육적 전통에서 보면 다소 괴기해 보일지라도 이것을 지지하는 대안과 합리적 아이디어가 없다는 것을 의미하지 않음을 알리는 것이다.

내가 제안하는 주제가 진화, 모차르트, 홀로코스트에 비해 하찮은 것으로 보일지라도 각 주제는 약간의 심오한 이해를 야기할 수 있으며, 그런 이해는 다른 주제로 넓게 전이될 수 있다. 다음 장에서 나는 어떤 것이 적절한 주제가 될 수 있는지를 결정하는 기준에 대해 살펴볼 것이다. 주제들이 문화적 삶의 중요한 특성을 이끌어 낼 수 있느냐 그리고 학생의 정서와 상상을 야기할 수 있느냐가 한 가지 기준이다. 그러나 이 기준은 여러 가지 실용적인 이유 때문에 거의 아무것도 배제하지 못한다. 우리는 어떤 주제가 명확히 더 좋은 것으로 판명 나고 다른 주제는 문제가 많아서 반드시 배제해야 한다는 것을 알게 될 것이다.

어떤 것에 대해 충분히 학습하기만 하면 모두 재미있게 된다는 것이 하나의 마법인 것처럼 이렇게 사소해 보이는 주제들 모두가 우리의 역사, 문화 그리고 경험의 깊숙한 곳까지 펼쳐질 수 있다고 말하는 것도 마법이 될 소지가 있다. 그래서 이것은 사실 한계를 가진 아이디어이며, 주제들은 프로젝트에서 단순하게 제시될 것이다. 그러나 나는 대부분의 학생이 큰 변화를 겪게 될 것이라 생각한다.

문제 제기 11 학교교육은 주정부에서 요구하는 기준을 달성해야 하고, 이에 대한 압력이 점점 거세지고 있다. 이 제안은 이러한 현실의 긴급한 요구에 아무런 기여도 하지 못한다. 이 제안은 다만 예측 불허의 비효율적인 수업 형식만 제공할 뿐이며, 교육 권력을 쥐고 있는 사람들 중 아무도 이것을 진지하게 받아들이지 않을 것이다. 특히 이 제안은 학교에서 이것이 실제로 작동하고 있는지 또는 할 수 있는지를 보여 주는 증거가 부족하다.

학교위원회의 연구를 지도하는 교육봉사 관련 교수. 그녀는 교육과정 및 방법 영역에서 박사학위를 받았으며, 평가 방법에 관한 연구를 수행하고 있다. 그녀는 널리 사용되고 있는 학생 평가에 관한 책 세 권을 저술하였고, 다양한 교수 방법의 효과성을 비교한 논문을 여러 편 게재하였다.

우리는 학교교육의 현실이 주정부에서 부과한 기준과 시험에 붙잡힌 세상에 살고 있다. 교육 행정가가 걱정하는 한 또는 학생들이 그런 기준을 충족하고 시험을 통과하도록 준비시키는 것을 교사들이 매일 걱정하는 한 이 제안은 비현실적이며 완전히 빗나간 것이다. 혁신은 학교에 부가된 이런 요구에 기여하느냐 아니냐에 따라 좌지우지될 것이다. 이 제안은 분명히 기여하지 않을 것이다. 이 제안이 실패할 수밖에 없는 세 가지 이유가 생각난다.

첫째, 이 프로젝트는 제대로 비판된 것처럼 읽기에 관한 조기 교육에서 이용하는 '주제' 접근과 비슷해 보인다. 읽기에서의 주제 접근은 '말' 또는 '다른 나라'와 같은 주제 아래에 서로 다른 이야기들을 함께 모은다. 이 이야기들은 기저에 깔린 현실 영역이나 장르에 의해서 모아지지 않고 명칭에만 의존하여 모아졌으며, 그 결과 전체 활동은 실제 의미를 상실한다. 내가 보기에 LiD도 같은 방식으로 흐를 것 같다. 즉, 아이들은 아마도 '사과'에 초점을 둔 모든 종류의 학문과 접근을 살필 것이다. 그러나 그것은 일상적으로 흔한 주제 영역에서 더 효과적으로 연구될 수 있는 것을 임의로 함께 모아 놓은 가짜의 교과 내용이다. 나는 LiD가 빠르게 통상적인 학교교육, 그것도 최고 좋은 통상적인 학교교육이 아닌 것을 닮아갈 것이라 의심한다.

둘째, 이것이 비효율적인 교수법이라는 점이 가장 걱정스럽다. 프로젝트 기반 교수법에 관한 많은 연구가 있으며, 이들 연구는 프로젝트 교수법이 교과 내용을 직접 가르치는 것보다 훨씬 덜 생산적으로 학교 시간을 사용한다는 것을 밝혔다. 진 첼(Jeanne Chall)의 저서 『The Academic Achievement Challenge: What Really Works in the Classroom(2002)』이 생각난다. 학급 시간을 비생산적으로 사용하는 것이 문제이고, 이와 같이 프로젝트에 초점을 둔 교실 활동은 장애 학생에게조차도 잘 작동하지 않는다. 그래서 장애 학생과 더 잘 수행하는 아동들 사이의 성취도 차이를 좁히는 것이 우리의 가장 큰 도전일 때, 그런 프로그램을 도입하는 것은 장애 학생에게 두 배로 불리하게 작용할 수 있다.

셋째, 우리가 어떻게 이런 심화학습 계획을 따르면서 주정부가 정한 의무 기준을 충족시킬 수 있는지 전혀 모르겠다. 그런 문제점을 극복하기 위해 이 프로젝트는 각 학년별 내용 특수성을 점점 더 (줄이는 것이 아니라) 강조하는 현재의 주정부 의회를 설득할 필요가 있다. 내가 보기에 의회를 설득하는 것이 가능할 것 같지 않다. 아주 단순하게 말하자면, 동료들이 이미 지적하였듯이 이 프로젝트가 작동할 것이라는 또는 작동할 수 있다는 증거 자료가 없다.

답변 11 내 생각에 교수의 반론 중 일부는 내 프로그램이 어떻게 작동하도록 의도되었는지에 대한 오해에서 나온 것이다. 이 프로그램이 비효율적인 교수법이 될 것이라고 반론을 펼치는 이 교수는 학생들이 LiD 교실에서 배우고 있다고 상상하는 것 같다. 그러나 이 프로젝트는 주로 정규 학습 시간이 아닌 시간에 일어나도록 설계되었다. 초등학교에 입학한 뒤 첫 3년 동안에 학생들은 교사의 도움을 가장 많이 필요로 할 것이며, 교사는 학생을 개별적으로 또는 소집단으로 만나서 학생들의 포트폴리오에 대해 논의하고 추가로 연구할 것에 대해 제안할 것이다. 이런 일은 정규 학급에서도 일어날 수 있지만, 도서관이나 편리한 다른 장소에서도 일어날 수 있다. 교사는 교실 상황에서 학생에게 '사과' '새' '서커스'에 대해 가르치는 일은 없을 것이다. 정말로 전혀 가르치지 않는다. 저학년일 때는 학생이 자신의 책상이나 도서관에서 프로젝트에 관해 작업을 하는 경우가 있을 수 있다. 그러나 LiD는 다른 교과 내용을 가르치는 수업 시간과 다투지 않는다. 이것은 부가적인 것이다. 이것은 점진적으로 학교 밖에서 작업하도록 의도된 부가적인 일이며, 학생들이 취미 활동을 하거나 수집을 하면서 시간 보내는 것과 매우 비슷하다.

학생은 프로젝트에 관해 교사에게 컨설팅을 받기 위해 짧은 시간을 할당받을 수 있다. 교사의 컨설팅은 다음에 무엇을 할 것인지에 대한 제안이나 문의 또는 감사와 격려 등을 위한 것이다. 학생은 자신의 다른 공부를 일찍 끝마쳤다면 자신의 주제에 관해 작업할 수 있으며, 교사는 학생이 자신의 주제를 진척하도록 허락할 수 있다. 학생은 포트폴리오를 개발하기 위해 다양한 시간에 도서관을 이용할 수 있다. 그러나 학생은 자신의 주제에 대해 '비효율적'으로 가르침을 받는 것이 아니다.

나는 왜 LiD가 실천되는 동안에 정규 학급 활동과 명확하게 구분되지 않을 것 같은지에 대해 설명해야 한다. LiD 프로젝트를 통해 개발한 기술을 정규 교육과정에서의 학습으로 전이시키는 것 이외에도 교사는 LiD 연구에서 획득한 학생의 지식, 이해, 참여를 다른 학습을 위해 사용할 수 있다. 교사가 LiD 프로그램을 나중에 수업에서 활용하는 사례가 있다. 물론 LiD와 정규 교육과정을 통합하는 것이 이 사례처럼 의도하는 대로 되는 것은 아니다.

우리는 LiD와 교육과정을 통합하였다. 예를 들어, 오늘날 수학 흐름은 자료 관리다. 그래서 우리는 학생들에게 자신의 LiD 주제에 맞추어 수집한 자료에 기초하여 그래프나 벤 다이어그램을 만들도록 시킨다. 나중에 우리가 이를 어떻게 배우고 익히느냐를 설명하는 것(학생의 많은 참여를 이끄는 주제가 아니다)이 아니라 절차적 글쓰기를 수행할 때, 토끼 전문가는 토끼의 발톱을 정돈하는 방법에 대해 쓸 수 있으며, 다른 전문가는 자신의 주제와 관련이 있는 것에 대해 쓸 수 있다(Dale Hubert, Ontario, Canada).

다른 교사들은 기본교육과정 단원을 가르치면서도 학생의 전문성 신장을 빨리 이끌어 낼 수 있는 방법이 있다고 말한다. 예를 들어, 페루에 관한 단원을 가르칠 때 교사가 사과 전문가에게 페루의 사과 생산에 대해 말할 것이 있는지 묻는 것이나 철도 전문가가 페루의 철도에 대해 말할 것이 있는지 묻는 것은 자연스럽다고 말하였다. 그렇지 않다면 다음 수업을 위해 관련 자료를 찾아달라고 요구하여, 학생들이 포트폴리오에 뭔가를 더 채워 넣거나 모든 학생이 페루에 관한 지식을 추가하도록 만들 수 있다.

이 교수는 현실이 LiD 프로젝트의 전망을 어둡게 만들 것이 분명하다고 생각한다. 나는 이런 반론에 두 가지 대답을 가지고 있다. 첫째, LiD에 참여한 학생은 프로그램으로부터 오는 자극을 경험하지 않은 학생보다 더 잘 수행할 것이라고 믿을 만한 타당한 이유가 있다는 것을 주장하는 것이다. 둘째는 '현실'에 관한 것이다. LiD 프로그램의 핵심 목표는 지식과 학생 사이의 관계와 지식의 본질에 관한 학생의 이해를 바꾸는 것이다. 이런 과정에서 각 학생은 몇 년에 걸쳐 집중적인 탐색과 광범위한 탐색, 분류, 분석, 실험을 하게 될 것이다. 즉, 학생들은 매년 다른 과제와 다른 교과과정 영역을 공부하는 데 이용할 수 있는 인지적 기술을 고르고, 첨가하고, 재조직하고, 재분류하고, 학습하면서 자신의 포트폴리오를 재평가해야 할 것이다. 이런 인지적 기술들은 학생들의 성공을 적어도 더 많이 예측한다. 내가 보기에 일어날 개연성이 훨씬 더 높은 결과는 학생들이 시험을 쳐야 하는 자료에 대해 훨씬 더 잘 준비하고 실제로 더 잘 수행한다는 것이다.

결 론

쉽게 대답할 수 있는 질문들만 골라낸 것이라고 주장하는 사람은 없을 것이라 믿는다. 이 질문들은 내가 받는 모든 비판이며, 대화를 나눈 뒤에 상대방에게 받고 있는 것이다. 그리고 이것들은 모두 내가 대답해야 하는 타당한 반론이다. 나는 내 제안의 원본을 그대로 보여 주기 위해 각 반론마다 따로 대답하였다.

일부 반론은 유효하다. 나는 이 반론들을 어느 것 하나도 쉽게 거부할 수 없다. 다수의 강력한 반론은 주로 학령기 초기 몇 년에 관한 것 같다. 어떻게 읽고 쓸 줄 모르는 다섯 살 아동이 '사과'나 '나무'에 관한 포트폴리오를 시작하도록 만들 것인가? 나는 상상력을 활용하는 교수법을 통해 이것이 가능하다고 생각한다. (그리고 우리의 웹사이트인 www.ierg.net/LiD에 이것이 어떻게 수행되는지를 보여 주는 정교한 사례를 올려놓았다. 두 가지 사례인 '사과'와 '돈'을 살펴보라.) 교사들이 근무 시간에 너무 많은 압력을 받을 때 제대로 할 수 없는 것이 단지 상상력을 활용하는 교수법에만 국한되는 것은 아니다. 나는 시간의 제약이라는 문제를 비켜갈 수 있는 방법을 제시하려고 노력했지만, 학령기 초기 동안에는 직원을 늘리지 않거나 다른 학교 활동과 우선순위나 시간을 바꾸지 않고 이를 잘 관리하는 데 한계가 있다.

지금까지 볼 때 이 제안에 의해 시간적 제약이 일어날 수 있는 가장 위험한 시기는 학생들이 쉽게 읽고 쓸 수 있게 되거나 어느 정도 혼자서 공부할 수 있게 되기 전 기간이다. 따라서 처음 만든 제안을 이런 제한점과 타협하여 LiD 프로젝트를 3학년부터 적용하면 될 것이다. 학생들이 만 7세 또는 8세가 될 때 LiD를 시작한다면 강력한 반론은 다소 힘을 잃게 된다. 우리가 처음 몇 년 동안에 추가 도움을 줄 필요가 없다면(물론 완전히 사라지는 것은 아니다) 시간 제약은 상당히 완화된다. 학생들이 선배, 사서·교사, 자원봉사 학부모에게 도움을 받는다면 또는 다른 프로그램에 보내는 시간을 줄이고 이 프로젝트에 주의를 조금만 더 기울인다면, 교사들이 3학년 미만의 학생들을 잘 지도할 수 있다는 것을 쉽게 상상할 수 있다.

나는 유치원 아동과 초등학교 1학년 학생에게 이 프로젝트를 적용할 수 없다고 확신하지 않는다. 그러나 3학년부터 이 프로젝트를 공식적으로 시작한다면 여러 가지 이유로 훨씬 더 쉬워질 수 있음을 인정한다. 이렇게 하면 1학년과 2학년 동안에 포트폴리오를 시작하기 위한 철저한 준비를 미리 가르칠 수 있다는 장점도 있다. 학생들이 포트폴리오를 성공적으로 시작하는데 필요한 기본 기술을 배울 수 있다는 것은 확실하다. 이런 기술들은 읽기와 쓰기 그리고 분류처럼 학생들이 초등학교 1~2학년 동안에 배울 수 있는 기술이므로 포트폴리오를 성공적으로 시작하게 만들 수 있는 최적의 기술에 특별히 초점을 두기 쉬워야 한다.

그럼에도 나는 여전히 초등학교 1학년부터 시작하는 편이 더 낫다고 생각하며, 나와 대화한 일부 교육자들도 유치원에서 시작해도 성공할 수 있다고 생각하고 있다. 프로젝트가 시작된 해의 첫 주에 학생들은 주제를 할당받게 될 것이다. 학생들은 자신의 특별한 주제에 대해 다른 사람과 대화하는 것으로 탐색을 시작하며, 그 주제에 매우 친숙해질 것이다. 현재 진행 중인 한 대규모 실행 프로그램은 학생들이 주제에 대해 흥미를 가지고 탐색을 시작하도록 자극하기 위한 세 가지 질문을 가지고 있다. 학생들은 부모, 선배, 다른 사람에게 주제에 대해 말할 수 있는 것이 무엇인지 그리고 어떻게 질문에 대답할 것인지 물을 수 있다. 학생들은 책을 조사하고, 그림을 그리고, 아직 글을 쓸 수 없다면 '나무/사과/기차'라는 단어를 이용하여 글쓰기를 배울 수 있다.

애슈턴 워너(Sylvia Ashton Warner, 1972)의 아이디어인 '핵심어(Key vocabulary)'는 주제를 읽고 쓰기에 관한 동기 요인으로 활용할 수 있다. 애슈턴 워너는 뉴질랜드의 원주민인 마오리족 어린이를 가르쳤는데, 이들이 영국의 식민지 학교 시스템에서 널리 사용되었던 방법으로는 효과적으로 읽고 쓰기를 배우지 못하는 것을 보고 가슴 아팠다. 그녀는 아동 한 명 한 명과 대화를 하면서 아이들이 가장 강렬하게 느끼는 것을 파악하였다. 그러고 나서 각 아동이 가진 열정, 희망, 공포로부터 '핵심 어휘'를 추출하여, 그 단어를 읽기 수업에 사용하였다. 그녀는 큰 성공을 얻었으며, 그녀의 '핵심어' 방법은 널리 사용되었다(그러나 충분히 널리 퍼지지 않았다). 그녀의 입장에서 보면 무작위로 할당된 주제가 핵심어는 아니지만, 학생들이 가지고 있는 지식의 특정한 영역에서 똑같은 힘을 얻을 수 있다. 그리고 학생들은 그 주제들을 여러 해를 걸쳐서(사실 인생이 끝나는 순간까지) 고유한 방식으로 간직하게 될 것이다.

그래서 학생들이 자신의 주제를 탐색하는 것을 시작하고 자신의 포트폴리오를 개발하기 위해 첫걸음을 내딛는 초등학교의 첫 두 해는 집행부의 창의력이나 교사의 시간에 문제가 되는 방식으로 악영향을 줄 필요가 없으며, 학교에 지속 불가능한 다른 요구를 할 필요가 없다. 우리가 첫 두 해를 좀 더 비공식적인 시기로 여긴다면, 학생에게 자신의 주제를 끊임없이 상기시켜 주는 것, 자신의 주제에 관한 자료를 무엇이든지 수집하기 시작하도록 특수한 포트폴리오를 제공하는 것, 그 포트폴리오에 학생이 자신의 그림과 학습하고 있는 것을 기록하고 분류하고 초기 작품을 보관할 수 있도록 시키는 것만으로도 충분할 것이다.

:::

여러 가지 반론을 살펴보고 그에 대해 대답하려고 시도하는 것은 우리로 하여금 이 프로젝트를 일련의 전쟁과 투쟁으로 여기게 만들며, 독자의 마음속에 크게 다가갈 수도 있는 반론과 싸우도록 방치할 수도 있다. 이것은 여태까지 내가 프로젝트를 개발하면서 가진 마음의 틀이 아니다. 그러므로 이 지점에서 상황이 다소 유리할 수 있을 때 이 프로그램이 어떤 기여를 할 수 있는지를 간략하게 거듭 주장하는 것이 가치 있는 일이다.

우리는 주로 존재하지 않을 것 같은 학교 시스템에서 이 아이디어를 실행하는 문제를 살펴보았고, 어려움, 특히 프로그램을 이끌어 나갈 기초가 전혀 없는 어린 아동에게 프로젝트 전체를 시작하는 문제점에 초점을 두어 왔다. 그러므로 나는 정상적인 실천에서 얻을 수 있는 혜택에 대해서도 간략히 설명하고 싶다.

LiD 프로그램은 새로운 것이며, 학교가 학생의 교육을 위해 제공할 수 있는 보조적인 것이다. 이 프로그램은 비교적 단순하고 수월한 것이며, 추가 자원을 거의 요구하지 않는다. 프로그램은 효과적인 학습에 필수적인 지식, 이해, 기술, 실천을 학생이 구성할 수 있도록 새로운 방법을 제공한다. 이렇게 확장된 능력은 프로그램을 통해 지금 배우고 있는 내용을 넘어서 기타 모든 학교교육에도 적용될 수 있다.

학생은 먼저 어떤 것에 대해 깊게 학습하며, 더 나아가 진정한 전문성을 개발할 수 있는 지점까지 하나의 주제에서 전문성을 축적한다. 이렇게 한 주제에 대해 깊은 지식을 획득하는 것은 필연적으로 지식의 본질 전반에 대한 학생의 이해를 높일 것이며, 지식 주장의 안전성 정도와 의견의 안전성 정도 사이의 차이를 학생들이 점진적으로 더 잘 이해하도록 만들 것이다. 프로그램으로부터 얻게 되는 예상하지 못한 혜택은 깊은 지식이 학생의 상상력을 위한 자극을 제공한다는 것이다.

사실 이것은 중요한 목적이다. 우리의 상상력은 우리가 아는 것만큼만 작동할 수 있다. 무지는 상상력의 큰 적이다. 어떤 지식의 영역에서 전문성을 기르는 것은 학습에 관한 학생들의 자신감을 향상시킬 것이며, 이런 혜택은 학교에서 다른 학습으로 퍼져 나갈 것이다. 포트폴리오가 커져 감에 따라 학생은 자신이 축적한 지식을 여러 번 재조직해야 할 것이며, 이것은 분류하고 조직하는 복잡한 기술을 점차 발달하도록 자극할 것이며, 인터넷에서 그런 재조직을 관리하는 기술도 함께 개발할 것이다.

이 책은 주로 적절한 프로그램이 학생에게 주는 혜택에 관한 것이지만, 교사에게 주는 몇 가지 혜택도 제공한다. 대부분의 교수/학습 관계와 달리 이 경우에 학생은 시간이 얼마 지나지 않아서 자신의 포트폴리오를 개발하도록 도와주는 교사보다 특정한 주제에 대해 더 많이 알게 될 것이다. 학생이 더 탐구하도록 안내하는 교사의 기술도 발달할 것이다. 교사도 학생과 함께 광범위한 지식을 탐색하고 발견하게 될 것이다. 이렇게 끊임없이 새로운 지식을 탐색하고 발견하는 것은 교사에게 자주 겪는 즐거운 지적 자극이 되어야 한다. 교사는 열정적인 학습자와 끊임없는 상호작용을 경험할 것이며, 이런 탐색의 결과는 평가와 등수의 대상이 되지 않는다. 이와 같이 지식이 풍부한 학생은 자신의 새로운 기술을 LiD 주제에만 가두지 않고, 매일 배우는 정규 교과과정의 모든 수업에도 가져가 적용할 것이다. 지식에 관해 새롭고 색다른 형태의 학생 참여와 이것이 자극하는 관련 기술은 모든 수업을 풍성하게 만들 것이다.

프로그램은 학교 전체에 영향을 줄 수 있는 다른 효과도 가질 것이며, 특히 모든 학생이 자기 자신의 주제를 추구하기 시작한 지 몇 년 뒤에 나타나는 효과가 있을 것이다. 이 프로그램은 학교를 학생이 광범위한 인간 지식에 관해 일반적이고 다소 피상적 이해만 획득하는 초보자로 머물게 하는 곳에서 다양한 주제에 관한 전문성의 중심이 되는 곳으로 변화시킬 것이다. 프로그램이 수년간에 걸쳐 개발된다면 학교를 여러 가지 명쾌하고 섬세한 방식으로 변화시킬 가능성이 높다.

학교는 다양한 형식으로 학생의 전문성을 보여 줄 수 있다. 학교는 학생이 포트폴리오를 개발하는 동안 정해진 단계에 도달할 때 이를 전체 학생에게 보여 주기 위해 주제에 관한 발표

대회를 자주 개최하도록 계획할 수 있다. 그 결과 학생들은 교사에게 도움을 받으면서 자신의 지식을 다른 사람에게 발표하는 전문성을 더 높일 수 있다. 다른 학생이나 학부모를 위해 '전문가에게 묻기'라는 회기를 미리 계획할 수 있다. 일반 대중을 위해서는 전화로 하는 라디오 쇼로 '전문가에게 묻기'를 계획할 수 있다. 전문성이 높아지면 상상력이 더 높아지고, 학습에 대한 진실성도 더 높아지고, 학습에 대한 열정도 더 높아지고, 이런 태도의 변화는 학교의 문화에 영향을 줄 것이라고 기대해도 좋을 만한 근거가 있다. 학생의 주제를 벽에 전시하는 것은 학교에서 흥미진진한 관심의 초점이 되어야 한다.

한 영역, 한 지역, 전국, 심지어 전 세계에 걸쳐 다양한 연령의 학생들이 학습에 초점을 둔 새로운 형태의 상호작용을 창출하기 위해 공통 주제를 가진 학생들끼리 서로 접촉할 수 있다. 사과에 관한 포트폴리오를 개발하고 있는 고등학교 1학년, 중학교 1학년, 초등학교 2학년 학생들이 만나서 함께 작업할 수 있으며, 이때 대학생들이 옆에서 도와줄 수도 있을 것이다. 이들은 자신의 웹사이트를 구축할 수 있으며, 다른 학생들이 만든 수십 개의 사과 관련 사이트와 링크시켜 놓을 수 있다. 주제에 관한 온라인 토론이나 발표가 있을 수 있으며, 모든 연령대의 학생들이 자신의 연령에 맞추어 참여할 수 있을 것이다. 즉, 프로그램이 상당히 광범위하게 실행되기 시작한다면 우리는 학습을 격려하고 촉진하는 새로운 구조와 네트워크를 보게 될 것이다.

물론 이것은 이 장에서 씨름하였던 문제를 무시해 버리는 다소 낙관적인 환상처럼 보일 수 있다. 나는 단지 LiD를 실천하기만 하면 이런 문제가 사라질 것이라고 상상하지 않는다. (내 생각에는 잠재적인 어려움을 안고 오랫동안 경험해 본 뒤에 그 프로그램의 계획된 혜택에 대해 간단하게 생각해 보는 것이 유용하다.) 이것을 실행하는 것은 판에 박힌 오늘날의 학교교육에 새로운 도전과 적응을 야기할 수 있음은 의심할 필요가 없다. 학생들이 어떤 것에 관한 통상적인 지식보다 더 많은 지식을 구축한다는 혜택 이외의 다른 어떤 혜택도 없이 프로그램을 현 학교 시스템에 슬쩍 끼워 넣으려고 노력하라는 제안은 아무런 가치도 없다. 내가 생각하는 대로 프로그램이 작동된다면 학교 시스템 전체에 걸쳐 예상하지 못했던 중요한 부수 효과도 생길 수 있을 것이다. 나는 이런 효과가 매우 큰 이로움을 줄 것이라고 생각한다.

04

주제 선택하기

　이 프로그램에 대한 일부 반대 의견들은 학생에게 어떤 주제를 깊이 있게 학습하라는 제안이 충분치 않다는 것을 명확히 하는 데 도움을 주었다. 어떤 주제는 깊이 있는 학습이 불가능해 보이기도 한다. 그것들은 학생이 지식의 덩어리를 축적하도록 할 수 있을지 모르지만, 야구나 크리켓을 통계 내는 수준이라면 깊이 있는 학습은 불가능할 것이다. 12년 동안 다차원의 탐구를 지속할 수 있을 정도로 풍부함과 복잡성을 갖춘 주제가 필요하다. 4장의 목적은 학생들이 12년간 공부하기에 적합한 주제를 결정하는 데 도움을 줄 수 있는 일련의 기준과 적절한 주제를 제시하는 것이다.

　이 작업을 잘 수행할 수 있을 만한 몇 가지 주제들로 시작해 보겠다. 즉, 그것들은 어린 학생들이 매력을 발견하여 학창시절 동안 변화하는 흥미를 유지해 나갈 수 있을 정도로 충분히 풍부하고 복잡한 주제들이다. 그런 다음에는 표면적으로는 적합해 보이지만 이런 저런 이유로 수행할 수 없는 일련의 주제들을 살펴볼 것이다. 이러한 두 가지 초기 연구에서 확장되고, 다양해진 공부에 적합한 다양한 주제로 우리를 인도할 수 있는 어떤 분명한 기준이 세워졌으면 좋겠다. 그 후 나는 몇몇 추가 주제 목록을 무작위로 만들어 더욱 발전된 기준으로 목록을 검증하는 데 사용할 것이다. 거의 무작위로 선택된 이러한 주제들을 정하는 것이 기준을 개선하는 데 도움이 되었으면 한다. 마지막으로 수업이나 학교에 필요한 주제와 예비 주제들을 찾고 싶어 하는 누군가를 도울 수 있는 기준 목록을 제시하는 것으로 4장을 마무리할 것이다.

앞으로 탐구해야 할 주제들은 학생들이 약 5세에서 18세까지 일상적인 흥미의 변화를 겪을 10년 이상을 탐구할 수 있을 정도로 복잡하고, 다양하며, 다차원적이어야 한다. 학생들을 위해 우리가 선택한 깊이의 기준을 만족시킨 주제는 폭과 깊이의 기준뿐만 아니라 성장하는 마음과 다른 마음을 사로잡을 수 있는 다양한 차원과 관련된 추가 기준도 갖추어야 한다. 서두에 '폭(breath)' '깊이(depth)' '관여(participation)' 라고 명명한 세 가지 기준을 설정하였다. 이제 이 세 가지 기준을 더욱 자세히 검토하고, 그 후 세 가지 기준을 사용하여 특정한 주제가 얼마나 잘 부합하는지 또한 그러한 주제가 우리의 세 가지 기준을 개선하는 데 어떻게 도움이 되는지를 탐구해 보자.

1. '폭' 기준은 '그 주제가 여러 분야의 소재를 내포해야만 함'을 요구한다. '사과'는 이 기준에 의하면 적절한 주제다. 왜냐하면 거기에는 생물학적, 역사적, 문화적, 영양학적, 경제학적, 예술적 등 사과에 관한 많은 정보가 있기 때문이다. 심지어 우리가 순수 지식의 축적과 분류를 위한 주제로 사과를 다루더라도 거기에는 축적하고 분류할 만한 많은 지식이 있다.

2. '깊이' 기준은 '학생들이 점점 더 상세한 연구를 할 가능성'을 요구한다. 따라서 사과의 생물학 그리고 그것의 역사 등등은 다양한 방면으로 가지를 칠 수 있는 풍부한 특수성을 가지고 있다. 깊이 있게 탐구하면 그 주제의 내면을 인식하면서 한계와 극단을 알게 된다. 아직 다 배우지는 못했더라도 무엇을 배워야 하는지 알게 되며 이러한 과정을 거쳐 전문성을 획득하게 된다. 이해가 깊어지면 지식의 본질에 대한 감각이 더욱 복잡해지고 예리해진다. 각각의 주제는 이러한 것들을 가능케 할 수 있는 복잡성을 지녀야 한다.

3. 세 번째 기준은 '주제는 다양한 양식으로 탐구될 수 있어야 함'을 요구한다. 즉, 주제는 폭과 깊이에 있어 지식을 단순히 축적하는 것 그 이상의 무언가를 산출해야만 하며, 문화적이고 개인적인 관여의 기회를 제공해야만 한다. 더 나아간 차원의 이러한 기준은 어떤 면에서는 주제와 우리의 자아의식과의 연결 관계로 보일 수 있다. 이렇게 볼 때는 '깊이' 기준과 관련된 것처럼 보일 수도 있지만, 거기서 더 나아가 주제는 우리의 정서와 얽힐 가능성이 있어야만 한다. 단순히 그것을 어느 정도 사랑하거나 싫어하게 되는 것뿐만 아니라 그것에 대해 많이 배워 그것의 일부가 되고 그것이 또한 우리의 일부가 되도록 하는 것이다.

그 주제는 우리의 사고에 침입할 것이다. 특이하게도 마음은 깊이에 있어서 지식과 관련이 있으며, 단순히 우리의 외부에 존재하는 어떤 것을 배우는 것이 아니다. 비록 그것을 표현할 정확한 언어는 없지만, 많은 사람의 경험 속에서 분명해진 어떤 구절을 반복하는 것이 적절하다. 그 주제는 우리의 일부가 되고, 우리는 그 주제와 관련을 맺는다.

주제의 '내면'이나 갈래의 복잡성을 이해한다는 것은 모호할 뿐만 아니라, 그러한 모호성은 원래 묘사하기 어려운 것이니 그러려니 하더라도 최고로 우수한 학자들이나 얻을 수 있는 가장 수준 높은 학업 성취로나 가능한 것처럼 보인다. 기본 소양을 배우는 데 어려움이 있는 빈약한 배경의 아이들에게 이 프로그램을 관련짓는 것은 부적절해 보인다. 그러나 나는 분명히 이들에게 이 프로그램을 적용하려고 한다. 왜냐하면 가난한 아이들은 지금 학교에서 가장 불공정한 대우를 받고 있기 때문이다. 이 프로그램은 이들이 현재의 빈약한 환경에서도 교육의 새로운 측면을 접할 수 있도록 하는 방법이기 때문이다.

그래서 우리는 주제를 선택해야 한다. 그 주제는 표면적으로 광범위하게 훑을 수 있을 정도로 넓고, 학생들이 그 아래를 파헤칠 수 있을 정도의 충분한 특수성이 있어야 하며, 풍부한 문화적 특성도 있어야 하고, 우리의 삶과 정서 그리고 상상으로 펼쳐 나갈 수 있어야 한다.

이 책의 앞 부분에서 임시로 제시한 몇 가지 주제들이 세 가지 기준에 얼마나 잘 부합하는지를 살펴보자. 몇 가지 주제를 더 자세히 조사하는 또 다른 목적은 주제를 선정하고 제외하는 데 추가 기준이 필요한지를 알아보기 위해서이다. 2장의 서두에서 나는 사과, 바퀴, 연체동물, 철로, 나뭇잎, 배, 서커스, 향신료, 먼지를 주제로 제시했다. 이 중 먼지부터 시작해 보자. 그것은 다섯 살 어린이가 흥미를 가지고 이후 10여 년간 배우기에는 다소 부적합한 해로운 주제로 보이지만 말이다.

먼 지

먼지는 세 가지 기준에 부합하는가? 오랜 시간 탐구할 수 있는 충분한 '표면적' 지식이 있는가? 언뜻 보기에 이에 대한 전망이 완전히 밝아 보이지는 않는다. 먼지는 우리가 계속해서 없애 버려야 하는 회색의 어떤 것이다. 하지만 먼지는 무엇으로 만들어졌는가? 여기서부터 흥미로워지기 시작한다. 아마도 방 안 먼지의 60%는 인간의 부패한 피부일 것이고, 이것이 우리의 관심을 생물학으로 유도한다. 생물학적 탐구를 계속하면, 먼지 더미에서 인간의 피부 다음으로 많은 성분은 죽은 피부에 기생하는 진드기다. 이 사랑스러운 진드기들에 대해 배울 것이 많다. 그들의 생체 주기, 인류의 질병에 미치는 영향, 먼지에 포함된 진드기 사체와 함께 살아가는 진드기 등이 그것이다. 일반적인 옷장의 먼지는 옷의 원섬유인데, 주로 면에서 나온 것이다. 청바지도 크게 한몫 한다. 다양한 형태의 환경 먼지나 폭발하는 먼지, 우주의 먼지 등을 살펴보기 전에 단지 보통의 방에서의 먼지를 다루는 것만으로도 많은 지식이 제공된다.

교실에는 얼마나 많은 먼지 입자가 있는가? 어떻게 그것을 추정할 수 있는가? 도처 어디에나 존재하는 먼지가 의문스럽다. 모든 방의 공기 중에 떠다니는 것은 무엇인가? 우리가 호흡하는 공기 속에 보이지는 않는 어떤 다양한 드라마 같은 삶의 형태(꽃가루, 바이러스, 박테리아 -윽!- 파리나 다른 곤충 배설물 속에 풍부한)가 있는가? 보이진 않지만 은하수가 온통 별로 뒤덮인 것처럼 별들의 생성과 소멸, 충돌하는 별들의 전쟁이 우리 눈앞에서 펼쳐진다. 그러나 우리는 대부분 인지하지 못한다. 다만 먼지를 주제로 받은 학생들은 다른 사람들이 당연하게 여기는 것들이 실은 놀라운 드라마와 경이로 가득하다는 것을 보기 시작할 것이다.

한 학생이 먼지에 관한 포트폴리오를 어떻게 만들지 대략 상상해 보자. 1학년 때—그를 나탄(Nathan)이라고 부르자—그는 먼지를 주제로 받았고 일반적인 가정집에서 하루 시간당 $1cm^2$에 천 개의 먼지가 쌓인다는 것을 배운다. 그것은 어디에서 오는가? 선생님은 그것의 상당량이 인간의 피부에서 생겨나며, 우리의 피부는 매일 혹은 이틀에 한 번 전체 외층을 없애면서 매 분약 7백만 개의 박피가 떨어진다는 것을 말해 준다(이것이 얼마나 많은지에 대한 암시와 함께). 윽! 나탄은 주변에 먼지가 왜 그렇게 많은지를 이해하기 시작한다. 모든 것이 피부에서 온 것인가? 먼지에는 더 많은 것들이 있고, 그는 그것을 발견하기 시작한다. 옷의 파편, 식물의 꽃가루, 파리의 배설물 등을 포함하여 교실에서 먼지를 만들어 내는 모든 것의 목록을 만들기 시작한다. 그 목록과 함께 확대된 진드기의 사진과 먼지를 넣은 작은 플라스틱 주머니도 그의 포트폴리오 파일에 첨부될 것이다.

2학년이 되어 선생님과 꾸준히 만나면서 먼지에 대한 아이디어와 다음에 무엇을 탐구할 것인지에 대해 정기적으로 토론을 한다. 그의 포트폴리오는 이미 진드기에 대한 많은 그림과 사진, 먼지에서 찾은 또 다른 작은 생물체, 다양한 사실이 담겨 있는 종이, 다양한 종류의 먼지가 담긴 플라스틱 용기, 황사가 일상적으로 일어나는 지역의 목록, 상공과 우주에서 찍은 먼지 구름, 『피터팬』에서 '요술 먼지'가 어떻게 사람을 날 수 있게 하는지에 관한 기록 등으로 가득 차 있다.

중학교로 진학하면서 그는 더 많은 자료를 인터넷으로 찾기 시작하고 정보를 수집하며 선생님의 도움을 받아 축적한 정보를 분류하고 재조직하여 유목화한다. 그는 대기의 황사 먼지, 우주의 먼지 등 새로운 먼지에 관한 영상도 추가하기 시작한다.

주목할 만한 현장 탐구도 계속되지만, 그다음 몇 해 동안 나탄의 포트폴리오는 온라인의 발달을 통해 발전한다. 거의 1년 간 나탄은 가장 큰 먼지 축적물, 가장 먼지가 없는 환경, 폭발하는 먼지, 형형색색의 먼지, 우주 탐사에서 먼지 입자의 쓰임새, 황금 먼지, 심해의 먼지, 문학 속 먼지, 건조지대의 상태, 노래 속 먼지 등과 같은 '기록'을 탐구할 것이다. 그의 흥미가 점점 탐구를 주도하게 되면, 선생님은 그가 수중 먼지나 진드기와 관련된 건강상의 문제 등과 같이 더욱 참신한 탐구의 길로 가도록 북돋워 주어야 할 적절한 시점임을 느껴야 한다.

고등학교 시절을 통해 나탄은 먼지가 지구의 어디서나, 별들에서도, 심지어 가장 깨끗한 조건에서도 존재하며, 1입방인치의 공기 중에 수천 개의 먼지가 있다는 사실 등 점점 먼지의 경이로움을 깨닫게 된다. 그의 가족들이 나탄의 전문가적 성장에 주의를 기울인다면, 나탄은 호주의 삼촌으로부터 황금 먼지 샘플을, 할아버지로부터 건조지대의 기록에 관한 책을 생일 선물로, 부모로부터 현미경을 선물받을지도 모른다.

나탄이 연구하는 주제의 크기는 소립자와 그가 사는 지구 사이의 중간쯤이다. 포트폴리오를 통하여 그는 자신의 주제가 삶, 사회, 역사의 발전 과정과 엮어 있다는 것을 점점 더 인식하기 시작할 것이다. 더 이상의 즉흥적인 시나리오는 만들지 않겠다. 하지만 절대로 주제가 될 수 없을 것 같아 보이는 주제도 '껍질 벗기기'를 통해 다양한 탐구 영역을 보여 줄 수 있는지 이 사례가 분명히 보여 주었기를 바란다.

두 번째 기준은 먼지에 관한 이러한 탐구의 폭이 더 깊은 탐구로 나아갈 수 있음을 제안한다. 먼지의 형태를 분류하자면 직경 500마이크로미터 이하의 미립 고형물을 일반적인 정의로 받아들이는 것에서부터 시작하여 이 주제의 폭을 아주 깊은 세부사항으로 파고들게 할 수 있다. 이런 다양한 주제에 관한 풍부한 지식은 수년간의 상세한 연구로 채워질 수 있다. 우주 먼지는 상세한 탐구를 위한 많은 주제—이를테면 혜성의 수백만 마일 길이의 빛나는 먼지 꼬리—를 제공한다. 인간 주거지의 먼지는 엄청나게 상세한 탐구를 위한 많은 주제—환경적인 형태의 먼지 같은—를 제공한다.

당신은 중국의 타클라마칸(Taklimakan) 사막을 둘로 갈라 수십만 모래 먼지를 흡입하여 기류를 타고 높은 대기로 올라가 2주 안에 전 세계로 운반되는 모래 폭풍을 아는가? 바람이 티베트고원을 부딪치며 밀 때 먼지는 5000미터까지 상승한다. 그중 일부는 미국 태평양 북서쪽에, 다른 일부는 대서양에, 또 다른 일부는 발칸 지역에 떨어진다. 이 먼지는 유사한 미립자로 이루어진 거대한 구름과 함께 햇빛을 반사해서 지구 냉각에 기여한다. 미네랄이 풍부한 이 먼지는 북태평양의 물에 영양분을 공급하는데, 이는 철분이 함유되어 해양 먹이 사슬에 필수적이고 기본이 되는 극미세 바다 식물인 식물성 플랑크톤의 먹이가 된다.

이 외에도 끝없이 추구할 수 있는 또 다른 세부사항들이 있다. '카키(khaki)'가 우르두어로 먼지라는 것을 아는가? 이는 최초의 대규모 위장 사례 중 하나로, 19세기 아프가니스탄을 침공한 영국군에 의해 이루어졌다. 그들은 흔히 널려 있는 붉은/갈색의 먼지 모래로 세탁된 흰 군복이 그들을 더욱 안전하게 해 준다는 것을 발견했다. 그 후 '카키'라는 단어는 영어로 먼지 모래가 함유된 물로 세탁한 후의 전투복 색깔을 의미하게 되었다.

이상에서 보았듯이 먼지는 폭과 깊이라는 조건 두 가지는 모두 만족한다. 그렇지만 먼지에서 정서적인 면을 어떻게 얻을 수 있을까? 어떠한 것이 사람들로 하여금 이 주제와 개인적인 차원에서의 관련성을 느끼게 할 수 있는가? 부분적으로 지식 영역과의 정서적인 연결은 점점 하나의 단편적 지식처럼 체계 없이 폭 넓고 깊게 쌓여간다. 이는 한 개인 자신의 고유한 지식이 된다. 사람이 그 내면에 도달하기 시작하면 그 안을 마치 집처럼 편안히 여기게 된다. 하지만 이와 더불어 우리는 풍부한 문화적 여운을 내포하는 먼지의 특성이 알고 싶어질 것이다. 고대 히브리인의 전통은 우리가 먼지로 와서 먼지로 돌아간다는 것을 항상 기억해야 함을 분명히 했다[이러한 관점은 우주의 역사에 관해 성장하는 우리의 이해에서 더 나아간 측면을 제공한다. 별들이 폭발하고, 은하수를 통해 입자들이 흘러간다. 이 입자들이 굳어진 먼지 구름은 중력과 중압에 의해 함께 끌어 당겨지고 큰 덩어리로 뭉쳐진다. 이것이 별과 행성이 되면 어떤 것은 화학적 동요로 인해 결국 인류를 만들어 낸다. 그래서 칼 세이건(Carl Sagan)은 몇십 년 전 자신이 나레이터를 맡은 코스모스 TV 시리즈에서 "인류는 별과 먼지의 폭발로 인해 만들어졌다."고 매우 생생하게 설명했다]. 시인과 작가들은 먼지를 주로 '한 줌의 먼지' '소매의 먼지' 등 불모와 무(無)의 은유로서 사용했다. 먼지를 주제로 잡은 학생들에게 이는 피터팬의 마술 먼지가루 이상의 한 줌의 경이로움처럼 보일 것이다.

이것이 바로 내가 지금까지 입증된 기준들을 통해 처음에는 주제로 보이지 않던 것이 어떻게 주제가 되는지를 제안하는 것이다. 만약 어느 날 두 학생이 나란히 앉아 있는데 한 학생은 서커스를, 다른 학생은 먼지를 주제로 받는다면 먼지를 받은 학생에게는 추가적인 도움이 필요하다는 것을 인정한다! 그러나 다시 한 번 강조하자면 이 프로젝트가 가르치려고 하는 것 중 하나는 만약 당신이 그것에 대해 충분히 학습한다면 모든 것이 흥미롭다는 점이다.

사 과

이 주제는 앞선 토론에서 이미 적절한 주제의 예로 언급했었다. 사과는 이 프로젝트 속 자연물 관련 주제로서 세 가지 기준을 쉽게 만족한다. 어떤 면에서 사과는 자연사나 인류 문화의 역사와 관련하여 의미 있는 중요한 분류 기준을 가진다는 점에서 이상적인 주제다. 이처럼 자연 세계의 주제 중에서 세 가지 기준을 만족하는 것들은 아마 자연 세계의 모든 주제를 아마도 LiD 프로그램에 사용할 수 있을 것 같다고 생각하게 만든다. 그러나 동료 중 몇몇은 이를 전혀 납득하지 못하기에 지금부터는 주제의 다양성을 넓혀서 생각해 보자.

바 퀴

한 눈에 보기에 이것은 주제가 될 수 있을 것 같아 보인다. 비록 수 세기 동안 바퀴 없이도 꽤 정교한 문화가 존재했지만, 바퀴의 발명은 인류의 문화사 속에서 분명 엄청난 중요성을 지닌다. 먼지만큼 종류가 다양하지는 않지만 뚜렷하게 분류가 가능한 많은 종류의 바퀴가 있다. 바퀴의 기본적인 기술은 매우 간단하지만, 인류의 기술에 있어 바퀴는 복잡 다양하게 이용될 수 있다. 우리의 삶에서 발견할 수 있는 바퀴의 쓰임새는 풍부하다. 시계를 계속 돌아가게 하는 것, 신속한 교통수단, 컴퓨터의 하드 드라이버, 선풍기, 무거운 가구를 옮기는 것, 스케이트보드, 그 외 다른 여가용 탈 것 등이다. 또한 바퀴에는 탐구할 수 있는 풍부하고 복합적인 역사가 있다. 즉, 첫 번째 기준은 쉽게 만족시키는 것으로 보인다.

하지만 두 번째 기준은 어떠한가? 바퀴는 탐구할 만한 분명한 지식을 포함하고 있으며 깊게 파고들어 탐구할 만한 측면이 많은가? 태엽장치 속 바퀴는 깊게 탐구할 만큼 충분히 다양한 것이 있다고 말할 수 있는가? 지식은 풍부하고 다양한가? 바퀴와 관련 있는 매우 정교한 미늘톱니바퀴, 홈, 변속 장치, 추, 굴곡 등은 깊은 탐구를 할 만큼 충분히 다양한가? 또한 주제의 유사성이 충분하여 깊은 탐구를 요구하는가? 나는 확신할 수 없다. 자연적 세계와 기술의 세계 사이의 어떤 것을 반영하는 데 있어 바퀴는 먼지보다 깊이라는 기준을 덜 만족시킨다.

세 번째 기준은 두 번째보다 훨씬 쉽고 충분하게 충족된다. 바퀴에 대한 사색은 인류의 독창성에 대한 반영으로 이어진다. 자연에서는 사람들에게 바퀴를 제안할 만한 것이 아무것도 없었다. 자연은 바퀴 없이도 잘 존재한다. 다만 바다의 미세 유기체가 바퀴 모양의 어떤 것을 그들의 추진력으로 이용하는 사례는 있다. 그러나 이 시스템은 자연계 내에서는 기술의 세계에서 그러했던 것만큼의 진화나 엄청난 급증이 없었다. 그리고 그것이 인류의 삶을 헤아릴 수 없을 정도로 바꾸어 놓았다. 처음에 우리는 다양한 형태를 띤 대량의 복합적인 교통 시스템의 거의 모든 분야에 바퀴가 사용된다는 것과 우리가 바퀴의 결과로 현재의 사회를 얼마나 발전시켜 왔는지를 생각한다.

그래서 바퀴를 주제로 받은 학생은 깊이 학습할 수 있을 것으로 보인다. 하지만 이 주제는 인류의 기술보다 자연물이 공부할 거리를 더욱 풍부하게 제공한다는 사실을 말해 준다.

연체동물

연체동물은 사과보다 10배 넘게 다양하다. 심지어 그 다양함은 스펠링으로까지 확장되어 영국식 스펠링은 'molluscs'이다. 연체동물은 작은 달팽이와 조개에서부터 오징어, 문어에 이르기까지 다양하다. 그것들은 거의 모든 해양 환경에 서식하는데, 대부분의 종은 만조와 간조 사이의 영역을 선호하며, 달팽이와 민달팽이 같은 소수의 종은 육지에 산다. 그들은 생태계의 필수적인 부분으로, 연체동물의 종류만큼이나 다양한 방법으로 인류와 연관되어 있다.

연체동물은 흥미로운 다른 주제들보다 쉽게 세 가지 기준에 부합하지만, 주제를 배정받은 학생들은 12학년쯤 되어야 이러한 사실을 확신할 수 있을 것이다. [피아제(Jean Piaget)는 15세가 되었을 때 동물학자로서 연체동물에 관한 신문 기사를 썼으며, 22세에 그것을 주제로 박사학위를 취득했다.] 앞서 언급한 것처럼 자연의 주제는 지금까지 제안된 기준에 조금 더 쉽게 부합한다.

철로(철도)

많은 주제들은 시대를 거슬러 올라가는 역사를 가지고 있다. 바퀴의 역사의 경우 선사시대의 인류에 이르는데, 약 5,500년 전 투박한 벽화로 나타나며 수천 년 이전부터 사용되었다. 철로는 상대적으로 현대적이고, 일반적으로 오늘날의 것으로 이해된다. 고대 그리스 때 코린트 지협에서 배를 운반한 도랑을 따라 움직이도록 석회암 양쪽에 홈을 판 꽤 복잡한 운반 시스템의 증거가 있다. 이 돌로 만들어진 철도 디올코스(Diolkos) 지하마차도는 천 년 이상 잘 사용되었다. 이 수레는 노예들이 밀었는데, 후에 말들이 비슷한 방법으로 끌었다. 산업사회의 중심으로 발전한 기관차는 19세기에 다양하게 발명되었다. 최초의 도시 간 철도는 1930년 영국 북서쪽 맨체스터와 리버풀 사이에 건설되었다. 1869년에는 미국 전역을 가로지르는 상징적인 철도가 건설되었다. 역사적 자료로 부족함이 없다.

철로, 지점, 교통 시스템, 철도 차량, 다리, 터널, 그리고 그것들의 발전 등 세계의 철로 시스템은 복합성과 다양성에서 첫 번째 기준에 쉽게 부합한다. 두 번째 기준도 비슷하게 쉽게 부합한다. 어느 한 지점에서든 상세한 탐구로 이어진다. 이를테면 터널과 다리 건설, 19세기 철도 여행을 위한 복장의 유행, 전 세계 가장 많은 직원을 고용한 광대하면서도 놀라운 인도의 철도 시스템, 트랙의 폭이나 기준에 관한 경쟁, 철길에서의 대형 사고, 속도 기록, 개인 철로 등과 같은 것들이다. 세 번째 기준에도 쉽게 부합한다. 종종 철길은 모든 교통수단 중 가장 만족스럽고 낭만적인 것이라 불린다. 심지어 오늘날 더 빠른 비행기의 시대가 왔음에도 많은 사람은 가능하면 기차 여행을 선택할 것이다. 특별히 유럽과 일본의 고속 전철에서는 한 지점에서 다른 지점으로 급속히 이동하면서도 편안함과 안락함을 느낀다. 소설과 영화는 철로와 연관이 있는 우리 삶의 방식과 힘과 신뢰성 측면 모두에서 로맨스를 불러일으키기 위해 철로의 매력을 자주 이용한다.

기관사 헨리(John Henry)에서 존스(Casey Jones)까지 그리고 유령 열차에 관한 많은 이야기 등 철도 건설과 관련된 영웅 이야기도 풍부하다. 열차는 또한 연착에 직면한 영웅적 인내심, 뒤죽박죽이 된 열차 시간 등 모험을 위한 매력적인 장소다. 열차 시간과 관련된 나의 할아버지의 가장 흥미로운 이야기는 영국의 인도 통치 말기 인도 푸나역에서 탄 열차 이야기이다. 얼굴이 발그레한 어떤 영국인이 열차에 올라 티켓 좌석을 확인한 후, 기품 있어 보이는 시크교도가 그 자리에 앉은 것을 발견하고는 불쾌함으로 잠시 서 있다가 그를 내려다보았다. 그 영국인은 약간 격앙된 목소리로 말했다. "당신은 내 자리에 앉아 있소." 그 시크교 신사는 자리에 일어나 영국인의 티켓을 잠시 살펴본 후 쾌활하게 대답했다. "선생의 말은 대단히 옳습니다. 하지만" 그리곤 다시 앉더니 "선생의 티켓은 내일 열차입니다."

나뭇잎

나뭇잎은 자연에 관한 다른 대부분의 주제에서 살펴본 기준을 완벽히 만족하고 있는 주제다. 한편으로는 경직되어 있으면서도 다른 한편으로는 엄청난 다양성을 가지고 있기도 하다. 나뭇잎은 모든 식물과 관련되어 있어 그것과 관련한 인류 문화 그리고 상상력과 충분한 연관된 것들을 분류해 볼 수도 있고, 기술적으로나 미학적으로도 분류해 볼 수 있는 가능성이 풍부하다. 아이들은 다양한 모양과 종류에 초점을 맞춰 나뭇잎을 수집하고 분류하는 것으로 시작할 수 있다. 그들은 점차 대부분의 나뭇잎은 왜 얇고 평평한지, 식물에서 나뭇잎의 역할이 무엇인지, 왜 보통 가을에 색이 변하는지에 대하여 의문을 가진다. 납작해진 나뭇잎 수집에는 희귀하고 희한한 다양한 나뭇잎 사진들이 추가된다(가장 큰 것, 가장 작은 것, 나뭇잎이 가장 많은 것, 가장 얇은 것, 가장 오래 되었다고 알려진 것, 먹을 수 있는 것, 가장 독성이 많은 것 등). 인류의 상상 속 나뭇잎의 아름다움, 나뭇잎이 있는 장소에 시선을 끄는 이야기들, 그림들은 인류적 측면으로 포트폴리오에 추가된다. 이 주제는 다른 자연물 주제처럼 평범하고 당연하겠지만, 이에 대한 지식이 발전할수록 나뭇잎은 매력적인 주제이고, 인류의 문화에 끝없는 영향을 끼친다. 주제로서 나뭇잎이 가능하면 꽃, 과실, 씨, 뿌리 역시 주제로 가능하다.

배

교통수단 기술과 관련된 일련의 주제도 추가할 수 있다. 선택의 유일한 난점은 항목이 충분히 다양한지, 재료들이 풍부한지, 인류의 역사, 희망, 꿈, 감성, 상상과 얽혀 있는지 여부다. 배는 아주 먼 옛날부터 지금까지 모든 기준을 만족할 만한 주제다. 배가 가능하다면 자동차, 비행기, 자전거도 가능하다.

주제로서의 자동차는 구전되는 이야기도 많고 공감을 얻기도 쉽다는 측면에서 기차와 유사하다. 운송 수단에서 목표한 속도를 뛰어넘는 이야기와 속도의 기록 경신을 위한 운전은 드라마틱한데, 이는 분류와 통계의 축적을 위하여 필요한 것이다. 비행기와 자전거는 자동차에 비해 덜 유사하다. 이것들에는 충분히 적합한 다양하고 흥미로운 역사적 재료들이 있다. 일찍이 바퀴를 발명한 이후 하늘을 날고자 하는 시도나 육지에서보다 빨리 여행하고자 하는 시도 등이 그것이다. 자전거처럼 적은 에너지 출력으로 효율적인 운송을 성취한 발명은 생각하기 힘들다.

서커스

전통적인 근대의 광대 서커스, 조련된 동물들, 고대 전차 경주, 무대의 결투, 저글링 등의 곡예사들, 고대 중국 곡예사들의 묘기, 일반적인 이야기와 음악, 곡예와 관련된 현대의 '태양의 서커스' 등 역사적으로 다양하고 많은 종류의 서커스가 있어 왔다. 곡예적인 묘기, 동물들의 곡예, 다양한 스타일의 서커스 역사 등 다양성에서는 부족함이 없다. 서커스는 전 세계적으로 나타난다. 일반적으로는 유흥으로, 종교적 성격과 관련하여 때로는 지역적인 정치 행위로서 존재해 왔다.

첫 번째 기준에는 지극히 잘 부합한다. 두 번째 기준에는 아마 쉽게 부합되지 않을 것이다. 그러나 말 훈련, 줄타기, 공중 그네 묘기를 전문으로 하는 사람들은 이에 동의하지 않고, 이 전체적인 주제 속에 상세한 공부를 할 수 있는 영역이 풍부하다고 주장할 것이다. 고대 중국 서커스에 관해 우리가 얼마나 알고 있는지 확신할 수 없다. 하지만 고대 로마의 서커스에 관한 깊이 있는 연구의 재료는 확실히 많다. 그래서 아마도 두 번째 기준은 충족될 수 있을 것이다.

세 번째 기준은 좀 더 쉽게 만족한다. 왜냐하면 서커스는 항상 땀과 훈련으로부터 마법을 만들어 내며, 일반적으로 성공하기 때문이다. 아주 어릴 때 서커스 관람 경험이 있는 어린이들의 마술에 대한 생각은 어른이 될 때까지 이어지는 경우가 있다.

많은 책과 영화에 등장하는 서커스는 표면적인 여흥 뒤에 우리의 감성과 상상에 영향을 미친다. 피터 캐리(Peter Carey)의 초현대적인 혹은 다소 유사한 '트리스탄 스미스의 색다른 삶(The Unusual Life of Tristan Smith)'의 서커스는 종교와 대중의 눈속임, 그리고 '전통적인' 유흥을 가미한 것이다. 이것은 세속적인 시대에 어떻게 서커스가 대담무쌍한 미학적 마술에서부터 영적인 주제를 건드리는 것까지 쉽게 이동할 수 있는지를 생생하게 보여 준다. 누군가는 애매하지만 매력적인 '태양의 서커스'의 이야기('태양의 서커스'는 캐나다에서 시작되어 전 세계적으로 유명해진 서커스 단체로, 예술적인 퍼포먼스와 서커스, 음악을 결합시켜 서커스의 한계를 넓힌 것으로 유명함–역자 주)—배경과 특이한 음악의 황홀한 세계, 그리고 환상적인 퍼포먼스에 내재되어 있는—에서 우연히 이에 대한 힌트를 얻을 수 있을 것이다. 서커스와 관련된 주제로는 올림픽, 동계 스포츠, 축제가 있다.

향신료(양념)

이 주제도 손쉽게 승자가 된다. 한정적이긴 하지만 많은 종류의 향신료가 있고, 인류가 발견한 향신료의 역사, 경작지, 이를 식탁에 올리기 위한 유럽인의 항해, 제국주의자들의 다툼 등 탐구할 만한 풍부한 정보도 있다. 너무 많은 내용으로 인한 위험성이 존재하지만, 이 주제는 풍성한 포트폴리오를 위한 실속 있는 주제가 될 것으로 보인다. 한 동료 교수는 소금은 그것만으로도 주제로 사용될 수 있다고 제안했다.

:::

이제부터는 처음에는 적합하다고 생각했지만 몇몇 부분에 문제가 있어 보이는 주제들을 살펴볼 것이다. 이렇게 살펴본 것들은 주제를 선정하는 기준으로 추가해야 한다.

토성의 고리

토성의 고리에 관해서는 분명히 많은 지식이 있고, 이 지식들은 또한 빠르게 증가하며, 즉각적인 매력도 있다. 하지만 첫 번째 기준에 부합하지 않을 수도 있는데, 이에 대한 추가 설명이 필요하다. 표면적으로 부딪히는 문제는 토성의 고리에 관한 정말 광대한 지식이 전문적이라는 것이다. 다섯 살 어린이가 먼지의 종류를 분류하고 그 특성을 탐구할 때—다음 장에서 상세히 다룰—그 나이의 어린이가 토성의 고리에 관해 쉽게 접근할 만한 지식이 많다고 보기 어렵다. 따라서 처음 접하기에는 지나치게 전문적인 지식을 요하는 주제를 제외하기 위해 앞서 언급한 기준들을 다듬을 필요가 있다. 제발트(W. G. Sebald)의 『토성의 고리(The Ring of Saturn)』 그 자체를 주제로 하고 싶었던 나의 생각은 유감이지만, 이는 우리의 주제 선택에 적용할 새로운 기준을 요한다. 그것은 처음 접근하기에 지나치게 전문적이어서는 안 된다는 것이다.

처음 시작하는 어린이가 주제에 접근하기에는 잠재적인 어려움이 있다. 어떤 주제는 일반적으로 완벽히 적합해 보일 수도 있지만, 어떤 학생에게는 주제를 깊게 탐구하는 데 있어 지역적인 자원들이 부족할지 모른다. 루마니아 출신의 동료는 여러 종류의 물고기와 물고기 정보를 쉽게 접할 수 있으며 바다로 둘러싸인 영국에 사는 어린이에게는 물고기가 주제로 적합하지만, 바다가 없는 루마니아의 어린이에게는 꽤 다른 상황이라고 제안했다. 이것은 단지 어떤 지역의 어린이들이 그들의 포트폴리오를 위해 자료를 찾는 것의 어려움에만 국한되는 것은 아니다. 그래서 우리는 또 다른 기준을 추가한다. 어떤 지역의 어린이라도 적합한 포트폴리오를 구성할 수 있는 충분한 자료가 있어야 한다.

그러면 '토성의 고리' 주제를 '태양계'라는 주제로 확대할 수 있을지도 모른다. 태양계의 행성들은 많고, 다양한 지식을 내포하고 있고, 다양한 행성에 관한 흥미로운 지식을 발견하기 위해 의미 있는 시간을 보내는 것이 가능할 것이다. 어린이들은 태양계의 성립에 관한 재미있는 이야기를 알게 되고, 태양계를 구성하는 엄청나게 다양한 행성들을 배울 것이다. 주요 행성인 별, 행성, 달, 다른 위성, 혜성, 행성의 고리, 소행성 등의 단순한 목록 작성부터 재료, 방사능, 행성의 표면 조건의 상황, 달의 종류 등의 분류 작업이 있다. 첫 번째, 두 번째 기준에는 적절히 부합되며, 우리 자신과 어떤 근본적인 관련성을 가지게 하는 세 번째 기준도 역시 어렵지 않게 충족된다. 물을 찾고 있는 현재의 조사는 우리에게 불가능해 보이는 행성 여행, 그리고 거주에 관한 희망과 얽혀 있다. 밤하늘에 반짝이는 무수한 점에서 태양계 행성들을 발견하는 인류의 역사, 지구로부터 시작해 우주 탐험가가 되는 모험의 시작에 이르기까지의 '바깥 세계로 나아가려는 충동', 우주와 우리 눈에 보이는 별들에 관한 시와 이야기들—이 모든 것이 정서적 관계를 환기시키기에 충분한 재료들이다. 인간의 심미적 감각을 황홀하게 하는 밤하늘의 매력은 학생들이 포트폴리오에 구스타브 홀스트(Gustav Holst)의 '행성(The Planets)'을 추가하도록 이끌 것이다(홀스트의 '행성'은 태양계의 별들을 주제로 만들어진 클래식 모음곡이다.—역자 주). 아마도 이는 학생이 태양계에 관해 발표할 때 배경 음악이 될 수도 있을 것이다. 서양의 학생들이 다른 문화권으로 지식을 확장하는 것처럼 타 문화권에서도 포트폴리오를 구성할 수 있는 자료가 풍부할 것이고, 서양의 자료를 포함하는 데까지 나아갈 수 있을 것이다.

동 물

동물은 한눈에 보기에도 쉽게 주제가 될 것처럼 보이지만, 이내 너무 평범하다는 것이 분명해졌다. 동물이라는 주제가 이

제껏 만들어진 기준을 충족시킨다고 해도, 너무 많은 재료가 존재한다. 분명 주제의 '수준'이 중요해진다. 동물, 야채, 광물이 적절한 주제라고 말하고 싶지만, 적절성에 방해가 된다.

모든 동물이 기준들에 부합하지는 않는다. 그러나 수준의 측면에서, 한 학생에게 '동물'을 주제로 제시할지 '호랑이'로 제한할지를 고려해야 한다. 수준의 문제가 가리키는 것은 '호랑이'는 다양성이 부족하며, 아마도 '고양이'가 더 나을지도 모른다는 것이다. 고양이는 학생들로 하여금 정말로 모든 고양잇과 동물을 탐구할 수 있게 하는 적합한 토픽이다. 유사하게 인류 역사와 문화에 중요한 '말'은 좋은 주제다. 6,000년 전 거의 자취를 감추었던 말의 종들은 최근 모든 지역에서 발견되고 있다. 인류의 초기부터 강력한 무기로 유용했고, 그 이후에는 인류의 모든 산업에서 유용했기 때문이다. 말에 관한 이야기나 시는 끝없이 존재했으며, 특히 스위프트(Jonathan Swift)의 『걸리버 여행기』는 우리에게 말에 대한 충격적인 시사점을 준다. 말은 좋은 주제이지만 모든 동물이 그런 것은 아니다. 아르마딜로(Armadillos)는 무기의 측면에서 어떤 문화에서는 말보다 중요한 토픽이 될 수 있지만, 일반적인 역사나 문화적 측면에서 볼 때 풍부한 주제는 아니다. 학생들이 탐구하기에 어떤 동물, 채소, 광물이 적합한지는 지역에 따라 다를 것이다. 이런 점들을 포함하는 문화적 세심함이 요구된다.

동물, 채소, 광물을 차례차례 선정해 나갈 때는 그것들과 인류 역사와 문화와의 관련성에 주의해야 한다. 문화적으로 그다지 큰 역할을 하지 못한 동물이라 할지라도 다른 부분에서는 큰 공감대를 가질 수 있음을 명심해야 한다. 이것은 우리의 목록에 또 하나의 기준을 추가하게 한다. 주제가 너무 평범하거나 제한적이어서는 안 된다(예를 들어, '동물'은 너무 일반적이고 '호랑이'는 아마도 괜찮을 것이다. 하지만 '고양이'는 최적이다).

신발(발에 신는 것)

고백하건대 처음에는 중세의 신발을 주제로 정했지만, 12년간 학생이 탐구하기에는 충분한 정보가 없을 것 같아 이내 마음을 바꿨다. 일반적으로 신발류는 시대에 따라 변화하는 많은 스타일이 있고, 발의 해부학은 주제의 한 부분으로도 가능하며, 스타일의 본질에 관한 쟁점, 패션의 변화 등이 떠오른다. 즉, 앞서 언급한 예시 주제들에 비하면 덜 명백하지만 첫 번째 기준에는 만족한다.

하지만 내가 한 동료에게 이 주제를 언급하자, 그는 웃으며 미처 생각하지 못한 한 가지 기준을 추가했다. 그것은 미신적 관습과 관련된 주제는 제외해야 하지 않는가 하는 것이었다. 대부분 상관이 없을지라도 만약 하나를 염려해야 한다면 이는 걱정거리가 될 것이라고 생각했다. 이러한 생각이 떠오른 후에도 내가 이에 대해 무엇을 해야 할지 분명히 안다고 말할 수는 없지만, 복잡성은 풍부하지만 잠재적인 문제가 있다면 주제로 포함할 필요는 없다고 생각한다(아마도 중국의 전족 풍습에 관한 언급으로 보인다. 중국 일부 지역에서는 작은 발이 여성의 미의 기준 중 하나로 여겨지면서 어려서부터 일부러 발을 끈으로 묶어 자라지 못하도록 하는 풍습이 있었는데, 서양인은 이 풍습을 매우 야만적인 것으로 인식하는 경향이 있다. 따라서 이런 주제에 대해 어린 학생들이 탐구하게 될 경우 비교육적이지 않은지 우려하는 것으로 보인다-역자 주).

이 문제는 자연스럽게 학생들이 인류의 경험 중 부정적인 측면에 지나치게 오래 주의를 기울이도록 하는 주제들이 타당한가라는 문제로 연결된다. 아래에 검토할 목록을 빠르게 만들면, '도구'를 포함시키면 '무기'도 즉시 추가된다. 하지만 12년간 집중하게 되는 주제가 사람들을 서로 불구로 만들거나 죽이기 위해 고안된 것이라면 이는 부적절하다. 그래서 무기는 제외되는데, 신발류, 중세의 신발을 제안하는 것이 옳은지 그렇지 않은지 확신하지는 못하겠다. 하지만 주제의 목록을 위해서는 추가 기준이 필요하다. 인류의 존재를 불안하게 하는 특성을 지닌 주제는 제외해야 한다. 12년간 탐구할 모든 주제가 한두 가지 면에서는 부정적인 정보를 가지고 있겠지만, 여기에 중점을 둘 필요는 없다.

이

'이(Teeth)'를 12년간 공부한 학생 중에서 치과의사가 되기를 선택하는 소수의 학생들이 생길 수도 있다고 생각한다. 그러나 이에 관해 배울 것은 무수히 많아 보인다. 다양한 동물, 물고기, 심지어 식물에게도 다양한 형태와 크기의 이빨이 있다. 하지만 그 다양성이 12년간 한 학생이 할 만큼 충분한가? 너무 기술적이지 않아야 한다는 기준을 만족시키는 데 실패할지도 모른다. 오늘날 치아 보호를 위해 믿기 힘들 정도로 다양한 칫솔의 종류는 인류의 기발한 재주에 존경심을 자아낼 수 있을지 모르지만, 이것이 시적인 표현을 자극하지는 않는다. 이에 대한 학문이나 문화적 · 예술적인 어떤 매력이 세 번째 기준을 만족한다고 확신할 수는 없다.

하지만 이가 부적절하다면 신체의 다른 부위들이 주제 목록으로 적절하겠는가? 귀, 눈, 심장 그리고 '쓸개'[레흐러(Tom Lehrer)의 놀라운 설명에 따르면 발견자인 갈(Samuel Gall) 박사의 이름을 딴 이름]는 어떠한가? 물론 눈이나 심장은 주제처럼 보일 수도 있지만, 너무 기술적이지 않은 풍부한 다양성의 기준에는 적합하지 않다. 눈은 그나마 기준들에 부합할 수도 있다.

악 기

악기는 큰 고민할 것 없이 주제로 적합해 보인다. 음악을 만들기 위해 인간이 고안한 엄청나게 다양한 인공물이 있다. 더군다나 우리 몸 자체도 음악을 만드는 악기로 고려할 수 있다.

우리는 휘파람을 불고, 손과 발을 두들겨 치며, 노래를 한다. 그러한 모든 활동은 '악기'를 주제로 받은 학생들에게는 학습 활동이 된다. 이 주제는 모든 조건을 쉽게 만족한다.

한 가지 잠재적 문제는 악기가 하나의 새로운 추가 기준을 야기한다는 것이다. 이 기준은 다음과 같다.

주제들은 모든 학생에게 동등하게 풍부한 경험을 제공할 것이다. 모든 학생은 어떠한 것을 깊이 있게 배우겠지만, '악기'를 깊이 배우는 것은 '먼지'를 깊이 배우는 것보다 더 많은 수행을 요한다. 학생의 깊이 있는 학습을 유도하는 모든 주제가 학교에서 시행될 자기주도적 심층학습(Learning in Depth: LiD) 프로젝트의 목적에 부합한다고 보기는 어렵다. 깊이 있게 학습하도록 하는 계획이 학생들이 현재의 학교에서 겪는 것과는 전적으로 다른 학습의 경험을 제공한다 하더라도 일부 주제들이 어떤 면에서 다른 주제들보다 훨씬 더 낫다는 것이 명백하다면 이 제안이 완벽하다고 볼 수는 없다.

세 번째 기준—각 주제는 정서적 관련이 있어야 함—을 만족하기 위해서는 학생들이 무엇을 주제로 받든 문화, 정서 그리고 의미 있는 상상 등과 관련된 주제가 제공되어야 한다. 주제로서 악기는 상을 받을 만하고, 먼지는 비교적 따분하다는 첫인상이 실제로는 과소평가라고 생각한다. 이 계획이 가르치고자 한 것은 충분히 깊게 학습하는 것이 재미있고, 우리가 배우는 데 몰두할 수 있는 것은 우리의 이해와 상상을 풍성하게 할 수 있다는 것이다. 이런 점에서 어떤 주제가 특권이 있다는 추정은 현 교과과정이 저주라는 피상적인 관점의 소산이고, 이 계획은 이를 극복하기 위한 것이다.

그럼에도 지금까지 이것은 함축적인 기준이었다. 이 계획이 가능하도록 하는 각 주제는 학생마다 동등하게 풍성한 배움의 경험을 가질 수 있도록 해야 한다는, 조금 더 명백한 기준이 요구된다. 이는 각 주제가 외관상 동등하게 매력적이어야 한다는 의미보다는 각각의 주제가 모든 기준에 적합해야 한다는 의미다.

고대 페르시안 도자기

나는 이 주제를 다소 즉흥적으로 추가했다. 학생들이 학창시절 동안 매우 상세하게 배웠음에도 불구하고 이 주제는 여전히 불확실하고 모호한 것으로 생각되기 때문이다. 멋진 황소머리 모양의 자기에서 다양한 컵과 저장 용기에 이르기까지 도자기에 관해 우리는 분명히 많은 것을 알고 있다. 도자기 중에는 지금까지 남아 있는 다양하고 독특하게 채색된 장식품도 있으며, 견고한 두 다리로 받치고 있는 인간 하반신 모양의 음료 병 같은 재치 있는 작품도 많이 있다. 6,000년 전에 제작된 초기 작품 중에는 제작자의 손자국이 남아 있는 것도 있다. 분명히 이 주제에 관해서는 다양하고 많은 지식이 있으며, 고대의 여러 왕조를 거치면서 여러 가지 독특한 모양의 도자기들이 개발되었다. 그렇지만 이 주제에 관한 지식은 우리가 알고 있는 '사과'나 '철길' 만큼 다양하지는 않다.

첫 번째 기준인 지식의 양은 분명히 충족시키는 것으로 보이지만, 이러한 지식이 얼마나 풍부하며 다채로운지에 대해서는 주저하게 된다. 보다 쉽게 받아들여지는 몇몇 주제와 비교해 보면, 이 주제에는 '토성의 고리'처럼 다소간 어려움이 있는 것으로 생각된다. 토성의 고리의 경우처럼 활용 가능한 정보가 지나치게 전문적이라기보다는 도자기 지식에 관한 초기 분류 작업에 어린이들에게 적합하지 않은 정밀성과 복잡성을 요구하는 것이 많기 때문이다. 다음 장에서 이 문제를 다룰 몇 가지 방법을 살펴볼 것이다. 여러 종류의 도자기에 존재하는 차이는 특별히 극적이지 않으며, 이것은 또한 도자기에 익숙하지 않은 사람들의 상상을 자극하기보다는 전문가에 의한, 전문가를 위한 것으로 보인다. 비록 우리가 가지고 있는 일부 공예품이 우아하고 배울 점이 있다고 해도, 도자기의 분류를 가능하게 할 여러 가지 유약을 구별하는 것은 어린이들에게는 쉽지 않은 일이다.

두 번째 기준은 축적이 가능한 몇 가지의 전문적인 세부사항에 의해 충족된다. 그러나 자연계라는 주제와 비교해 본다면, 한 개인이 특정 주제를 상당히 세세한 부분까지 학습하기 위해 깊이 빠져드는 것을 제한하는 것도 있다. 게다가 세세한 분야를 학습하기 위해서는 정제된 기술적 지식이 필요할 수도 있다. 세 번째 기준의 만족과 관련해서도 두 번째 기준과 유사한 제한이 있다. 굉장히 아름다운 많은 도자기들은 분명히 영혼을 살찌우지만, 우리의 상상과 결합된 심미성 그 이상의 것이 있다고 보기는 어렵다. 다만 다른 측면에서는 이들 고대 도자기류가 인간의 창의성에 대해 경이감을 품게 한다.

도자기와 같은 주제는 LiD 프로그램이 요구하는 깊이 수준에서 어떤 것이든 성공적으로 학습될 수 있다는 아이디어와 심층 학습에 필요한 유용한 지식을 갖추고 있다 하더라도 어떤 것은 깊이 있는 학습에 여전히 부적합하다(추가적인 기술적 지식이 필요하고, 특정 주제가 다양하게 확대되기 때문에 학습자를 해당 주제에 지나치게 한정시킬 수 있기 때문)는 아이디어 모두에 의문을 제기하기 때문에 나는 현재 이 부분에서 약간의 어려움을 겪고 있다. 토성의 고리와 마찬가지로 이러한 특수성이 주된 문제로 판단된다면 도자기의 주제를 더 포괄적으로 만들어 낼 수 있고, 훨씬 더 포괄적이고 다양한 인공물을 학생들이 탐구할 수 있도록 남겨둘 수도 있다.

나는 많은 독자들의 마음속에 자리 잡고 있는 의심에 초점을 맞추는 것을 피하고 있다. 그 의심이란 '어떻게 대도시의 빈곤한 경제·사회·교육적 조건 속에 사는 어린이가 이러한 주제를 접할 수 있을까?' 하는 것이다. 만약 "주제는 학생들의 경험과 관련성이 있어야 한다."는 주문을 받아들인다면, 도자기와 같은 주제는 배제된다. 하지만 3장에서 밝힌 것처럼 LiD 프로젝트의 목적은 아동의 지능에 대한 현재의 추측과 아동의 상상력 및 이해력 발달에 대해 꿈꾸어 왔던 것보다 지식에 대한 접근이 훨씬 더 다양하다는 것을 보여 주는 것이다.

:::

　부적합한 주제들을 검토하는 과정을 통해 이 프로젝트를 위한 적합한 주제를 선정하는 데 사용할 수 있는 몇몇 추가 기준을 도출하였다. 이상의 논의를 통해 LiD 주제로 적합한 주제 12가지를 추출하였다. 그리고 몇 개의 주제를 추가하고, 그것들을 10여 개의 비슷한 종류의 주제를 확인하기 위한 출발점으로 사용하고자 하였다. 이것들은 지금까지 쌓아 온 기준들과 잘 맞아 떨어지는 것 같다. 그래서 얼마나 쉽게 비슷한 종류의 주제를 만들 수 있을지를 살펴볼 것이고, 이를 통해 100여 개정도의 주제를 찾아낼 수 있을 것이다. 물론 주제의 숫자가 많을수록 이 프로젝트는 순조롭게 진행될 것이다. 다음의 다양한 주제들을 검토하면, 수천 개의 잠재적인 주제를 찾아낼 수 있을 것이다. 다음에 제시한 주제들은 11월의 어느 따사로운 아침에 대략 10분 만에 생각해 낸 것이다. 갑자기 떠오르긴 했지만 적절한 주제로 여겨진다.

신성한 건물

　첫 번째 기준은 쉽게 만족한다. 피라미드로부터 국제공항의 여러 종교 신도들을 위한 기도실, 일본의 전통찻집에 이르기까지 신성한 건물이 많이 있기 때문이다. 거대한 사찰과 교회, 유대교 성당도 있다. 또 이들에는 끝없이 알아가야 할 깊고 풍부한 영역이 있다. 신성한 건물들을 기준에 따라 분류해 볼 수도 있다. 예를 들면, 건물의 역사적 발달에 관한 탐구, 건물의 형태가 신앙과 어떻게 관련되는지 또한 어떤 의복이 그 장소에서 일을 하는 이들에게 적합한지, 방문객이나 종교 행사의 참석자들에게 적합한지 등이다. 학생들은 전 세계에 많이 있는 조금 더 특별한 공명을 일으키는 건물들을 깊이 공부할지도 모른다.

이 주제와 관련하여 내가 가지고 있는 유일한 작은 망설임은 모든 신성한 건물을 편견 없이 동등하게 학습하는 것이나 역사적인 발전 과정을 편애 없이 학습하는 것을 특정 종교를 강하게 따르는 부모들이 어떻게 바라볼 것인가 하는 것이다. 그리고 부모들이 그에 대해 반대할지도 모른다는 점이다. 천주교에 대한 어린 시절의 기억을 떠올려보면 나는 신부님이나 주교님의 제의와 교회의 특이한 디자인이 어떤 성스러운 것과 당연히 관련 있다고 여겼다. 하지만 이것이 로마 제국 후기 행정관들의 의복 스타일에서 비롯된 것이라는 발견은 약간의 충격적 사건으로 다가왔다. 물론 이것은 사소한 것에 불과하며 신앙심이 깊은 사람에게는 어떠한 영향도 미치지 못한다는 것도 안다. 하지만 믿음이 강한 사람들도 많은데, 어떻게 한 종교에 헌신하는 사람들에게 다양한 다른 종교를 깊게 배우게 할 수 있을지 의심스럽다. 학교에서 이 주제를 사용할 경우—만약 이런 상황이 닥치면—이 같은 우려가 현실이 될 수도 있다. 이러한 상황에 처하게 되면 '새'나 '사과'를 선택하여 위험에서 벗어나려 할 수도 있다.

만약 신성한 건물이 주제로 허용된다면, '스포츠 건물'이나 '유흥 건물'은 가능한가? 이 두 건물은 신성한 건물과 비교하면 빈약하다. 그래서 우리는 풍부한 내용과 관련된 주제를 계속해서 원할 것이다. 초기에 내가 추가하려고 했었던 주제 중 하나가 '거주지'였다. 나는 사람들이 살기 위한 건물을 좋은 주제라고 생각했었다. '집(houses)'은 거주지의 다양한 종류를 모두 포괄하지 못하는 것처럼 보이고, 특히 인류 초기의 별채와 동굴은 확실히 포함하지 못한다. 거주지는 신성한 건물처럼 세 번째 기준을 쉽게 만족할 가능성이 있고, 거주지와 신성한 건물은 앞서 언급한 다른 기준들에도 반하지 않는다.

물

물은 쉽게 추가할 수 있는 좋은 주제로 보인다. 유일한 문제는 가능한 탐구 주제가 너무 풍부하다는 것이다. 우리는 근원지인 바다에서 떨어져 있어 물을 담아 옮겨 육지에서 생존해야 한다. 물은 거의 지구상 모든 곳에 있다. 우리는 물 없이는 오래 살 수 없다. 우리는 물을 종교에서도 사용하고, 다양한 형태의 식음료로도 끝없이 사용한다. 우리가 집을 지을 때 어떻게 물을

들이고 배출하는지, 물 위를 따라 여행하기도 하고, 땅을 가로
질러 물이 강으로 흘러가는 것 등에 대해서도 생각해 볼 수 있
다. '강'은 그 자체로도 좋은 주제가 될 수 있다. '물의 순환'은
모든 학교에서 가르쳐지는 학습의 정규 단원처럼 보인다. 하지
만 12년간의 깊은 탐구는 오늘날 학생들이 일상적으로 배우는
'물 순환'에 관한 몇 주간의 학습과는 확연한 차이가 있다.

일반적인 주제로서 '물'을 선택할 수도 있고, 그로부터 분리
된 '강'이 주제가 될 수도 있다고 생각한다. 물을 공부하는 학
생이 강을 세세하게 살펴보는 것은 강만 집중적으로 공부하는
학생의 관점과는 매우 다를 것이다. 후자는 강 위의 교통수단,
폭포, 강의 생성과 소멸 등을 공부하는 데 엄청난 시간을 보낼
것이지만, 일반적인 주제로서의 물을 탐구하는 학생은 그렇게
하지는 않을 것이다.

그래서 물 그 자체 외에도 물과 관련된 수많은 주제들을 포함
할 수도 있을 것이다. '강'을 주제에 포함할 수도 있고, 이 같은
원칙으로 '바다' '호수'와 '연못'도 포함할 수 있을 것이다.

요 리

선사시대에 중요한 유흥으로서 발전한 '요리'의 중요성은—
보다 쉽게 음식을 소화할 수 있도록 불을 사용한 사례처럼 예술
과도 같은 점에서—생각해 볼 만하다. 확실히 요리는 대단히

많은 도구와 방법, 그리고 요리의 대상이 되는 놀라울 정도의 식물, 동물, 광물들과 관련되어 있다. 요리는 사회적 의미의 행사, 때로는 중요한 종교적 행사와 거의 항상 함께해 왔다. 요리에 관한 영양학적 측면뿐만 아니라 요리 자체의 미학적 관점 그리고 에너지, 돈, 투입된 노동과 같은 경제적 관점에 대해서도 배울 점이 많다. 우리의 먼 조상이 75만 년 전쯤부터 음식을 구워 먹었고, 인류가 보편적으로 냄비를 이용해 음식을 끓인 지가 만 년 정도 되었음을 밝히는 증거도 있다. 이러한 시간적 확장은 주제에 일정 부분 반향을 일으킨다. 그 결과 요리와 음식에 관한 지식은 부족함이 없다. 특히 열심히 하는 요리사에게 이 주제의 유일한 위험은 그 자체의 광대함이다. 하지만 우리의 주제에는 이러한 광대함이 많은 것이 사실이고, '요리'가 지금까지 구축한 기준들에 부적합하다고는 생각하지 않는다.

만약 우리가 '요리'를 올바른 주제로 받아들인다면, 이와 비슷한 다른 주제들도 있는가? 요리를 한다는 것은 열을 이용하여 음식을 변화시킨다는 것이다. 어떤 목적으로 다른 물체를 비슷한 방식으로 변화시킬 수 있을까? '건축물'이 머릿속에 떠오른다. 필요한 다양성, 역사적 풍부함, 우리의 희망, 꿈과 관련성이 있는 건축물은 아마도 적합한 주제일 것이다. '가구'도 동일한 이유로 적절한 주제가 될 것이다. 혹자는 건축물과 물체 모두를 위한 '장식'을 검토할지 모른다. '장식'은 기능적 관점에서는 쓸모가 없지만, 인류의 행위에 초점을 두기 때문에 우리의 프로젝트를 위해서는 잠재적으로 유용한 주제다. 장식은 풍부한 울림이 있고, 우리의 많은 주제 중에서 5~6세 어린이가 도전하기에는 이보다 나은 것이 없다.

도 구

'도구'는 인류 문화와 깊이 관련된 기술적 주제들과 비슷하다. 도구의 다양성은 무궁무진하다. 도구의 발전과 효과는 인류사의 이야기 속 중요한 일부분이다. 지렛대에서 다양한 망치에 이르기까지 도구의 발명과 개선으로 인해 인간이 할 수 있는 일의 범위가 지속적으로 증가하게 되었다.

시간의 측정

어떤 점에서 '시간의 측정'은 앞서 배제되었던 주제와 같이 지나치게 기술적인 주제처럼 보인다. 이것은 사람들이 시간을 측정하고자 시도했던 다양한 기술적 도구들을 살피는 것일 수도 있기 때문이다. 하지만 이것은 그 도구들과는 잠재적으로 차이가 있다. 이는 시간 그 자체의 본성 때문이다. 즉, 여기에는 지식이 축적됨에 따라 끊임없이 학생들의 관심을 환기시키는 풍부한 미스터리가 있다. 그것이 무엇인지 이해할 수 없다기보다는 무엇이 신비스러운 것인지에 관한 어떤 지식을 배울 필요성이 있다는 것이다. 시간에 관한 뉴턴주의자와 칸트주의자의 견해차는 철학자들과 관련된 것일 수 있고, 또 이 차이는 이 주제에 관한 학생들의 후반부 연구와 관련될 것이다. 그럼에도 불구하고 그들은 그 주제에 관한 생각에 있어서 초기의 상상을 사로잡는, 깊이 있고 마음을 사로잡을 만한 미스터리를 제안한다.

이 잠재적인 주제에 대해 의구심이 들었지만, 다양한 문화에서 다른 목적을 위해 사람들이 시간을 측정하려고 시도한 방법의 다양성을 생각해 볼 때 이것을 주제에 포함시켜야 한다는 생각이 점점 커졌다. 신화의 세계와 다양한 종교적 전통에서는 시간을 설명하려고 시도했다. 그렇기에 세 번째 기준을 만족하기 위한 문화적 요소에는 분명 부족함이 없다. 또한 시간을 계산하는 아주 오래된 특이한 시스템이 여전히 우리 곁에 남아 있다(왜 1시간은 60분이고, 낮과 밤이 각각 12시간이며, 1년은 12개월일까? 모르겠는가? 이를 주제로 받은 학생들이 그러할 것이다. 그리고 왜 2를 나타내는 단어—brace, pair, couple, deuce, binary, dual, dyad 등—가 많은 것일까? 오늘 밤 당신의 숙제다).

이것과 관련하여 주제로 포함시킬 수 있을 만한 다른 것들이 있는가? '우주' 그 자체 혹은 '우주의 측정'을 제안한다. 이것은 '계측 장치(counting system)'와 유사한 풍부함을 가지고 있고, 지금까지의 모든 기준을 쉽게 만족시킬 수 있다. 세상의 계측 장치의 광대한 다양성은 여타 많은 인류 사회에 나타나고, 수학과 음악 그리고 기타 여러 가지의 측정 방법은 우리의 존재와 문화의 기본적 특징을 드러낸다.

나 무

'나무'는 또 다른 명백한 주제 중 하나이며, 지금까지의 모든 기준을 쉽게 만족한다. 여기에서 관심은 어떤 비슷한 종류의 주제들이 추가될 수 있는지 여부다. 곧바로 풀, 꽃식물 등의 주제가 떠오른다(그리스어로 꽃나무인 '진달래속 식물'과 같이 이것은 어느 정도 나무와 오버랩된다). 자연계의 특성을 통해 이러한 목록을 확장하는 것은 어렵지 않다. 그래서 '고래' '벌레' '새' 그리고 많은 다른 동물도 포함할 수 있다. 그 대신 동물이나 곤충의 종류에 초점을 맞출 수 있는가? 아마도 여러 딱정벌레보다는 갑충류를, 특정한 곤충보다는 충류(蟲類)에 초점을 맞출 수도 있다[홀데인(J. B. S. Haldane)에게 신의 피조물로부터 무엇을 추론할 수 있는지를 물었을 때 그는 "신은 터무니없게도 갑충류에게 애정을 보이고 있다."고 답했다. 지구상에 알려진 종의 5분의 1은 갑충류다]. 이것이 우리에게 올바른 수준이 필요한 이유다. 그렇기에 충분한 특수성이 있어야 하며 충분한 다양성도 있어야 한다. 우리는 세 번째 기준에도 주의를 기울여야 한다. '개미'가 기준에 만족하는가(수천 년간 개미와 인류 사회 사이의 깊은 관계 때문에). 하지만 '진딧물'은 아니다. 그러나 우리는 자연계로부터 수많은 주제를 쉽게 정할 수 있다. 예를 들면, '숲' (나무와 별개로) '날씨' '화산' 그리고 '태양' 등이 있다. 일부 동료들은 '밀' '쌀' '공기' '태양' '바람'을 주제로 제안했다.

물은 평범하고 강은 보다 특수하다는 것에서 차용하여 마찬가지의 원칙으로 나는 곤충, 조금 더 구체적인 곤충들, 그 자체로 모든 기준을 만족하는 '개미'와 '흰개미' '갑충류' '벌' '말벌' '나비와 나방' 등도 포함될 수 있다고 생각한다.

지 도

지도는 꽤 쉬운 또 다른 주제다. 인류가 만든 유사한 주제로는 '깃발' '문장학(紋章學)' '게임' '표기 체계'와 '인간이 글로 쓴 것들' '의류'와 '특별한 의류' (일반적인 주제로서의 의류와는 뚜렷한 차이가 있는—특수한 사무실, 직업, 역할 등을 표시할 수 있도록 특별하게 디자인된 의류에 초점을 둔), '돈'이 있다.

사람과 장소

이 주제는 지금까지 논의되지 않았던 몇가지 문제를 불러일으키는 잠재적인 주제다. 이 주제는 학생들이 오랫동안 배울 수 있는 충분한 양의 지식을 가져야 한다는 기준에 부합할 것이다. '장소'와 관련된 것들과 더불어 학생은 현재의 인구와 거주지,

산업과 무역, 역사에 관한 것을 배울 수 있다. 다소 무작위지만 이탈리아에 있는 '살레르노(Salerno)'라는 소도시를 보자. 고대 로마시대 이전 살레르눔(Salernum)이라고 알려졌던 많은 광범위한 기록의 역사가 있다. 하지만 이 풍부한 역사는 내가 재직하고 있는 SFU 대학이 소재한 '버나비(Burnaby)'를 주제로 받은 학생에게는 가능하지 않은 것이다. '살레르노' 대신 '버나비'를 제시받은 학생은 숲의 역사와 천 년간 이곳에서 살았던 주민들을 학습할 것이다. 이것 역시 첫 번째 기준을 충족할 만큼 적절히 광범위하다.

깊이에 관한 기준에서 살레르노는 어떻게 평가되는가? 이 지역의 수입에 관하여 레몬의 재배, 교역, 음료 그리고 지리학, 지질학 등 집중적인 연구를 위한 다양한 가능성이 있다.

그런데 이 주제에 관해 좀 더 생각해 본 후, 사람과 장소를 주제에서 제외해야 한다고 생각하게 되었다. 내가 이 주제에 관심을 가지게 된 것은 12년간 살레르노에 관해 공부한 후 20세가 되어 나폴리에서 살레르노까지 운전한 중국 남부 출신 학생의 아이디어에 매력을 느꼈기 때문이다. 사람과 장소는 일면 모든 기준의 합의점을 쉽게 만족시키지만, 다른 한편으로 이것들은 지나친 애착을 줄 수도 있다. 제시된 필사본의 친절한 독자가 된 학생들은 제각각 다르지만 관계있는 방식으로 스크래블(Scrabble, 철자가 적힌 플라스틱 조각들로 글자 만들기를 하는 보드 게임의 하나-역자 주) 게임에서 배제됨에 따라 혼란에 빠지게 된다. 또한 학생들이 역사적 인물을 주제로 받거나 선택했다면, 12세 이상의 학생은 전기 작가가 느끼는 매우 흔한 현상을 경험할지도 모른다. 그들은 종종 그들이 존경하는 사람의 일생을 쓰려고 하지만, 수 년간 조사가 진행되어 그 사람에 관해 더 많이 알면 알수록 그 사람을 꺼려하는 마음이 커진다. 어쨌든 이 주제는 문제의 가능성이 있는 영역이다.

명심하라. '산' '정글' '툰드라' '방목지' '피오르드' 등 추상적인 장소의 사용은 더 적합한 주제가 될 수 있고, 우리에게 지리학적 특성을 포함하도록 허용한다.

주위 동료들에게 더 많은 주제를 요청하자, 몇몇은 '충성심' '용기' '사랑' 등 인간의 자질에 관한 것을 제안했다. 이것들에 관해 뭐라 얘기해야 할지 모르겠다. 이것들은 지금까지 쌓아 온 기준을 만족하는 것처럼 보일 수 있다. 하지만 이들에 관해 편안한 마음을 가지기 힘들다. 이것은 어쩌면 추상적이어서 어떠한 지식이 쌓이게 될지 잘 모르겠다. 어떤 사람은 용기 있는 사람이나 용기 있는 행동을 공부할 것이라고 상상할지 모르지만, 나에겐 정말 무기력하게 하거나 따분하게 만드는 끝없는 이야기의 집합체처럼 보인다.

다양성이 부족한 주제는 앞선 두 기준을 충족시킬 수 있을 것 같지 않으며, 끝없는 일화에서 탈피하는 것은 용기의 본질에 대한 철학적이거나 정의적인 연구로 이어질 수도 있다. 이것들은 또한 보편성의 기준을 만족시키는 데 실패할지 모른다. 여기에서 상상의 실패는 내 몫일 수도 있다. 나는 '새'나 '사과' 심지어 '먼지', 학생의 집합체를 쉽게 상상할 수 있지만 용기 있는 사람들이나 동물 이야기 외에 '용기' '충성심' '사랑' 등 인간의 자질에 대해 무엇을 토론하고 의견을 나누어야 할지 확신할 수 없다.

기 준

주제를 제안하기 위해 동료들과 선생님들을 초대했을 때, 곧 우리가 필요한 만큼의 거의 모든 조건에서 어떠한 실질적 문제도 없음이 명확해졌다. 하지만 여기에서 이렇게 많은 잠재적 주제들을 살펴보는 이유는 어떠한 주제가 우리 프로젝트에서 요구하는 역할을 수행할 수 있을지를 결정하는 기준을 분명히 하기 위해서다.

4장의 서두에서 다룬 세 가지 기본적인 기준과 더불어 이 토론은 잠재적인 주제에 영향을 미치는 수많은 주요 기준을 분명하게 드러낸다.

- 충분히 폭넓음
- 충분히 깊음
- 그 자체로 충분한 문화적 · 상상적 · 감정적 연관성을 가짐
- 너무 어렵게 기술적이지 않음
- 접근성이 좋은 충분한 지역 자원 재료
- 지나치게 일반적이거나 제한적이지 않은 것(예를 들어, 동

물은 너무 일반적이고, 호랑이는 아마도 가능할 것이며, 고양이는 최적이다.)

- 인류 존재의 특성을 저해하거나 일반적인 공포증과 관련된 것에 집중하지 않을 것
- 각 주제는 모든 학생에게 동등하고 충분한 경험을 제공할 것
- 각 주제는 부모나 돌보는 이에게 받아들여질 만한 것(예를 들어, 주제의 할당이나 선택 시 문화적 민감성이나 윤리적 문제가 고려되어야 한다.)

결 론

이 장 마지막에 있는 〈표 4-1〉은 이 프로젝트에 적합한 여러 주제를 제시한다.

나에게 남은 한 가지 걱정은 자연계의 주제들이 모든 기준을 쉽게 만족하는 것처럼 보인다는 것이다. '피부'는 '우주선'보다 '염소'는 '인쇄기'보다, '물고기'는 '로봇'보다, '벌'은 '도로'보다 낫다. 〈표 4-1〉에서 유사한 주제들을 뽑아 보아라. 아마도 경험이 이것을 명확히 하는 것에 도움이 되겠지만, 어떠한 명료한 해결책이 나타나기 전까지는 학생들의 포트폴리오를 만드는 데 수 년이 걸리고, 아마도 더 걸릴 수도 있다.

4장은 이 프로그램이 앞으로 적절한 주제로 잘 진행되기 위

한 시도다. 경험은 초기 사례의 단점을 나타내는 데 도움이 될 것이다. 결국 이것들은 나의 관점, 편견, 개인적이며 문화적인 것들을 반영하고, 나보다 더욱 풍부한 주제를 모을 수 있는 많은 독자에게 분명해질 것이다.

이 목록에는 분명 서양적인 편견이 있고, 성별의 편견도 있다. 〈표 4-1〉에 있는 이러한 결점을 목록에서 쉽게 바로잡기 위해 누구든 우리가 만든 웹사이트(http://www.ierg. net/LiD/)에 접속하여 추가 주제를 제안하기 바란다. 이번 탐구의 경험은 어떤 주제들이 최고인지를 더욱 분명히 한다. 나는 이 9개의 기준들이 주제를 다루는 데 좋은 길잡이가 될 것이라 생각하지만, 이 프로그램의 실행으로 기준들이 일부 개선되리라 확신한다.

〈표 4-1〉 LiD 프로젝트에 적합한 주제

사과	거미	먼지	바퀴	연체 동물	기차와 철로	강
서커스	신선한 건물	거주지	물	개	달	낙타
나비와 나방	이(Teeth)	버섯	도구	시간의 측정	공간의 측정	차(Tea)
배	풀	나무	꽃과 식물	고래	고양이	말(Horses)
무당벌레	곤충	개미	지도	목재	빙산과 빙하	표기 체계
기(Flags)와 문장학	화산	쌀	돈	항해(술)	호수와 연못	향신료
새	특수 의상	먹을 수 있는 뿌리	공기	게임	정글	잎
태양계	요리	실크	애벌레	유인원과 원숭이	날씨	산
올림픽 경기(게임)	극장	섬	탐험	방앗간	성(Castle)	책
다리(Bridge)	씨앗	양	가축	계측 체계	고무	빛

농업	보석	길	별	고대 폐허	달걀	짜는 것(Weaving)
신호	구름	해양(지) 세계	전기	사막	사진	설치류
취미	연못과 호수	로봇	물고기	밀	손, 발, 발굽과 발 (paws)	폭풍
돌	춤	지구 밑 공간	해적	발명가들	흙	파충류
종이	염료	양털	애완견	터널	목화	물 수송
버섯	강철	피부	우주선	정수함	페인트와 그 쓰임새	커피
개구리와 두꺼비	해충	색상	기름	북극과 남극	우편 체계	철
빙하기	경작용 동물	인쇄기	염소	곰	툰드라(Tundra)	우유
에너지	댐	시계	뼈	석탄	식량 저장	사바나(Savannah)
화학 약품	곰	악기	항공기	카펫	곡물	관개

주제 탐구에 상상력을
더하는 학습 도구

　가장 주의해야 할 부분은 처음 시작 단계다. 다섯 살 혹은 일곱 살의 아이들이 프로젝트를 시작하기 위해 먼지나 사과에 충분한 흥미를 느낄 수 있도록 하려면 어떻게 해야 할까? 첫 해에는 그들이 어떻게 행동할까? 특히 그들이 아직 글을 읽지 못한다면? 여덟 살 정도가 되면 학생들의 흥미 수준이 크게 변화한다는 점에도 주의할 필요가 있다. 이 시기에는 어린 시절에 갖고 놀던 인형이나 산타클로스와 치아 요정에 대한 환상의 세계가 사라지고, 현실적인 취미를 갖게 되거나 수집을 하기 시작한다. 또 다른 중요한 변화의 시기는 15세 정도로, 이때에는 그동안 몰두해 오던 취미와 수집을 그만두고 대신 독립심과 더욱 심화된 사회생활이 그 자리를 대신하게 된다.

　12세 이상의 아이들은 포트폴리오를 만드는 것에 그다지 흥미를 보이지 않을 것이다. 이 장에서 내가 하고자 하는 것은 흥미와 에너지의 근원을 찾아서 아이들이 이 작업에 대한 가치를 느끼고 참여하도록 유도하는 방법을 보여 주는 것이다.

　다른 프로젝트에서 얻은 몇 가지 교수 원리를 제시하고자 한다. 첫 번째는 학생들의 교육발전 단계별로 효과적인 인지심리학적 학습 도구들을 제시한 비고츠키(Lev Vygotsky)의 방법에 근거한 것이다. 또 다른 방법은 학생들이 연령에 따라 관심을 갖는 대상을 발견하여 이와 연관된 교수법을 활용하는 것이다.

사례를 제시하면 좀 더 명확해질 것이다. 나는 '사과'에 대한 포트폴리오를 사례로 들어 설명할 것이다.

나는 이 장에서 다른 많은 책과 웹사이트에서 발견할 수 있는 유형의 교수법을 설명하고자 하는 것이 아니다. 처음엔 조금 유별나 보이지만 이 프로젝트에 잘 부합하고 LiD 주제에 학생들이 흥미를 갖도록 도울 수 있는 접근법에 초점을 맞추고자 한다.

학교생활 초기의 아이들을 위한 학습 도구

포트폴리오를 지도하는 교사는 새로운 주제를 시작할 때, 학생들의 흥미를 끌기 위해 아래의 몇 가지 학습 도구들을 사용할 수 있다. 이러한 도구에는 이야기 형태, 두 개의 상반된 개념과 그것들의 중간, 단어들로부터의 이미지 형성, 은유, 퍼즐과 신비, 운율·리듬·패턴 그리고 유머가 포함된다.

'이야기 형태'를 한 번 살펴보자. '이야기'라고 하면 허구의 소설을 떠올리기 쉽지만, 여기서는 소설의 형태가 아니라 오히려 저녁 뉴스에서 사용될 만한 이야기를 의미한다. 다리 붕괴는 어떤 내용의 이야기인가? 혹은 선거나 한 영화배우의 가장 최근의 사치스런 행동에 대한 이야기는 무엇인가? 우리는 여기서 이 주제들에 대한 허구의 이야기를 묻는 것이 아니다. 이것들은 '이야기'이지만 감성적 중요성이 생생하게 드러나있으며, 커다란 흥미를 불러일으키도록 구성된 특별한 형태의 사실이다. 어린 학생들에게 먼지나 나뭇잎, 기차 혹은 다른 것들에 대한 '이야기'를 질문함으로써 어린 학생들이 이러한 주제를 시작하도록 이끌고, 소개할 수 있다. 그래서 그 주제에서 감성적으로 연관된 것은 무엇이며, 그들의 상상력을 끌어낼 수 있는 것은 무엇인지 초기에 알아볼 수 있다.

훌륭한 교사라면 포트폴리오를 지도하면서 내용에 학생들의 상상력을 연관시키는 기술을 잘 발휘해야 한다. 이러한 기술은 훌륭한 리포터에게서 찾아볼 수 있다. "여기서 이야기는 무엇입니까?" 만약 그 주제가 사과라면, 사과가 현재 우리가 구할 수 있는 엄청나게 몸에 좋고 맛도 좋은 몇 안 되는 음식 중 하나라는 점에서 시작하여 사과의 효능과 그것이 인간의 삶에 미친 영향을 연관시켜 이야기를 풀어나가야 할 것이다. 만약 이것이 우리 이야기의 핵심이라면, 어린 아이의 흥미를 끌려면 어떻게 해야 할까? 다른 학습 도구를 사용하여 이 문제를 풀어 보자.

학생들이 주제를 처음 접할 때 명확한 이해를 돕기 위해 두 개의 '상반 개념'을 사용할 수 있다. 베텔하임(Bruno Bettelheim)은 "(아이들이) 모든 것을 반대의 개념으로 나누는 것이 (그들의) 세상에 질서를 부여하는 방식"(1976, p. 74)이라고 말했다. 일단 상반 개념이 있으면, 그 둘 사이를 중재할 수 있고 그러면서 서서히 좀 더 적정한 개념들을 형성한다. 그러려면 우선 두 개의 상반된 개념을 만들어 내야 한다. 카자흐스탄의 야생 사과나무들이 7천 년 전 시들어서 모두 죽었다고 상상해 보자. 만약 그렇다면 우리는 지금 사과를 먹을 수 없을 것이며, 사과 자체를 상상할 수조차 없을 것이다. 따라서 두 개의 상반 상황은 단순히 사과가 있고 없음이 될 수 있으며, 우리가 얼마나 운이 좋은지에 대해 아이들이 생각할 수 있도록 할 수 있다. 물론 이야기를 전개하는 데 있어 덜 극적인 두 개의 상반 개념을 선택할 수도 있다. 또 사과의 놀라운 이야기와는 반대로 '단맛/신맛', '드문/일반적인' 또는 '문명에서 보이는 인간의 재주/우연한 발전' 등을 선택할 수 있다.

어떤 이미지들이 아이들로 하여금 '사과'나 '먼지', '기차' 혹은 다른 것들에 관심을 갖도록 하는지에 대해서도 생각해 볼 수 있다. 이미지라고 해서 단순히 사진을 의미하는 것이 아니라 그들의 마음속에 단어들과 함께 형성될 수 있는 감성적으로 연관된 감각을 의미한다. 예를 들어, 우리는 냄새에 대한 이미지도 가질 수 있다. 즉, 이미지란 사람들의 마음속에 다양하게 형성된 감성적으로 충만한 연상과 같은 것을 의미하는 것이라고 할 수 있다. 한 사람의 마음속에 형성된 독특한 이미지들은 상상력에 대한 훌륭한 초기 자극제 중 하나다.

그렇다면 사과의 경이로움에 대해 생각할 때, 감성적으로 충만한 어떤 이미지가 마음속에 떠오르는가? 오늘날 사과는 슈퍼마켓에서 열 가지 이상의 종류를 찾아볼 수 있을 정도로 매우 흔하기 때문에 학생들이 사과를 당연한 것으로 여기기 쉽다. 아울러 어디서나 쉽게 맛볼 수 있는 단맛과 아이들의 미각을 자극해 온 화학 산업의 공로로 인해 오늘날의 아이들은 수백 년 전의 아이들이 사과를 베어 물었을 때 느꼈을 달콤한 감각만큼은 느끼지 못한다. 따라서 우리는 우선 아이들이 그동안 당연하게 여겼던 일상적이고 흔하며 특별히 맛있지도 않은 이미지를 없 애려고 노력해야 한다. 아주 오래전 낙원에 대한 상상 속에는 과일나무가 많이 있는 정원이 포함되어 있었다고 학생들에게 말해 줄 수 있다(히브리, 중국, 켈트, 독일, 일본, 그리스, 아프리카 등). 과일은 맛이 좋고 매우 중요했으며, 낙원에서는 과일을 찾 기가 쉬웠다. 세상의 모든 과일 중에서도 사과는 가장 가치 있 는 과일이었으며, 가장 풍부하게 생산되는 과일이기도 하다. 과 일은 가장 많은 사랑을 받는 영양가 높은 음식으로, 사과는 세 상에서 가장 유명한 음식 중의 하나다. 이후 학생들은 'fruit(과 일)'이라는 단어가 '나는 즐긴다.'라는 의미를 갖고 있는 라틴 어의 'furor'에서 파생되었다는 사실을 배울 수 있다.

위에서는 사과의 이미지를 낙원과 연관시켰다. 'paradise(낙 원)'라는 단어는 오래전 장벽이 둘러쳐진 페르시아의 부잣집 정원을 의미하는 것으로 그리스를 거쳐 전해졌다. 크세노폰 (Xenophon)은 페르시아 제국에서 가장 부유한 사람들이 그들의 집 옆에 담으로 둘러싸인 큰 정원을 지어서 그 안에 히말라야 삼나무와 사이프러스, 야자수, 사과나무를 심어 가꾸는 것에 대 한 놀라움을 표현했다. 정원은 보통 덥고 건조한 환경에 설치되 기 때문에 기술자들이 물을 정원으로 끌어 들여서 황갈색으로 뒤덮인 주변과 대조를 이루며 시원한 그늘과 녹색 풍경을 제공 하였다. 이 정원들은 주인과 이 정원을 본 모든 사람들에 의해 안전과 고요, 아름다움을 의미하는 'pairidaeza'로 불렸으며, 이

담으로 둘러싸인 정원은 지상에서 낙원과 가장 가까운 것으로 보였다. 교사는 사과와 그것이 초기에 재배되었던 평화로운 장소 사이의 관계를 학생들의 마음속에 불러일으키기 위해 이 정원 이야기를 들려줄 수 있다. 이러한 정원의 사진들은 건조한 바깥 세상과 안전하고 신록에 둘러싸인 정원 사이의 대조를 잘 보여 줄 수 있는데, 특히 '아라비안나이트'에 나오는 정원에 관련된 이야기를 함께 들려주면 학생들이 정원의 이미지를 상상하는 데 도움이 될 수 있다.

교사는 수천 년 전 카자흐스탄의 초기 사과에서부터 오늘날의 먹음직스럽고 과즙이 풍부한 다양한 품종의 사과들을 개발하기까지의 놀라운 이야기를 통해 다른 이미지들을 형성하도록 도울 수 있다. 학생들은 정교한 재배 방식을 통해 사과의 과육이 점차 풍성해지고 다양한 형태와 색상, 맛이 만들어지는 수세기에 걸친 과정을 마음 속에 상상해 볼 수 있다. 우리는 아피(Etruscan Api, 옛날 중부 이탈리아에 살았던 사람-역자 주)와 같은 유명한 사과 재배자의 이야기를 통해 다양한 품종의 확산이 무질서하게 우연히 이루어진 결과가 아니라 개개의 사람들이 노력을 통해 성취한 업적임을 분명히 알 수 있다. 사과와 우리 몸의 상호작용에 관한 이미지를 떠올릴 수도 있다. 우리가 사과를 먹으면 어떤 일이 생길까? 음식물로서 사과는 우리 몸에 어떤 영향을 줄까? 사과에 관련해서 어떤 놀라운 사건들이 있었을까? 윌리엄 텔, 조니애플시드, 마법을 부리는 태양의 황금 사과에 관한 전설들이 사과에 관한 놀라운 모험 이야기로 제시될 수 있을 것이다.

음성 언어와 함께 또 다른 훌륭한 학습 도구 중 하나는 은유를 해석하고 생성하는 능력이다. 이것은 언어를 자세히 설명하는 데 매우 중요한 능력이다. 이것은 다른 것과 관련하여 어떤 것을 볼 수 있는 마술 같고도 신비스러운 능력이다. 거의 모든 것에서 다른 모든 것을 볼 수 있다고도 할 수 있다. 예를 들어, '인생의 나무' '나의 심장은 돌이다.' '음악은 사랑의 음식이다.' '언덕의 발' 등과 같은 것들이다. 아마 임의의 단어 목록 두 개가 주어지면 두 개의 단어를 조합해서 새로운 의미를 창조하는 연습에 익숙해질 것이다.

은유를 인지하고 생성하는 능력은 어린 아이들에게는 매우 중요한 것으로 여겨진다(Gardner & Winner, 1979). 이는 아마도 언어 발달이 가장 급속히 이루어지는 시기이기 때문일 것이다. 우리는 네 살짜리 아이가 빈 상자를 가지고 집과 차, 신발, 비행기인 것처럼 갖고 노는 것(모든 과정이 10분 이내에 이루어짐)을 보면서 이 능력에 대한 한 가지 힌트를 얻는다. 우리는 이러한 은유적 능력을 앞에서 다루었던 학생들의 주제와 연관 지어 그들이 다양한 방식으로 그 주제를 볼 수 있기를 원한다. 사과는 문자 그대로 과일이지만, 은유적으로는 바다를 향해 떠가는 강 위의 배가 될 수도 있고, 우정의 건전한 신호일 수도 있으며, 컴퓨터 로고나 중력 이론의 상징 또는 훌륭한 교사에 대한 감사의 표현 또는 우리가 만들고자 하는 어떤 것을 의미할 수도 있다. 우리는 학생들이 그들의 주제에 대한 은유적 사용에 대한 기록을 보유하고 이러한 은유들이 그 주제에 대한 이해에 무엇을 추가할 수 있는지를 알아보도록 도울 수 있다. 우리는 사과의 이야기를 통해서 은유의 기법을 효과적으로 발전시킬 수 있을 것이다.

신비감은 언어 사용과 함께 오는 또 다른 도구다. 언어는 우리로 하여금 상징으로서 세상을 묘사하고, 거짓말을 꾸며 내고, 소설을 창작하고, 우리가 알고 있는 어떤 것들과 연관시키도록 만든다. 신비는 학생들의 일상적 환경을 넘어서는 지식과 관련된 개발에서 중요한 도구다. 유적이 발견되는 것이 얼마나 매력적인 것인지를 느끼도록 해 준다. 우리가 선택할 수 있는 모든 주제는 신비성을 갖고 있으며, 학생들을 주제에 동참시킬 때 교사의 임무는 배움이라는 모험 속으로 그들의 마음을 끌어들일 수 있게 좀 더 풍부하고 깊은 이해를 담은 이미지를 제공하는 것이다. 우리는 이미 알려진 세상에 대해 너무 자주 학생들에게 설명하며, 우리가 이미 알고 있는 지식을 쌓으라는 임무를 준다. 물론 이것도 교육의 한 부분이지만, 안전한 지식이라는 우리의 조그만 원이 드넓은 신비의 바다에 둘러싸여 있다는 사실을 망각하는 순간, 우리의 교육적 임무는 매우 따분해질 것이다. 우리가 발견이라는 여정과 신비에 의해 둘러싸여 있는 것을 명확히 한다면, 우리는 진정한 교육적 임무가 무엇인지를 보여주고 가능성과 경이로움에 마음의 빗장을 열 필요가 있다.

만약 우리의 주제가 사과라면, 존재/부재라는 두 개의 상반어를 선택함으로써 신비감을 제시할 수 있다. 우리는 학생들로 하여금 먼 과거에는 있었지만 현재는 존재하지 않는 다른 과일에 대해 의문을 품어 보도록 유도할 수 있다. 우리는 우연히 사과를 가지게 됐지만, 다른 과일들은 우연히 사라지게 된 것이다. 우리가 맛과 건강이라는 점에서 빼앗긴 놀라운 경험에는 무엇이 있을까? 신비감을 자극하는 것은 그리 어려운 일이 아니다. '적정한 시기에 심어졌더라면'이라는 제안 하나도 반향을 일으키는 은유가 되기에 충분하다. 오래전 작은 병충해 하나가 사과라는 과일을 우리에게 빼앗아 갔을 수도 있다. 어떤 과일과 꽃 그리고 나무들이 그러한 불운을 겪었을까?

아울러 얼마나 많은 품종의 사과들이 개발될 수 있으며, 미래의 품종에는 어떤 것들이 포함될 수 있을지 의문을 품어 볼 수 있다. 색상은 어떤가? 은색이나 금색의 사과는? 더 큰 품종의 사과도 기대할 수 있을까? 태양과 지구는 건강에 좋은 섬유질을 다채로운 색상의 겉껍질로 포장하기 위해 어떻게 협력하는 것일까? 산뜻한 껍질과 풍부한 과육, 그리고 씨가 있는 중심은 얼마나 신비한가? 어떠한 신비로운 변화가 나뭇가지를 지나갔기에 꿀벌이 지나간 꽃봉오리에 여름 동안 열매가 맺혀 달콤한 과육이 달리고, 또 이것이 익어서 땅에 떨어지거나 사람의 손에 의해 수확되는 것일까? 특히 양동이나 통 혹은 탁자 위의 사발에 담겨 있을 때, 그 다채로운 품종이 얼마나 완벽하게 아름다운지는 자연의 은혜에 대한 다양한 은유가 된다. 왜 사과는 많은 종교적 전통에서 신비롭거나 금지된 과일로 사용되는가? 많은 고대 이야기에서 사과는 달콤한 유혹에 굴복당한 벌과 연관되어 있다. 우리는 이러한 이야기들을 어린 아이들에게 말해 주고, 이러한 예상 밖의 연관성이 다른 이야기들에서도 반복되어 나타난다는 것을 지적함으로써 사과의 신비한 면을 소개할 수 있다.

'운율과 리듬 그리고 패턴'은 어느 한 주제에 인상적인 의미와 매력적인 형태를 부여하기 위한 중요한 도구들이다. 학습에서 이들의 역할은 다양하며, 특히 상상력을 학습하는 데 언어의 리듬과 패턴(그리고 그 속에 담긴 감정을 상상하기)의 효과는 엄청나다. 그것들은 우리가 기호들로 암호화 해 놓은 모든 형태의 지식과 경험을 배우는 데 중요하다. 그러므로 우리는 어떤 특정한 주제와 연관되어 있는 더욱 생생하고 극적인 운율과 리듬, 패턴을 찾고자 할 것이다. 간단한 자장가에서 시작할 수도 있다. 만약 주제가 사과라면 거의 무의미한 운을 갖고 있는 다음과 같은 열로 시작할 수 있다.

당신은 사과를 좋아합니까, 당신은 배를 좋아합니까?
당신은 계단을 굴러서 내려오는 것을 좋아합니까?

신비롭게도 오랜 세월 동안 우리 아이들을 배를 쥐고 웃게 만들었던 이것이 언어 개발의 마술적 특징을 겪으면서 효과를 발휘하였다.

교사들은 다음과 같은 운율과 함께 신체적 참여를 유도할 수 있다.

다섯 개의 빨간 사과

나무에 매달려 있네(다섯 손가락을 아래쪽으로 듦)

네가 본 것 중 최고로 과즙이 많은 사과!

바람이 불어 지나가네

그리고 화나서 찡그린 표정을 남기네(머리를 흔들고 화난 표정)

그리고 작은 사과 하나가 굴러 떨어지네

네 개의 빨간 사과

그리고 다음은 알파벳을 통달한 학생들을 위한 예다.

A는 애플파이(Apple pie)

A는 애플파이(Apple pie),

B는 그것을 물었고(bit),

C는 그것을 잘랐고(cut),

D는 그것을 다뤘고(dealt),

E는 그것을 먹었고(eat),

F는 그것을 위해 싸웠고(fought),

G는 그것을 얻었고(got),

H는 그것을 가졌고(had),

I는 그것을 검사했고(inspected),

J는 그것을 위해 점프했고(jumped),

K는 그것을 보관했고(kept),

L은 그것을 열망했고(longed),

M은 그것 때문에 슬퍼했고(mourned),

N은 그것에 고개를 끄떡였고(nodded),

O는 그것을 열었고(opened),

P는 그것을 몰래 들여다봤고(peeped),

Q는 그것을 사등분하였고(quartered),

R은 그것을 향해 달렸고(ran),

S는 그것을 훔쳤고(stole),

T는 그것을 가로챘고(took),

U는 그것을 뒤집었고(upset),

V는 그것을 보았고(viewed),

W는 그것을 원했고(wanted),

X, Y, Z, 그리고 나머지 사람들 모두

모든 이들이 손에 파이 한 조각을 원했다.

출처: http://www.mamalisa.com

'농담과 유머'는 언어가 작용하는 동시에 학생들이 주제의 요소들과 함께 놀 수 있도록 하여 학습의 보람을 느낄 수 있게 하는 기본적인 방법을 제시할 수 있다. 이 학습 도구는 학생들이 학교교육을 계속할 때 상상력이 막혀 괴로워하는 것을 도울 수 있다. 즉, 너무 딱딱하고 엄격한 형식에 얽매이지 않도록 하고, 학생들에게 좀 더 다양한 차원의 지식을 보여 주고, 마음의 유연성을 갖도록 한다. 다음과 같은 간단한 예로 시작하면 그리 어렵지 않다.

문제: 한 개의 사과가 한 개의 사과가 아닐 때는 언제인가?

답: 그것이 두 개[a pair: 배(pear)와 같은 발음]일 때.

이 농담을 이해하기 위해서는 같은 발음이라도 두 개의 다른 단어를 의미할 수 있음을 이해할 수 있어야 하며, 이를 통해 언어를 단순한 행동이 아니라 대상으로 인식할 수 있게된다. 우리가 반영하는 대상으로 언어를 바라보는 능력은 학자들이 일컫는 '메타-언어 인식'을 개발하는 데 주요하다. 이 능력은 지적 소양과 유연성을 가지고 언어를 사용하기 위한 학습과 연관되어 있다. 농담은 재미있을 뿐만 아니라 레비스트로스(Levi-Strauss)가 사고에 좋은 것이라고 부른 것처럼 우리의 이해력과 유창한 언어 능력을 향상시킬 수 있는 잠재력을 갖는다.

물론 다음과 같은 사과에 대한 전통적 유형의 농담은 셀 수 없이 많다.

점심시간 기독교 초등학교의 카페테리아에 아이들이 줄을 서 있었다. 탁자의 앞머리엔 큰 무더기의 사과가 쌓여 있었다. 수녀가 메모를 적어 사과 쟁반 위에 붙여 놓았다. "한 개씩만 가져가기. 하나님이 보고 계심."

점심 줄을 따라 앞으로 이동하면 탁자의 다른 쪽 끝부분에는 큰 무더기의 초콜릿칩 쿠키가 쌓여 있었다. 한 아이가 메모를 적어 놓았다. "원하는 만큼 가져가기. 하나님은 사과를 보고 계심."

제시한 예가 학교에는 적합하지 않을지 모르지만, 학생들은 좋아할 것이다.

> 물리학 교사: 뉴턴이 나무 아래에 앉아 있는데 사과가 머리
> 위로 떨어졌고, 그는 중력을 발견하였다. 정말 멋지지
> 않니?
> 학생: 네. 만약 그가 우리처럼 교실에 앉아 책을 보고 있었
> 다면, 아마 아무것도 발견하지 못했을 거예요.

이야기 형태, 두 개의 상반된 개념과 그 사이를 상상하기, 단어들로부터 이미지 형성, 은유, 퍼즐과 신비, 운율·리듬·패턴, 그리고 유머와 같은 학습 도구들은 어린 학생들이 주제에 관심을 갖도록 하는 데 사용할 수 있다. 이들은 거의 고갈될 일이 없으며, 경험이 많은 교사라면 이들만큼 효과적인 자신만의 도구를 수없이 추가할 수 있을 것이다.

이러한 도구들을 통해 비록 임의로 할당된 주제지만 학생들이 무계획적으로 여기저기 어슬렁거리다가 지겨워하는 일 없이 탐색을 시작할 수 있게 될 것이다. 주제에 대한 이야기를 끄집어내어 그것에서 감성적으로 중요한 것이 무엇인지 보여 줌으로써 사과나 서커스, 새 또는 다른 것들에 학생들이 흥미를 느낄 수 있게 할 수 있다. 우리는 그들에게 두 개의 상반어 형태인 도구들을 제공할 수 있고, 생생하면서도 감성이 담긴 이미지를 사용하여 그들의 상상력을 끌어낼 수도 있다. 은유를

사용함으로써 유연하고도 생생하게 이해할 수 있으며 주제에서 어려운 문제를 찾아 그것을 매혹적인 신비감으로 감쌀 수도 있다. 우리는 운율과 리듬, 패턴, 농담으로 학생들의 주의를 끌고 흥미를 불러일으킬 수 있다.

언어 발달을 위해 일반적으로 사용되는 인지 도구인 '어려운 문제나 수수께끼' 들을 활용할 수도 있다. 이 도구는 아마 너무 친숙해서 그리 자세한 설명이 필요하지는 않겠지만, 문제나 수수께끼를 설정하는 것은 학생들의 탐구를 다양한 방향으로 자극할 수 있다. 비록 그 지식이 처음에는 매우 일반적이고 불명확하다 하더라도, 교사가 지속적으로 의문을 제기하면 학생들이 더 높은 수준의 지식을 발전시킬 수 있게 할 수 있다. 얼마나 많은 종의 사과가 있나? 이름은 어디에서 유래된 것인가? 사과는 물에 뜨는가? 만약 그렇다면 혹은 그렇지 않다면 왜일까? 가장 좋아하는 사과는 무엇인가? 당신이 구입하는 사과는 어디에서 온 것일까? 얼마나 많은 색상의 사과가 있을까? 얼마나 많은 노래와 이야기, 자장가에 사과가 언급되었을까? 사과를 먹으면 좋은 이유는 무엇일까? 등이다. 현재 많이 시행되고 있는 프로그램 중 하나는 각각의 학생에게 주제와 함께 세 개의 문제를 주어 그것을 해결하도록 하는 것이다.

〈표 5-1〉은 어린 아이들을 위한 학습 도구를 요약한 것이다.

〈표 5-1〉 학교생활 초기(유치원~초등 저학년)의 아이들이 포트폴리오를 만드는 데 사용할 수 있는 효과적인 학습 도구

이야기	학생들이 지식에 흥미를 갖도록 만들 수 있는 가장 유용한 도구 중 하나. 이야기는 내용에 대한 감정적 이해를 형성한다. 이야기는 가상이 아니라 실제 내용으로도 만들 수 있다.
두 개의 상반 개념	지식을 조직하고 분류하는 데 기본적으로 유용한 도구. 대부분의 이야기에 있는 갈등 속에서 대립을 관찰할 수 있고, 그것은 지식의 많은 복잡한 형태로 초기 순서를 제공하는 데 결정적이다.
이미지	마음의 이미지는 지식을 탐구하는 데 흥미를 유발할 수 있다. 그것은 어떤 주제의 견해에 대해 우리의 감정과 상상력을 유도할 수 있다. 이미지의 사용은(외부 사진과는 다른) 주제에 대한 학생의 관심을 자극하는 데 큰 역할을 할 것이다.
은유	비유는 우리가 어떤 것을 다른 사물에 빗대어 보게 한다. 이 독특한 기량은 인간의 지성적 창작, 창의력과 상상력의 중심에 놓여 있다. 학생들이 은유를 훈련함으로써 포트폴리오를 만들 때 이러한 능력들을 생생하게 유지할 수 있도록 돕는 것이 중요하다.
신비	학생에게 일상적이지 않은 지식에 대한 흥미를 일으키는 데 중요한 도구. 유물들이 발견되는 것이 얼마나 매혹적인가에 대한 관심을 일으킬 수 있다. 모든 주제는 그와 관련한 신비로움이 있다. 학생들이 주제에 대한 탐구에 몰두할 수 있도록 교사는, 아이들이 학습에 모험적으로 다가갈 수 있도록 더 풍부하고 깊은 이해에 대한 이미지를 주어야 한다.
운율, 리듬과 패턴	어떤 내용을 의미있게 기억하게 하고 매력적으로 표현하는 데 유용한 수단이다. 학습에서 이것의 역할은 다양한데, 언어의 리듬과 패턴을 배울 때 상상력을 발휘하는 힘은 대단하다.
농담과 유머	언어를 사용하는 동시에 학생들이 주제의 요소들과 함께 놀 수 있도록 하여 학습의 보람을 느낄 수 있게 하는 기본적인 방법이다. 학생들이 포트폴리오를 만들어 가면서 상상력이 막혀 힘겨워할 때 유용하다.
퍼즐과 문제	퍼즐 또는 문제를 주는 것은 학생이 다각도로 탐구할 수 있게 자극한다. 교사는 학생들이 매혹적이지만 어려운 문제들을 풀어냄으로써 더 높은 수준으로 지식을 향상시킬 수 있게 하는 문제를 제시할 수 있다.

학교생활 중기(중학생까지)의 아이들을 위한 학습 도구

일단 학생들이 쉽게 글을 읽고 쓸 수 있으며 지식을 구성하고 분류하는 데 앞서 제시한 학습 도구 중 다수를 사용할 수 있을 정도가 되면 새로운 인지 도구가 작용하기 시작한다. 읽기/쓰기 능력으로의 변화란 정보를 수집함에 있어 귀에 의존했던 것이 눈으로 이동했음을 의미한다(Havelock, 1963, 1986; Innis, 1951; Ong, 1982). 일반적으로 읽기/쓰기 능력을 다소 복잡한 기술 정도로 생각하지만, 이것이 수천 년 전 발명되어 현재는 적절하게 사용하는 법을 교육받은 사람이면 누구나 사용 가능한 도구로 인식해야 한다. 우리가 그것을 부호화하고 해독하는 관점에 초점을 맞출 때에는 생각하지 못했지만, 읽기/쓰기 능력에는 정말 넓은 범위의 추가적 학습 도구들이 부수적으로 딸려 온다. 여기서는 읽기/쓰기 능력과 함께하지만 종종 등한시되는 도구 상자에 초점을 맞추려 한다.

특정한 활동은 귀에서 눈으로의 이러한 변화를 촉진시키고 학생들에게 읽기/쓰기 능력이 새로운 학습 도구의 축적과 함께 어떻게 새로운 능력을 부여할 수 있는지를 보여 줄 수 있다. 보통 우리가 눈으로 확인할 수 있는 이러한 변화는 7~8세 또는 9세에 시작된다. 이 연령대 학생들의 포트폴리오를 지도하는 사람들은 다음에 제시되는 새로운 도구들을 학생들이 스스로 사용할 수 있다는 사실에 주목할 필요가 있으며, 이들이 포트폴리오에 이미 축적된 정보를 좀 더 효율적이고 시각 중심적인 형태로 재구성할 수 있게 도울 수 있다. 특히 이 시기는 학생들의 디지털 온라인 포트폴리오를 만들 수 있는 시기로서, 초기에 그린 그림이나 사진들을 디지털 사진으로 남기거나 스캐닝하여 학생들의 포트폴리오가 담긴 서버에서 활용 가능하게 할 수 있다. (이에 대한 내용은 이후 더 자세히 다루겠다.) 학생들이 포트폴리오를 재구성하고 새로 추가되는 지식에 대처할 수 있도록 더욱 효과적인 분류 체계와 파일 시스템을 준비할 수 있게 하는 데 주의를 기울여야 한다.

이 시기 동안 환상의 세계는 사라지고 그 자리를 일상적인 생활이나 어른들이 보통 현실적인 관점으로 바라보는 것들이 채우게 된다. 산타클로스나 치아 요정은 학생들도 별로 믿지는 않지만 사실인 다른 종류의 환상적 창조물로 대체되며, 이 창조물들 역시도 현실 세계의 영웅들로 대체된다. 이러한 새로운 현실감은 읽기/쓰기 능력의 특정 형태에 의해 영향을 받는 듯하다. 브루너(Jerome Bruner)는 말한다. "읽기/쓰기 능력은 현실을 재정의하는 자극물로써 역할을 할 때 가장 큰 영향력을 발휘한다."(1988, p. 205)

그래서 우리는 학생들에게 새로운 관심사를 현실과 접목시켜 보여 주는 이야기를 접하게 한다. 『빨강머리 앤』과 『워터십 다운의 토끼들』은 『신데렐라』나 『피터 래빗』에 비해 다른 양상의 현실성을 보인다. 『슈퍼맨』이나 『스파이더맨』, 『헐크』 또는 다른 동급의 공상 작품들도 이야기의 공상적 요소에 대해 설명을 부여하며 그들이 현실적으로 부합한다고 말한다. 신데렐라에 나오는 호박마차를 만들어 내는 요정은 어디서 나타났는지 별로 설명이 필요하지 않지만 슈퍼맨은 어디서 왔는지 설명을 할 필요가 있다. 물론 슈퍼맨이 크립톤 행성에서 왔다고 해도 폭발하는 크립톤 행성에서 어떻게 탈출했는지까지 설명할 수는 없다. 이 시기의 교육용 문학 작품 대부분에서 공통적으로 나타나는 특이한 점은 학생들이 이미 알고 있는 일상 환경에서 시작하여 학생들의 흥미를 불러일으킨다는 것이다. 이 연령대의 학생들이 스파이, 해적, 우주 전사, 초인 등 전혀 일상적이지 않은 대상에 가장 흥미를 느낀다는 점을 고려하면 참 신기한 현상이라고 할 수 있다.

학생들의 일상세계는 극단적인 경험과 현실적 한계를 오가는 일들로 채워져 있어 읽기/쓰기 능력이 유창해질 때 그들의 상상력도 최고조에 달한다. 이 시기의 학생들은 가장 극단적이고 이국적이며 기괴한 특징과 가장 끔찍하고 용감한 상황에 주목하는 경향이 있다. 우리는 이러한 소재들을 선정적 신문이나 TV쇼, 그리고 기네스북과 같은 출판물을 통해서 많이 접해 왔다. 지도 교사들은 새로운 방향과 차원으로 학생들의 포트폴리오를 확장시킬 때 학생들의 이러한 태도에 기민하게 대처해 그들의 극단성과 현실적 관계, 그리고 경험을 조합하는 데 학습 도구를 적절히 사용하는 방법을 알아야 한다. (극단성과 현실적 한계, 이국적이고 기괴하며 이상한 것들에 대한 관심은 학생들의 일상적 현실과 따로 떨어져 있는 것이 아니다. 오히려 그것은 학생들이 내면의 감각과 의미 안에서 그들의 일상적 현실의 배경을 어떻게 수 립하느냐다.)

만약 주제가 사과라면 학생들은 가장 크고 가장 작은 사과, 그리고 가장 찾기 힘든 사과, 가장 최악의 기후 조건에서 재배 되었던 사과, 수확 후 가장 오래 지속되고 가장 빨리 시드는 사 과, 가장 시고 가장 단 사과 등에 대해서 탐구할 수 있다. 학생 은 다음과 같은 정보가 수록된 '사과 기록'이라는 파일을 열어 볼 수 있다. 가장 큰 과수원은 어디에 있고 그들은 사과를 누구 에게 팔까? 그 사과들을 이동시키는 교통수단은? 지난 해 전 세 계적으로 재배된 사과는 몇 톤이며 이 수치는 재작년의 그것과 비교하여 어떠한가? 중앙아시아의 최초 과수원 가운데 지속적 으로 사과를 생산하는 곳은 얼마나 되나? 그들은 위험에 처해 있는가? 이국적이고 극단적인 내용은 엄청난 양의 관련 정보로 통하는 길이 될 수 있다.

8세 무렵부터 14세 또는 15세의 학생들은 독립심을 점점 많 이 느끼지만, 보통 짜증스럽다고 느끼는 규칙과 규정에 둘러싸 여 있다. 그들은 무엇을 원하고 무엇이 되기를 원하는지 잘 알 고 있지만, 그것을 얻게 될 때까지는 상대적으로 무력한 존재 로 남아 있다. 이 시기에 두드러지는 한 가지 학습 도구는 영웅 적 자질과 동일시하는 능력이다. 우리는 그동안 꿈꾸어 왔지만 억제되었으며 우리를 둘러싸고 있는 위협을 물리칠 수 있는 사 람들을 가리켜 영웅이라 칭한다. 우리는 우리가 하고자 하는 것을 달성할 수 있는 돈이나 권력, 기술이 부족하기 때문에 우리가 원하는 것을 정확히 이뤄낼 수 있는 영웅적 자질을 갖고 있는 사람과 동일시한다. 이것은 우리의 불안을 극복하고 새로운 현실 감각과 관련된 소외 위협을 이겨낼 수 있도록 돕는 도구다. 영웅적 특질을 갖는 물건이나 사람들과 동일시함으로써 우리도 그 특질을 받아서 진짜 세계와 부딪혀 이겨낼 수 있다는 자신감을 얻을 수 있다.

월리엄 텔의 이야기는 이 연령대의 학생들에게 새로운 반향을 불러일으킨다. 이 시기의 학생들은 이야기 뒤에 숨겨진 진짜 인물에 대해 알고 싶어 한다. 조니 애플시드(Johnny Appleseed)는 현실 세계에서 영웅적 활동을 보여 준 신비한 인물로, 사과나무를 보급하고 다양한 품종을 재배하였다. 지금이야말로 북미 전역에 사과를 전파한 실제 인물의 사실적 이야기를 소개할 때이며, 서사적 이야기에 진짜 영웅을 불러올 때다. 고대부터 현재까지 사과 개발에 가장 큰 공헌을 한 인물은 누구인가? 가장 많이 재배되고 있는 사과는 최근에 개발된 것인가? 오래된 품종의 사과가 현대 양식의 수송 방식이나 슈퍼마켓 판매에는 적합하지 않다면 어떻게 되는가? 이러한 품종을 보존하기 위해 일하는 영웅이 있는가? 그들은 누구이고 어디에 있는가? 사과 자체가 영웅적으로 보일 수 있다. 진화 시기를 거쳐 사라져간 수많은 식물들처럼 나약한 존재였지만 그것의 약점을 극복하여 한 지역을 넘어 전 세계로 전파, 확산되었기 때문이다.

인간의 감정을 통한 지식의 이해는 지식의 표면을 넘어 인간 감정 안에서 그것의 원천으로 갈 수 있도록 돕는 또 하나의 도구다. 모든 지식은 인간의 어떤 감정의 결과물로서 발견되거나 발명된 인간의 지식이다. 이 도구는 과거 지식이 생성되거나 현재 그것이 사용되는 것과 관련된 감정을 통하여 지식을 보도록 만들며, 이를 통해 더 깊은 인간의 의미를 이해하게 된다. 우리는 종종 8~15세 사이의 학생들이 매우 넓은 개인적 범주에서 세상을 이해하고 있음을 망각한다. 이는 그들 자신의 관심사에만 국한된 이해가 아니라 더 넓은 의미를 담고 있는 보편적 인간의 정서와 관련한 지식을 봄으로써 이루어진다.

이 학습 도구 역시 사과나 다른 주제의 이야기와 관련된 사람들에게로 학생들의 주의를 끌어 모으는 데 사용할 수 있다. 경작자들은 누구였는가? 그들의 동기는 무엇이었는가? 과수원을 개발한 사람은 누구이며, 위협이나 난관은 무엇이었는가? 사과의 건강상 이점을 발견한 사람은 누구이며, 그들은 자신의 발견에 대해 어떻게 느끼는가? 여기서 이야기는 무엇이고 어떤 이야기를 발견할 수 있는지를 질문함으로써 지식의 감성적 의미를 학습하게 된다.

'경이로움'은 초기의 현실 탐구에 또 다른 중요한 학습 도구다. 우리는 이것을 통해 우리 주위의 세상과 우리 안의 세상에 주목하고 그것만의 특별한 특수성을 보게 된다. 그것은 스포트라이트 역할을 하여 다른 모든 것을 누르는 동시에 한 대상만을 주목하게 만든다. 우리는 이 경이로움을 어떤 것에든지 적용할 수 있으며, 세상의 모든 존재에 대한 경이로움을 인식할 수 있다. "모든 것이 경이롭다." 이 도구는 가장 일상적이고 당연시

여겼던 것들에 대해서도 경이로움을 느낄 수 있도록 만들어 준다. 모든 과학과 연구의 첫 시작점은 "왜 그러한지 궁금하다."이다. 이것은 우리로 하여금 모든 관점의 현실에 더 강화된 중요성을 불어넣을 수 있게 하는 능력을 제공한다.

사과 이야기는 역사적으로나 의학적 · 기술적 · '과수원적'으로나 경이로움으로 가득 차 있다. 학생들은 건강에 이로운 사과의 속성이나 그것이 어떻게 자라는지, 역사와 예술에서의 역할, 인간의 정착과 관련된 개발, 색깔에서 사과와 비교되는 과일, 사과의 다양한 장단점 등 사과에 대한 매우 자세한 내용을 조사할 수 있다.

7~8세의 거의 대부분의 아이는 가장 왕성한 호기심 활동을 시작한다. 그들은 어떤 것을 수집하거나 취미를 갖기 시작한다. 그들에겐 무슨 일이 일어나고 있는 것일까? 그에 대한 한 가지 설명은 그들이 존재하는 새로운 현실 세계에서 어떤 안전 조치를 찾고자 한다는 것이다. 그 세상은 무한대로 확장 가능할지도 모르므로 적어도 무한하지 않은 그들의 수집품이나 취미를 통해 세상의 작은 일부분을 그들이 통제함으로써 안정감을 얻게 된다. 이러한 취미는 보통 14~15세가 될 때까지 계속 이어진다.

수집과 취미와 관련된 학습 도구에선 이 시기의 학생들의 포트폴리오를 확장함에 있어 적극적인 활동들을 부여할 수 있다. 만약 주제가 사과라면 어떤 학생은 그의 수집 본능을 자극하는 사과의 특징을 찾으려 할 것이다. 이 시기엔 학생들이 발견하거나 가계도를 설명할 수 있는 모든 품종의 사과에 대한 관계도를 개발할 수 있다. 온라인 포트폴리오는 가능한 모든 품종의 사과 사진들을 수록할 수 있다. (물리적 포트폴리오에 대해 사과와 관련된 어떤 실제 인공물이 수집될 수 있을지는 잘 모르겠다. 아마도 학생들이 알아낸 모든 사과와 사과나무 품종에 대한 사진이 될 수 있지 않을까? 다양한 나무에서 수집한 압착한 나뭇잎들은 어떨까? 나는 농담삼아 '씨'를 추가하려고 하였다. 아마 모든 씨가 거의 비슷비슷하게 생겼지만, 일부 사과 전문가들은 씨의 특성을 구분해 낼 수 있을지도 모르니까 말이다.)

학생들의 취미와 수집에 쓰인 지적인 에너지는 포트폴리오상에서 그들이 작업한 것들을 확장시키거나 변화시키는 데 사용될 수 있다. 이상적으로 7세 또는 8세부터 14세 또는 15세까지 학생들의 포트폴리오는 취미나 수집의 한 종류가 될 것이다.

환경을 바꾸는 것은 상상력을 통해 모든 주제에 대해 더욱 풍부한 의미를 갖도록 하는 도구다. 교실은 종종 감성적으로 메마른 장소이기 때문에 한 주제가 끝난 후 다른 주제로 옮겨가는 방식은 모든 주제가 똑같이 보이도록 할 수 있다. 지식이 전달되는 환경을 바꿈으로써(간단히 기구를 사용함으로써) 소재를 좀 더 많이 활용하게 되고 학생들의 상상력은 활기를 띠게 된다.

학생들이 이런 소소한 변화들을 시도하는 동안, 포트폴리오 지도자는 보다 근본적인 차원에서 학생들이 이전의 포트폴리오와 다른 관점을 택하도록 독려할 수 있다. 목적은 한 주제를 다양한 관점을 통해 많은 배경 속에서 바라보고자 함이다. 이러한 방식이 처음이라면, 학생들은 사과의 생물학적 특성이나 그것이 지닌 건강에 좋은 점을 찾아볼 수 있다. 신화나 다른 소설들에서 사과가 어떻게 사용되었는지를 살펴보거나 사과의 역사를 알아볼 수 있으며, 미술 분야에서의 사과를 연구하여 작품 속의 사과 그림을 모방해 그려볼 수도 있고 사과의 일생을 공부할 수도 있다. 품종별로 가장 이상적인 기후 조건을 알아보거나 각기 다른 품종의 사과에 대해 부패 정도를 관찰하고 기록하는 등 방법은 많다.

:::

7~8세 학생들의 경우, 무의식적으로 느끼는 관심사가 달라지고 그들이 좋아하는 이야기의 종류도 역시 달라진다. 이러한 변화는 주제에 대한 그들의 흥미를 충전하고 다른 차원으로 확장시키기 위해 사용될 수 있는 학습 도구들에 대한 힌트를 제공한다. 학생들의 향상된 읽기/쓰기 능력이 그들이 속한 현실에 대한 분명한 개념을 가지게 한다는 사실을 인식할 필요가 있다. 주제에 대한 그들의 흥미는 그것과 관련된 극단과 한계, 이상함과 이국적인 것, 기록에 초점을 맞춤으로써 커질 수 있다. 지식은 학생들이 공유하는 인간의 삶과 인간의 감정이라는 배경 속에서나, 특히 그것과 관련된 사람들의 영웅적 특질을 통해 주제의 새로운 관점을 볼 수 있을 때, 더욱 매력적으로 느껴지는 경향이 있다. 각각의 주제는 그들이 갖는 경이로운 특성(독특함이나 일상을 뛰어넘는 매력)을 통해 학생들의 주의를 끌

도록 할 필요가 있다. 그리고 각각의 주제가 수집 본능이나 취미가 될 수 있는 특성을 갖고 있음을 그들에게 보여 주어야 한다. 이러한 학습 도구들은 학생들이 14세 또는 15세가 될 때까지 효과적인 '도구 상자'로 남는다.

〈표 5-2〉는 학교생활 중기의 학생들을 위한 학습 도구를 요약한 것이다.

〈표 5-2〉 학교생활 중기의 학생들이 포트폴리오를 만들 때 사용할 수 있는 효과적인 학습 도구

현실감	생각이 이성적·논리적으로 구조화된 형태로 발달하여 문자 사용이 수월해지면서 학생들이 포트폴리오를 효과적으로 재구성할 수 있다.
경험의 극치와 현실의 한계	학생들의 상상력은 한계와 극한의 면에서 쉽게 현실성을 깨닫는다. 그들은 극단, 현실에서 특이하고 이상한 모습, 가장 끔찍하고 용감한 사건들에 집중한다. 이 양상은 학생들의 포트폴리오에 또 다른 차원을 더할 수 있다.
영웅과의 동일시	학생들이 새로운 현실 감각과 관련된 소외 위협을 극복할 수 있게 한다. 영웅적 자질을 가진 것 또는 사람과 동일시함으로써, 우리도 그 특질들을 받아서, 현실세계에 마주치고 헤쳐나가는 자신감을 얻을 수 있다. 이것은 우리에게 포트폴리오 주제에 대한 인간 차원을 탐색하는 도구를 제공한다.
경이로움	우리는 세상의 일상적인 모습에서 경이로운 것을 인지하여, 경외감을 표현할 수 있다. 이 도구는 우리가 가장 평범하고 당연히 여긴 어떤 것을 경이롭다고 인지하도록 하는 선물을 제공한다. 모든 과학과 연구의 출발점은 "나는 왜 그러한지 궁금해."이다.
인간 감정을 통한 지식의 이해	표면적 지식을 넘어 인간 감성 안에서 그것의 근원까지 볼 수 있도록 한다. 모든 지식은 인간의 어떤 감정의 결과물로서 발견되거나 발명된 인간의 지식이다. 이 도구는 과거 지식이 생성되거나 현재 그것이 사용되는 것과 관련된 감정을 통하여 지식을 보도록 만들며, 이를 통해 더 깊은 인간의 의미를 이해하게 된다.

서사적 이해	지식의 서사적 맥락은 어떤 주제에 대해서나 지식을 전달하는 동안 감정의 중요성을 확고히 해 준다. 이것은 학생들이 조사하는 이야기에 대한 느낌이 살아있도록 한다.
수집과 취미	어떤 것에 대해 철저히 아는 것은 복잡한 세계에서 안전함을 제공한다. 이 도구는 학생들이 그들의 주제에 대한 양상들을 세밀하게 조사할 수 있도록 한다.
환경의 변화	지식을 배울 때 환경을 변화시키고 종종 간단한 장치를 이용-학생들의 상상력은 그 재료를 새로운 차원에 적용함으로써 생활에 생생하게 가져올 수 있다.
초보적 문해 도구: 목록 등 '상상력이 풍부한 눈'	문자로의 이동은 귀 중심에서 눈 중심으로 정보 수집 도구가 전환된다는 것을 의미한다. 어떤 활동은 이 전환을 촉진시킬 수 있고 또 학생들이 문자가 얼마나 새로운 힘을 줄 수 있는지 보여 준다. 이러한 활동의 가장 기본적인 것 중의 하나는 목록, 순서도, 도표를 만들고 조작하는 것을 통하여 증명할 수 있다.

학교생활 후기(중학교 2학년 이후) 학생들을 위한 학습 도구

15세 정도가 되면 앞에서 언급했던 학습 도구들을 계속해서 정교하게 만들어 온 학생들은 이해력의 근본적인 변화를 경험하게 된다. 이는 몇 가지 새로운 학습 도구들에 의해 묘사될 수 있다. 이러한 도구 상자에 대한 가장 명백한 지표는 이론적 추상 개념이 일반적으로 나타나는 새로운 어휘를 사용하는 것이다. 예를 들어, 어렸을 적 학생들은 '자연'과 같은 단어의 의미를 알 것이다. 그들은 동물과 삼림 지대, 바다와 새 등과 관련하여 자연을 떠올릴 것이다. 이러한 새로운 유형의 이해력으로 전환되는 시점에 일어나기 시작하는 것은 '자연'과 같은 일반적인 생각의 발전이며, 이를 통해 특정한 특징과 관련된 것은 점점 줄어들고 복잡한 체계가 늘어나게 된다. 자연 세계의 특징 사이의 연관성이 개별적인 특징 자체보다 더 중요하게 된다. 마찬가지로 단순히 흥미로운 요소인지의 여부를 떠나 일반적인 과정의 요소로 바라봄으로써 엄청난 범위의 사실과 사고, 지식들이 새로운 감각과 중요성을 지니게 된다.

이것이 너무 추상적으로 느껴지지 않았으면 좋겠다. 이전의 학습 도구에 의해 형성된 사고 형태와 이러한 새로운 이론적 사고방식이 확연히 구별될 수 있었으면 하는 바람이다. 학생들이 역사와 사회, 이념, 형이상학적 도식 등에 대한 이론들을 형성하기 시작하면서 이러한 변화는 분명해진다. 학생들은 추상 개념과 함께 새로운 이론적 세상을 만들기 시작한다. 적어도 학교교육의 초기 교육을 성공적으로 수행한 학생에게서는 이러한 특징을 찾아볼 수 있을 것이며, 학교교육을 덜 성공적으로 이수한 학생들에게선 이러한 특징이 덜 분명하게 나타날지도 모른다. 그러나 이 시기까지 중요한 포트폴리오를 축적해 온 학생들은 오늘날의 다른 평균적 학생들에 비해 더 큰 이론적 이해력으로 전환하는 것을 보여 줄 것이다.

한 가지 예를 들어 내 말이 무슨 뜻인지 명확히 하겠다. 나는 두 아들이 각각 열세 살 그리고 열여섯 살이었을 때, 축구 시합에 가기 위해 아이들을 차로 데려다 주었다. 당시 연방 선거가 가까워오는 시점이라 우리가 지나치는 창문과 마당마다 밝은

빨강, 파랑, 노랑, 녹색의 포스터들이 서로 자기 후보와 당을 뽑아 달라며 매달려 있었다. 4년 전의 선거에서 나의 아이들은 '우리' 후보에 대한 홍보물은 얼마나 많이 붙어 있고, 어느 후보의 홍보물이 가장 많고 가장 크며, 어느 정당이 승리할 것이며, 우리 편인 선량한 사람들에 반대되는 악한들에게 표를 던질 수 있는 사람은 누구인지에 대해서 관심을 가졌다. 이후 차안에서 축구화를 신고 있던 큰 아들이 우리 마당에 홍보물을 걸려면 우리가 돈을 내야 하는지, 정말로 큰 홍보물을 내걸고 있는 사람들은 돈을 더 내야 하는지, 아니면 우리 마당에 홍보물을 걸기 위해 후보들이 우리에게 돈을 지불하는 것인지 질문하였다. 나는 홍보물을 제작하기 위해 후보와 정당들이 돈을 지불하며, 사람들은 그들의 지지를 보여 주기 위해 공짜로 마당에 홍보물을 설치한다고 말해 주었다. 그에 대해 한 녀석이 이치에 맞게 물었다. "그렇지만 마당 위의 홍보물 때문에 사람들이 특정 정당을 선택할까요? 사람들은 마당 위의 홍보물에 흔들리기보다는 그들의 원칙을 바탕으로 투표하지 않나요?" 우리는 이 문제에 대해 한참을 토론했고, 그들의 질문들은 마당 위 홍보물이 민주적 선거 과정의 한 부분이라는 식으로 전개되었다.

내 요점은 새로이 등장한 인식 도구들과 사고에서의 변화를 보여 주는 예를 말하는 것이다. 나는 앞서 언급한 학습 도구들을 지속적으로 개발해 온 십대 중반의 학생들에게 왜 이러한 변화가 전형적으로 나타나는지를 설명하고자 하는 것이 아니라, 그것의 특성들을 묘사하여 교사들이 학습에서 어떻게 이론적 상상력을 이용할 수 있는지를 보여 주고자 한다[왜 이러한 변화가 일어나는지에 대한 설명은 Egan(1997)에서 찾아볼 수 있다].

'추상적 실재의 인식'은 이론적이고 논리적으로 구성된 형태의 사고를 개발하기 위한 도구다. 이것은 역사적으로 자연적 과정에 대한 우리 이해력의 원천이었지만, 이 과정에 대한 인간의 지배력이 증가하면서 우리는 자연 세계로부터 소외되는 결과를 초래하였다. 그로 인해 우리는 자연을 자원 정도로만 여기게 되었다. 학생들의 포트폴리오 지도자는 이론적 세계의 추상적 언어를 학생들이 사용하도록 장려할 수 있다. 단어의 사전적 어원은 이론적 언어의 어원을 설명하고 이론적 학습 도구의 개발을 뒷받침하는 데 매우 가치가 높다.

학생들은 과일을 연구하는 학과가 있는 대학 웹사이트를 방문하거나 이후 이들 대학을 직접 방문함으로써 과실 재배법을 탐구할 수 있을 것이다. 과실 재배법을 다루는 학자들의 최근 관심사는 무엇인가? 재식병은 무엇이며 이것은 어떻게 치료될 수 있나? 이를 치료하는 데 모순되는 이론들은 무엇인가? 사과 애벌레의 공격을 해결할 수 있는 가장 최선의 방법은 무엇인가? 다른 접근법을 이끌어 내는 근원적인 이론들은 무엇인가? 현재 사과를 공부하는 학생들이 참여하기를 희망하는 비슷한 주제와 이슈, 이론적 논쟁은 헤아릴 수 없이 많다. 그들은 사과가 사랑과 미, 종교적 의미를 지닌 상징으로 사용되고 그것이 구애와 가정생활, 예술에도 등장하여 역할을 수행하는 것을 발견하면서 예술과 문학에서 보이는 사과에 대한 묘사에 매료될 것이다.

'역할 인식(sense of agency)'은 우리로 하여금 복잡한 인과관계의 사슬과 관계망을 거쳐 우리가 세상과 연결되어 있다는 것을 지각하도록 하는 인식 도구다. 따라서 우리가 현실 세계에서 어떤 역할을 해야 하는지 이해함으로써 더욱 현실적이 되며, 우리 자신을 역사와 사회적 과정의 산물로서 이해하게 된다. 우리를 둘러싸고 있는 세상을 구성하는 사회적 · 역사적 조건들로부터 우리 자신이 파생되었음을 깨닫는 것은 한참 지적 잠재력이 성장하고 있는 학생들에게조차 종종 혼란을 불러일으킬 수 있다. 포트폴리오 지도자들은 학생들의 역할 인식을 자극할 수 있는 활동에 참여할 수 있도록 그들을 독려하는 방법을 찾아야 한다. 목적은 학생들이 그들의 포트폴리오 '바깥쪽'을 볼 수 있도록 하며, 그들이 축적해 왔던 지식이 현실 세계에서 어떻게 지탱할 수 있는지를 볼 수 있도록 돕는 것이다.

학생은 사과(학생의 주제에 따라 사과가 아닌 다른 것이 될 수도 있다)와 관련된 다양한 범주의 사회적 혹은 정치적 활동에 참여하기 시작할 수 있다. 이 학생은 슈퍼마켓에서 찾아볼 수 있는 사과의 품종이 줄어든 것이 잠재적으로 위험한 일이며, 이는 어떤 질병이 가장 일반적인 품종을 황폐시켰기 때문으로 결론을 내릴 수 있다. 이 학생은 과수원 주인에게 글을 써서 현재 재배되고 있는 품종이 크게 줄어든 것에 대한 그들의 관점을 물어보고, 그들이 이를 문제점으로 생각하는지를 알아본 후,

과수원 주인이 생각하는 원인들을 신중히 고려할 수 있다. 만약 이 학생이 아직도 적은 수의 품종에만 의지하는 것이 정말 위험한 일이라고 생각한다면, 지역구 정치인에게 편지를 보내 자신의 우려를 표현할 수 있다.

또한 다수의 사과 품종을 보존하는 활동을 하는 단체에 참여할 수도 있다. 현재 사과 재배에 사용되고 있는 농약이 필요 이상으로 많이 사용되고 있어 환경적 위협과 함께 사과 저장에 피해를 끼침은 물론 보통 사과와 함께 공생하는 무해한 생명체들에도 악영향을 미칠 수 있다고 결론지을 수 있다. 과수원 주인에게 사례를 전해들은 뒤에도 잠재적인 위험이 있다고 판단된다면, 농약 사용을 줄이는 대신 사과 생산자들에게 이익을 가져다 줄 수 있는 화학 제품을 사용하도록 로비 활동을 펼치는 정치단체에 가입할 수도 있다. 하지만 학생의 논리가 지나쳐서 미래의 이익에 해가 될 수 있는 위험도 있다. 과수원에서의 화학 약품과 살충제의 사용에 대한 일반적인 정보를 조사하여 자신이 내린 결론을 다른 사람들에게 알릴 수 있다.

또한 자신의 활동이 정치적 대표자에게 로비를 할 만큼 적합한 공적인 것인지를 평가한다. 물론 공적 활동은 과수원 주인이나 경작자의 편에 서서 이루어질 수도 있다. 중요한 것은 지식으로부터 관련된 공적 활동으로의 이동이다. 또 중요한 것은 그 활동이 학생의 포트폴리오에 어떤 형태나 매체로 추가되고 기록된다는 것이다.

특히 영국의 원예사들은 정말 많은 수의 사과 품종을 보유하고 있다. 그러나 백 년 전 미국에서 찾아볼 수 있었던 대다수의 사과 품종이 지금은 사라지고 없으며, 맛보다는 저장 기간을 우선시하여 상업적으로 좀 더 이익이 되는 몇 개의 품종만 남아 있는 실정이다. 너무 일찍 수확해서 맛이 떨어지는 사과들은 나무에서가 아니라 마켓으로 가는 도중의 인위적인 환경 아래에서 익어간다. 학생은 자발적으로 편지를 작성하여, 농부에게 면담을 요청하고 그들이 경험하는 문제를 알아볼 수 있으며, 그들의 포트폴리오에 저장돼 있는 자료를 사용하여 과수원에 더 많은 품종을 추가할 수 있도록 농부에게 제안할 수 있을 것이다.

이 학생은 직접 사과나무를 기르는 방법을 모색하여 번식시키는 방법을 배울 수 있을 것이다. 집 주변에 공간이 부족한 사람들을 위해 도시 근처에 마련된 임대 채소밭도 알아볼 수 있다. 이 학생은 직접 혹은 온라인상으로 대학의 과수 원예학과와 접촉할 수도 있다. 그녀는 현재의 연구 프로젝트에 대한 정보를 요청하고, 식견 있는 자원 봉사자가 필요한지를 물어볼 수 있다. 그녀는 자신이 그토록 꿈꿔왔던 연구 기관에 소속되어 원조(original) 사과나무의 건강에 대한 연구를 위해 카자흐스탄으로 가서 학문적으로 중대한 영향을 미칠 수도 있는 일을 하거나 나뭇잎 위의 땅벌레 수를 셀 수도 있다. 물론 국내에서도 이와 같은 일을 수행할 수 있다.

'일반적 이론과 예외'들은 자연, 사회, 역사, 인간의 정신에 대한 추상적 사고를 생성하도록 하며, 그것에 대한 결점을 인식하여 더 복잡한 사고로 그것을 재건하도록 하는 도구다. 이것은 어떻게 작용하는가? 앞서 매우 짧게 설명한 바 있지만, 이 새로운 도구 상자의 독특한 특성에는 이론을 형성하는 것이 포함되며, 이들 중 일부는 매우 일반적이며 가끔은 극단적으로 단순하기도 하다. 그래서 어떤 학생들은 가끔 갑작스럽게 거대한 역사적 시간 틀 안에서 세상이 점점 좋아지고 있는지 혹은 나빠지고 있는지에 대해 생각하기도 한다.

예를 들어, 만약 한 학생이 빅토리아 시대적 인식을 갖고 삶의 모든 부분에서 진보적인 활동만을 본 후 긍정적인 역사적 이론을 형성하기 시작한다면, 이러한 관점에는 예외적인 몇 가지 사실이 존재하며 이것과 명확히 반대되는 사실들이 존재한다. 세계의 어떤 지역에서는 과도하게 풍족한 삶을 누림에도 불구하고, 제3세계의 가난이라는 사실은 긍정적인 일반적 이론에 대한 예외가 된다. 그렇다고 해서 이 학생의 이론을 그러한 사실들로 반증할 필요는 없다. 이 학생은 세계의 일반적 과정이 모두 규칙적이지 않다고 주장하면서 예외적인 사실을 포함시킴으로써 그의 이론을 좀 더 세련된 뉘앙스를 지니도록 만들 수 있다. 그러나 이러한 가난한 지역들의 분노와 무장한 적개심 그리고 모든 사회를 파괴시킬 수 있는 엄청난 위협과 전 세계에 확산되는 가난이라는 질병이 '선진국'에도 위협이 될 수 있다고 지적할 수 있다. 그렇게 되면 이 이론은 다시 한 번 이들 예외 사항들을 충족시키기 위해 더욱 세련될 필요가 있다. 그래서 일반적 체계의 과정은 예외에 의해 위협을 받고, 이 예외들은 일반적 체계가 그들을 수용할 수 있을 만큼 세련되도록 만들기 때문에 변증법적으로 이것은 학생들이 그들의 이론적 세계를 구축할 때 사용되는 도구 중 하나다.

이 단계에서 프로젝트 지도자는 (사과에 관련해) 인간과 자연 세계에서 그것의 위치에 대한 가장 일반적 이론을 발전시키기 시작하는 학생들에 대해 주의를 기울일 필요가 있다. 위에 제시한 사례가 가치 있는 이론의 개발로 연결된다면, 현대 사회에서 시장의 압력 아래 집중적인 과수원 재배로 인해 재배된 사과의 맛이 떨어지고 품종이 줄어들며 화학적 살충제와 비료의 대량 사용으로 위험이 초래될 수 있다는 주장도 가능할 것이다. 아마도 이 학생은 유기농 사과 생산 방식에 관한 이론을 형성할 수도 있을 것이다.

유기농 사과 생산을 주장하려면 유기농 재배 방식으로는 시장 수요를 충족시킬 만큼 사과를 생산하면서도 사과 해충을 적절히 억제할 방법이 없다는 '예외'를 이론 속에 포함시켜 설명해야 할 것이다. 이러한 예외들에 대해 더 많이 배울수록 학생들은 점점 더 사과의 유기적 생산에 대한 세련된 이론을 발전시킬 것이다. 지도자에게는 매우 중요한 임무이기도 한 예외성을 제기하는 것의 목적(이들 예외를 밝혀내기 위해 학생들의 축적된 지식에 의존하기도 한다)은 학생들의 이론을 뒤엎으려는 것이 아니라 그들의 이론을 좀 더 세련되게 만들기 위함이다. 이상적인 관점으로 시작한다면, 서서히 축적된 예외들을 통해 현재의 산업화된 사과 생산으로 인해 모든 사람이 저렴한 가격에 맛있는 과일을 맛볼 수 있게 되었다고 결론지을 수 있다.

'권위와 진리의 탐구'는 추상적인 이론적 사고와 함께 특정한 형태와 중요성을 갖는 도구다. 의미는 일반적인 아이디어가 기반이 될때 생겨날 수 있는 것이기 때문에 어떤 아이디어를 '일반적인 것'으로 인정할 것인지 결정하는 것은 매우 중요하다. 현실에 대한 객관적이고 분명하며 누구나 인정할 만큼 일반적이라는 특권이 인정되는 아이디어들이 필요한 것이다. 사전이나 백과사전, 교과서(안전하게 확보된 지식의 저장소라고 여겨지는)들이 이러한 인식 도구의 역사적 산물로 활용될 수 있다.

비록 이론적 사상가가 가끔 무의식적으로 권위와 진실이 담긴 추상적 근원을 찾는다 하더라도, 진실과 의미에 대한 인식은 제일 먼저 일반적이고 추상적인 충동 안에 자리 잡고 있다. 만약 추상적 사상가가 노래하는 것을 좋아한다면, 단순히 어떤 가수를 선호하는 것은 더 이상 충분하지 않을 것이다. 그는 좋은 가수에 대한 기준을 작성한 후, 이 기준에 맞추어 가수들을 비교할 것이다. 이론적 사고가 점점 세련될수록 이것도 매우 까다로운 작업이 된다. 마리아 칼라스(Maria Callas)나 브리트니 스피어스(Britney Spears)가 어떤 기준에선 최고인 것 같지만, 또 다른 기준에선 세실리아 바르톨리나(Cecilia Bartoli)나 애니 디 프랑코(Ani DiFranco)가 더 나은 가수로 보일 수 있다. 한 사람이라 할지라도 콘트랄토와 소프라노 혹은 다른 장르의 음악에 대해 각기 다른 기준과 범주를 가져야만 할까? 만약 어떤 학생이 쇼핑과 같은 일상적인 어떤 것에 대해 이론적으로 사고하기 시작한다면, 그는 일부에서 쇼핑이 종교를 대신하게 되었는지 혹은 대다수 소비자의 삶과는 전혀 관계가 없는 어떤 특정한 물건을 소비함으로써 파생되는 경제적 이득이 정신적인 메마름과 환경 파괴에 의해 상쇄될 수 있는지에 대한 의문을 품을 것이다. 그것들은 우리가 그러한 것들을 얼마나 책임감 있게 비교하느냐를 반영할 것이다. 구술 문화에서 사람들이 자기가 필요로 하고 원하는 것을 모으는 방식과 비교했을 때, 우리의 쇼핑 패턴에는 어떤 이점이 있는가? 이러한 질문에 대해 '참된' 대답을 찾을 수 있는 방법은 무엇인가?

사과에 대한 포트폴리오를 구성하는 학생은 품종 감소에 대한 진실 혹은 새로운 사과 품종에 중요한 요소들에 대한 기준의 타당성 혹은 뉴턴이 정말로 사과가 떨어지는 것을 보고 중력이라는 것을 생각해 냈는지 혹은 발견 가능하고 어떤 특정한 결론을 갖고 있을 듯한 애매한 문제들에 대해 이 도구를 사용하여 연구를 진행할 수 있다. 이 학생의 포트폴리오 지도자는 학생이 주제에 대해 좀 더 이론적인 접근법을 택하기를 망설이는 경우에 대비하여 이러한 질문들에 주의를 기울여야 한다.

'거대 담론적 이해'는 우리로 하여금 특정한 사실이나 사건들을 일반적인 관념 내에서 배열하고 그것들과 정서적인 연합을 형성하도록 만드는 도구다. 우리는 단순히 사실들을 이론에 따라 정리만 하는 것이 아니다. 좀 더 일반적인 거대 담론 속에서 이론을 형성하려고 하는 우리의 경향이 그것에 대한 우리의 정서적 개입 역시 형성한다. 예를 들어, 2001년 9월 11일 세계 무역센터의 쌍둥이 빌딩이 파괴되던 현장을 이해하려고 할 때,

미국의 주류 관점과 중동의 이슬람 관점 각각에서 보았을 때 나타나는 각기 다른 의미와 정서적 연상을 생각해 보라. 서구 사회에서 이 사건은 테러리스트들의 악마적 행위로밖에는 이해되지 않는 거대 담론에 포함되어, 이에 응하여 '테러와의 전쟁'이 정당화된다. 투쟁적인 이슬람의 거대 담론에선 그들의 가치와 삶에 대한 지속적인 억압을 참는 대신 자신의 삶을 포기한 영웅적인 신의 군인들에 의해 억압적인 서양의 '악마들'이 쓰러진 것이다. 이 예에서 보이듯이 거대 담론은 논리적으로 짜인 장치일 뿐만 아니라 주제에 대한 감성을 우선적으로 보여 준다. 중심 사건이나 사실에 대해 논쟁하는 사람은 아무도 없다. 그것은 한 개인이 사용하는 거대 담론에 의해 형성된 의미다.

학생을 지도하는 교사는 주제를 이해하는 데 주로 사용하는 주요 거대 담론에 기민할 필요가 있다. 사과도 거대 담론의 주제가 될 수 있다. 학생은 현재의 풍부한 사과 품종들과 중국과 미국, 러시아의 광대한 과수원들이 일반적인 식물의 유기적 개발에 대한 남용을 의미하는 것은 아닌지 질문할 수 있을 것이다. 이 학생은 대안적으로 수 세기에 걸쳐 인간의 건강에 큰 공헌을 해 온 사과의 접근성이 증가하는 것에 대해 그동안 포트폴리오에 수집한 지식을 거대 담론에 의거하여 형성할 수 있다.

::::

15세 정도가 되면 많은 학생들은 지금까지 축적해 온 지식을 체계화하고 이해할 수 있는 더욱 복잡한 방식이 필요함을 느끼게 된다. 지식에 대하여 학생들이 개발했던 새로운 도구 상자에는 앞서 살펴보았던 추상적 실재의 인식, 역할 의식, 일반적 이론과 예외, 권위와 진리의 탐구, 그리고 거대 담론이 포함된다. 이러한 도구들은 십대 중반과 후반 학생들이 형성하기 시작하는 추상적이고 이론적인 세계와 연관된 관점이다. 현재 이러한 이론적 형태의 사고는 소수의 학생들에게서만 보이는데, 이는 많은 학생의 경우 너무 적은 양의 지식만을 배우기 때문에 이러한 과정을 행동으로 옮길 수 없다는 데에 문제가 있는 듯하다. 이 프로젝트가 널리 실행되어서 이것이 좀 더 일반화되었으면 하는 바람이다. 이 섹션이 기존의 섹션들에 비해 더 복잡하고 추상적임을 안다. 내가 묘사한 사고의 유형과 이러한 사고 형태와 관계된 학습 도구들은 현재의 교육 형태에선 덜 일반적인 것들이다[이에 대한 더 자세한 설명은 Egan(1997)을 참고하라].

〈표 5-3〉은 학교생활 후기 학생들을 위한 학습 도구들을 요약한 것이다.

〈표 5-3〉 학교생활 후기의 학생들이 포트폴리오를 만드는 데 사용할 수 있는 효과적인 학습 도구

추상적 실재의 인식	이론적 세계와 구성 도구의 개발은 포트폴리오를 재구성하는 데 용이하고, 흥미와 소재에 대한 새로운 차원을 보게 한다.
역할 인식	학생들이 포트폴리오 소재를 사회적 활동과 적용의 방향으로 확장하도록 한다.

일반적 이론과 예외	뒷받침되는 생각과 조직 체계의 정교화를 통하여 포트폴리오의 지속적 성장과 발달의 원천을 제공한다.
권위와 진리의 탐구	포트폴리오를 과거에 상대적으로 등한시되었던 차원으로 확장하고 다시 검사하여 더 신뢰할 수 있도록 한다.
거대 담론 (Meta-narratives)	주제에 대한 가장 일반적인 이해를 표현하는 강력하고 감정적인 테마가 있는 포트폴리오 내용을 추구한다.

결 론

이 장에서 초점을 맞춘 것은 연령대에 따라 학생들의 상상력을 주제로 끌어들이기 위해 교사들이 사용할 수 있는 몇 가지 원리들이다. 내가 선택한 전략들은 조금 일반적이지 않다고 할 수 있지만, 효과가 적은 것은 아니다. 물론 학생들의 포트폴리오를 구성하는 것을 돕기 위해 교사들이 사용할 수 있는 다른 전략도 많다. 교사들을 지지하고, 포트폴리오를 감독하는 것과 관련한 교사들의 경험과 아이디어를 제공하는 사이트들을 포함하여, 수많은 책과 웹사이트가 이러한 유형의 학습을 장려하는 데 필요한 새로운 교수 과제들을 제공한다. 새로운 유형의 교수 역할과 관련하여 수많은 문제점과 고충, 성공담, 기법과 사례들에 대해 논의할 수 있는 토론회를 통해서도 교수 전략을 발전시킬 수 있을 것이다.

06

포트폴리오 만들기

　이제 자기주도적 심층학습(Learning in Depth: LiD) 프로그램과 LiD 프로그램의 잠재적인 교육적 가치에 대해 충분한 인식하게 되었으리라 생각한다. 그러나 여전히 이 프로그램이 얼마나 잘 실행될 수 있을지에 대해서는 의구심이 들 것이다. 성적을 매기지 않고 오로지 학생들의 학업적 흥미에만 기초한 교육과정이 실제로 잘 운영될 수 있을까 하는 의문을 가질 수도 있다. 특히 평균이나 그 이하의 수행을 하는 학생들이 실제로 사과나 딱정벌레처럼 무작위로 배정된 주제에 대해 학습 동기를 가지게 될까를 우려하는 것은 당연하다.

　내가 LiD 프로그램에 대해 믿음을 가지는 여러 가지 이유 중하나는 이 프로젝트에서처럼 강제하지 않는 경우에도 학습동기를 가지고 스스로 학습에 참여하는 경우가 실제로 있기 때문이다. 그러나 모든 것이 다 해결될 수 있다고 느낄 때조차도 이 프로젝트가 실제로 실행될 수 있을지에 대해서는 모호함을 느낄 것이다. 다시 말해, 이런 시도가 이전에는 없었기 때문에 실제로 이루어질 수 있을 것인가에 대해 의문을 가지는 것은 당연하다.

　그렇다면 포트폴리오는 어떤 것인가? 학생들은 포트폴리오를 어디에 두어야 하는가? 교사의 역할은 정확히 무엇이며, 교사가 바뀔 때마다 학생들에게는 어떤 일이 생기는가? 학생들의 포트폴리오에는 어떤 차이가 나타날 수 있는가? 학생들은 어떻게 발표해야 하며, 목표는 무엇인가?

이 장에서는 현장에서 실제 이 프로젝트가 실행되었을 때의 상황을 설명하고자 한다. 이것은 단지 이 프로젝트가 어떻게 진행될지에 대한 현재 나의 생각일 뿐이며, 나는 다른 사람들이 LiD 프로그램을 더 나은 방향으로 이해할 수 있을 것으로 믿고 있다. 많은 학교에서 실제로 이 프로젝트를 실행하게 된다면, 지금 내가 가지고 있는 생각보다 더 개선되고, 더 다양한 그리고 더 독창적인 방법들을 경험할 수 있게 될 것이다(이 책에서 소개하는 웹사이트에는 기본적인 아이디어를 수행하는 데 가장 좋은 실행안이 담겨 있다).

프로젝트 시작 행사

학생들은 설명을 들으면서 프로젝트 시작 행사를 준비하게 되고, 이 행사가 진행되는 동안에 자신이 전문가가 되고자 하는 주제를 만나게 된다. "이번 주의 마지막 날은 매우 중요한 날이 될 것입니다. 자신만의 '특별한 주제'를 배정받는 날이니까요. 그 주제를 자신에게 독특한 무언가가 되도록 해야 하며, 여러분이 학년을 올라가는 동안 함께 성장하고 변화하고 그리고 발전시켜가야 합니다." 여기에서는 주제가 너무 작지 않고, 자신의 삶에 중요한 영향을 미칠 수 있는 것이어야 한다는 것을 강조해야 한다. 프로젝트 시작 행사에는 학생들뿐만 아니라 자원봉사자나 교사들 그리고 되도록 아래에서 제안하는 사람들 모두가 참여하는 것이 좋다.

학생들은 간단한 폴더와 같이 수집할 재료를 담을 수 있는 일종의 정리 도구를 받게 되며, 이것이 포트폴리오를 시작하기 위한 공간이 된다. 우리는 또한 학생들이 자신에게 주어진 주제를 나타낼 수 있도록 전시할 수 있는 무언가를 준비해야 한다. 만약 폴더를 사용한다면 폴더 위에 학생 이름, 그리고 색깔 입힌 사과나 딱정벌레, 먼지 구름, 또 다른 무엇이든 간에 주제명이 적힌 스티커나 타일과 같은 것이 붙어 있어야 한다. 스티커는 폴더 앞에 붙이게 되고, 타일은 학교 내의 눈에 띄는 곳 벽의 한 부분이 될 것이며, 모든 학생의 타일을 한 곳에 모으게 된다. 학생들은 자신의 이름을 다른 그룹들에게 발표하고 적절한 도움을 받게 된다.

현재 진행 중인 사례 중 하나는 다음과 같이 진행되었다.

고민 끝에 우리는 주제를 2인치의 메달(academic medallions)에 새겨 프로젝트 시작 행사를 하는 동안 학생들에게 나눠 주기로 하였다. 그리고 한 개의 3구 바인더를 정리 도구로 나눠 주려고 준비하고 있다. 학생들의 이름이나 주제를 적는 칸과 학생들의 주제에 대해 알 수 있도록 '너 그거 알고 있니?'라는 문구를 세 번 넣었다.

— 오레곤 주에 소재한 콜베트 챠트 스쿨의 교장 던튼

몇 년간 프로그램이 진행된 후에는 같은 주제에 대해 연구한 선배들이 일학년 학생들에게 자신의 폴더를 소개할 수도 있다. 예를 들어, 지방 고등학교에서 온 제이크(Jake)는 사라(Sara)에게 프로젝트 시작 행사 후에 자신이 지금까지 개발해 온 사과 포트폴리오의 한 부분을 보여 주고 토론하였다. 근처 중학교에서 온 엘라(Ella)는 철도를 주제로 하고 있는 클로이(Cloe)에게 자신의 포트폴리오를 보여 주었다. 같은 학교 3학년에 있는 노라(Nora)는 낙타라는 주제에 대해 오웬(Owen)에게 소개해 주었다. 신입생들과 수년간 그 주제를 연구해 온 선배들과의 조합은 교사와 부모 그리고 다른 도우미들과 함께 프로젝트 시작 행사의 질을 높이게 되고 그 후의 결과도 좋게 만든다. 발도르프 학교들에서는 선배들이 신입생을 꽃으로 맞이해 주곤 한다.

물론 각 학교나 교육청에서도 독특한 자신만의 의식을 진행할 것이다. 최근에 일본 학교의 교장에게 자신의 학교에 LiD 프로그램을 실행할 계획이 있다는 말을 들었다. 프로젝트 시작 행사에서는 포춘 쿠키 안의 종잇조각에 주제를 써서 학생들에게 나눠 줄 계획이라고 하였다.

주제가 무엇이든 학생들은 흥분되어 있을 것이다. 주제는 우주가 시작되는 빅뱅의 축소 버전과 같이 학생들이 채워가야 할 내용을 찾아가도록 초대되는 의미 있는 공간을 창출한다. 그것이 물리적으로 정확한 것은 아니지만, 프로젝트 시작 행사에서 인지적인 기대를 만들고 채워나가기 시작하는 '공간'의 이미지로 설명되길 희망한다. 나는 학생들이 일상적이지 않은 특별한 무엇인가를 준비하고자 하는 마음을 갖게 하는 것을 강조하고 있다. 프로젝트 시작 행사는 학생들에게 기억될 이벤트이며, 학생 한 사람 한 사람에게 어떤 중요한 탐험이 시작되는 순간이다. 프로젝트 시작 행사 후에는 우유와 쿠키를 먹으면서 어른들이나 다른 학생들과 함께 자유롭게 자신의 주제에 대해 이야기를 나누고 의견을 듣는 시간을 갖게 된다.

포트폴리오의 형식

포트폴리오 초기 저장 매체로 폴더를 주는 것에 대해 생각해 보라. 프로젝트 시작 행사 후에 학생들은 자신의 폴더를 집으로 가져 갈 것이다. 나눠준 또 하나의 폴더는 다른 학생들의 것과 함께 학교에 둔다. 도서관과 같이 특정한 장소가 없다면 교실에 두는 것이 가장 편리할 것이다. 나는 칸막이가 있거나 책처럼 정리될 수 있도록 디자인된 폴더를 상상하고 있다.

학생들은 '가정용(home)' 폴더를 가지고 여행을 갈 수도 있다. 그리고 정기적으로 학교에 있는 폴더에 그 내용을 옮겨 담을 수 있다. 첫해에는 이러한 폴더들로 충분할 것이다. 폴더는 학생들이 모은 기본적인 정보나 직접 그린 그림과 글로 점점 채워질 것이다. 초기 내용은 사라의 사과 그림이나 다양한 사과에 대한 맛 평가 목록 같은 정도일 것이다. 부모님의 도움으로 사라는 다양한 사과와 사과나무의 사진을 넣을 수도 있다. 초기에 강조해야 할 것은 가능한 한 학생이 직접 만져 볼 수 있고, 볼 수 있고, 다른 사람들에게서 들을 수 있는, 학생들이 경험할 수 있는 것으로부터 지식이 축적되어야 한다는 것이다. 다시 한 번 강조하지만, 꼭 이 사례처럼 행해져야 하는 것은 아니다. 다른 방법을 통해서도 지식을 축적할 수 있다. 그저 초기에는 더 방대한 정보를 모으기 위해 서두르지 않기를 강조한다.

분명 먼지나 철도, 또는 딱정벌레에 관한 폴더에는 꽤 다양한 내용을 모을 수 있을 것이다. 2학년 즈음에는 이미 많은 폴더는 나탄(Nathan)의 먼지와 같이 먼지 벌레나 먼지에서 발견한 다른 작은 생물의 그림이나 사진 등으로 가득 차게 될 것이다. 처음 폴더가 가득 차면 각 학생들에게 더 많은 공간과 섹션으로 나누어져 있는 새 폴더를 나누어 준다. 더 많아진 섹션들은 이미 수집한 정보를 새로 분류하게 하고, 이는 관련 인지적 기술들이 개발되는 데에도 도움을 준다.

2학년 또는 3학년 말경이 되면 어떤 학생들은 또 다른 형태의 포트폴리오가 제공되기를 원하게 된다. 많은 학생들이 미래의 언젠가를 위해 충분히 확장시킬 수 있는 폴더를 찾게 될 것이다. 학생들이 만든 모델이나 딱정벌레 또는 어떤 수집품들이 포트폴리오에 계속 더해져 일부는 물리적 포트폴리오의 한계를 넘어서게 된다. 그러한 경우에는 학급 포트폴리오에 큰 모델이나 샘플의 그림 등을 담아 두거나 집이나 학교의 지정된 곳에 가능한 공간이 있다면 공예품들을 저장해 놓을 수도 있다.

우리는 학생들이 자신이 첫 학기에 시작한 포트폴리오를 갖고 있기를 원한다. 오래된 자료들을 버리고 주제를 재조직하는 경우가 있으나, 어떤 경우에는 누적된 결과들로 인해 주제가 더 발전되어 갈 수도 있을 것이다. 적어도 일 년에 한 번씩은 포트폴리오 주제에 대해 다시 한 번 숙고해 보는 시간을 갖는 것이 중요하다.

6학년 즈음에 학생들은 자신의 포트폴리오를 온라인 디지털 방식으로 만들기 위한 서버 공간을 제공받는다. 이는 학생들이 물리적 포트폴리오에 담은 많은 자료들로 인해 생기는 문제들을 해결하는 데 도움을 준다. 예를 들어, 지금까지 모인 많은 자료를 스캔하거나 다른 디지털화된 형식으로 전환할 수 있으며, 포트폴리오의 온라인 부분에 추가할 수도 있다. 온라인 포트폴리오의 개발은 천천히 시작되는 것이 좋으며, 같은 주제에 대해 작업을 해 온 선배 멘토에게 도움을 받는 것이 바람직하다. 갑자기 20~30명의 학생들이 지금까지 자신이 사과나 새에 대해 학습해 온 것을 수준 높은 기술을 요구하는 스캐너나 컴퓨터로 옮기는 것을 원하는 것이 아니다. 초기에 교사들이 한두 개의 유용한 온라인 사이트를 학생들에게 소개해 줄 수 있으며, 학생들의 포트폴리오에 새로운 내용을 다운로드하도록 권하고, 이것을 포트폴리오에 넣기 전에 무엇을 할 것인지 생각하게 한다. 예를 들어, 사과의 다양한 종류와 그것이 세계에 퍼지게 된 것에 대한 역사를 기록해 온 문서에 미국에 사과가 처음 소개된 시기에 대한 정보를 통합할 수 있을 것이다.

하지만 물리적 포트폴리오는 온라인에 쉽게 탑재되지 못하는 샘플과 삽화로 인해 여전히 필요하다. 어떤 주제는 실제로 컴퓨터나 디지털화된 온라인 스토리지가 전혀 필요치 않다.

학생들이 적절하게만 사용한다면 인터넷에서 더 많은 정보를 찾아 모아서 재구성할 수 있으며, 교사의 도움을 받아 자신의 축적된 지식을 분류하고 재조직할 수 있다. 예를 들어, 딱정벌레를 공부하는 샘(Sam)은 더 이국적이고 컬러풀한 딱정벌레의 비디오 등을 추가하였다. 샘의 포트폴리오에서 교사나 슈퍼바이저가 해야 할 일은 샘이 단순히 정보를 늘리기만 한 것이 아니라 자신의 지식이나 이해를 쌓아나간 것이라는 점을 확인하는 것이며, 이는 샘이 포트폴리오 내에서 의미 있는 방식으로 새로운 정보를 통합해 가는 것을 보여 줌으로써 확인할 수 있다. 매해 하는 간단한 작업 중 하나는 한 해 동안 발견한 것 중에 자신이 가장 좋아하는 10가지의 리스트를 작성해 보게 하는 것이다. 그리고 포트폴리오의 내용을 끊임없이 성찰하고, 재분석하고, 통합하고, 재분류하였음을 보여 주기 위하여 매해 샘과 사라, 그리고 또 다른 학생들에게 모두 그전 해에 리스트로 만든 10개의 아이템을 다시 보고 재논의하도록 하였다.

몇 년 동안은 여전히 체험적 탐구(experiential exploration)가 중요하게 여겨지고 격려받는다. 그러나 점차 많은 포트폴리오에서 인터넷으로 인해 주요한 성장이 일어나는 것이 발견될 것이다. 예를 들어, 백과사전에서 찾을 수 있는 일반적인 기본 정보가 꽤 빠르고 확실하게 포트폴리오 속에 자리 잡을 것이며, 깊이 있는 유기적 범주가 만들어질 것이다. 이제 샘은 가장 큰 딱정벌레, 대부분의 딱정벌레를 발견한 곳, 가장 작은 것, 가장 컬러풀한 딱정벌레, 쇠똥구리가 하루에 얼마나 많은 똥을 하루에 옮길 수 있는지, 딱정벌레의 언어, 딱정벌레의 비행과 비행 기록, 딱정벌레의 울음소리 등의 자료를 탐구하게 될 것이다. 샘의 관심은 갈수록 이러한 탐험 속으로 빠져들어 가게 되고, 교사는 독특한 탐구를 하도록 격려하는 것이 적절하다고 느끼게 된다. 아마 샘은 폭격 딱정벌레(bombardier beetle)가 엉덩이에서 폭발적인 연기를 뿜어내도록 어떻게 관리하는지 혹은 쇠똥구리가 소 거름 같은 커다란 공(ball)을 밀어 내는 데 왜 많은 시간을 소비하는지 혹은 풀러(Fuller)의 장미 바구니라 불리는 모든 암컷 소형 딱정벌레가 어떻게 살아가는지 혹은 딱정벌레의 껍데기로 만들어진 굉장히 아름다운 희미한 빛의 벨기에 왕궁 천장의 녹색 홀과 같은 장식물의 사진을 수집할 수도 있을 것이며, 딱정벌레 농장 건설은 어디에서 시작하는지 혹은 딱정벌레 껍질 수집을 시작할 수도 있을 것이다.

7~8학년 학생들은 자신의 주제와 관련 있는 다양한 온라인 포럼에 들어가도록 권장된다. 학생들은 위키사이트나 페이스북 스타일의 네트워크나 자신의 주제와 여러 면에서 관련된 웹사이트나 인터넷을 통해 다른 지식 공동체와도 관계를 맺을 수 있다. LiD 프로그램이 진행되는 동안 학생들이 버섯처럼 성장해 가는 것처럼 보일 것이다. 학생들의 온라인 포트폴리오는 집 컴퓨터나 개인 노트북에서 사용 가능하다. 자신만의 독창적인 탐구도 다른 사람들의 것과 연결될 수 있으며, 광범위하게

공유될 수 있다. 먼지의 역사, 물속의 먼지, 행성 간 먼지, 먼지에 대한 노래, 화산에서의 먼지 퍼짐 등은 학생들이 계속해서 탐구할 수 있는 접근 가능한 데이터베이스의 한 부분이 될 수 있다.

학생들이 자신의 지식과 프레젠테이션을 공유하기 위해 웹사이트를 운영할 때에는 몇 가지 요구사항이 있다. 다음은 플레밍(Di Fleming)이 제안한 아이디어다.

- LiD 프로젝트에서 연구를 지원하는 온라인 튜터를 둘 수 있다. 온라인 튜터는 나이·사고의 단계·성별에 맞도록 탐구거리에 대한 직접적인 지식을 제공해 준다.
- 학생들이 연구를 저장할 수 있고 자신의 이야기나 만화, 사진, 시, 모델, 비디오 블로그, 위키, 이미지, 그림 등을 전시할 수 있는 온라인 LiD-KiD 같은 것을 둘 수 있다.
- 학생들은 친구들, 조부모, 교사나 LiD팀과 자신의 온라인 포트폴리오를 공유할 수 있다.
- 학생들은 자신의 아이디어와 패스워드를 가질 수 있다.
- 자신의 LiD Life에서 박사 논문을 쓰고 있는 스무 살의 LiD KiD를 상상해 보라.
- 개발된 LiD KiD는 교육 컨퍼런스나 미디어 그리고 저작물에 실제 사례를 제공할 수 있다.
- 자신의 주제와 관련된 Second Life의 개발은 경이로울 수 있다. 이를 통해 학생들은 자신의 상상력을 싹 틔울 수 있다.

사이트의 초기 형태에 대해서는 많은 논의가 있어 왔다. 나는 그런 사이트에 매혹된 학생들이 우리가 쉽게 상상할 수 없는 방법으로 그것을 더욱 정교하게 만들 수 있을지에 대해 의문을 가졌다. 그러나 사라의 예와 같이 또 다른 가능한 시나리오도 쉽게 상상할 수 있다.

사라는 친구의 파티에서 존(John)을 만났다. 그들은 자신의 주제에 대해 이야기를 하였고, 그해 말에 함께 프레젠테이션을 하기로 결정했다. 존의 주제는 새였고, 그들은 사과와 새가 상호작용할 수 있는 많은 방식을 보여 주는 프레젠테이션 작업을 하기 시작했다. 그들이 프레젠테이션을 통해 소개하고자 한 것은 노래하는 사과와 말하는 새에 관한 이탈리아 민간설화였다.

존의 사촌형의 주제가 사과여서 존은 사라가 다음번 방문할 때 그의 형을 만날 수 있도록 초대하였다. 사라는 자신의 포트폴리오 개요를 따라 자신이 가장 자랑스러워하는 사과종의 개발 역사에 대해 소개했다. 존의 사촌형은 자신의 노트북을 가지고 사라에게 사과의 종별로 어디에서 자라는지, 양이 어떤지를 나타내는 직접 그린 세계 지도를 보여 주었다. 그들은 자신이 가지고 있는 정보를 병합할 수 있을지와 이와 유사한 방식으로 고대 그리스에서 오늘날까지 매 세기별 지도들을 만들 수 있을지 어떨지를 논의했다.

다시 말해, LiD의 이상적인 세계는 오늘날 많은 학생의 파티 활동과는 조금 거리가 멀다. 그러나 광범위한 LiD의 시행으로 최근 좀처럼 보기 힘든 젊은 사람들 사이의 상호작용을 만들어 낼 가능성은 분명 있다. 고등학교 과정을 거치면서 온라인 포트폴리오와 물리적 포트폴리오는 계속 성장해 가고 구조적으로도 변화될 것이다.

다른 학생들의 주제와 같이 나탄에게 먼지라는 주제는 그에게 살아가는 세상에 대한 개념을 형성하는 새로운 관점을 제공하게 된다. 그의 탐구 주제는 크기 면에서는 원자보다 작은 아원자 입자와 우리가 살고 있는 행성의 중간쯤이며, 먼지는 나탄과 그 외의 모든 사람들, 피부, 부패한 동물의 배설물, 옷, 꽃가루 그리고 우리에게서 나오는 유기적 물질로 살아가는 극미한 삶의 형태에 이르기까지 모든 곳에서 만들어진다. 나탄은 점점 포트폴리오 개발이 삶의 과정이며, 그의 주제와 사회적 그리고 역사적 상황이 상호 조화를 이루고 있다는 사실을 인식하게 될 것이다. 그가 바라보는 세상은 다른 사람들이 보는 세상과는 다를 것이며, 각 학생들이 바라보는 세상 또한 자신의 주제로 인해 넓어진 이해의 폭만큼이나 다를 것이다. 포괄적으로 잘 조직화되어 있는 대부분의 포트폴리오는 그 세계를 이해할 수 있도록 지원할 것이다. 각 학생들은 집에서나 학교에서나 자신의 주제에 대한 물리적 포트폴리오를 둘 수 있는 공간을 가지게 된다. 많은 학생의 포트폴리오들은 학교 서버에 저장되며, 개인 컴퓨터로도 백업받을 것이다. 대부분의 경우, 학교교육을 마치는 날이 포트폴리오에 정보를 추가하는 마지막 날이 되지는 않을 것이라 생각한다.

포트폴리오 지도하기

누가 지도해야 하는가? 학교 내 한 선생님이 LiD 프로그램 학생들과 가능한 오랫동안 함께할 수 있도록 해야 하는가, 담임 선생님의 업무로 매해 바뀌어야 하는가? 특별한 LiD 관리 교사를 고용해야 하는가? 교사가 해야 하는가 혹은 그 일을 덜 전문적인 누군가가 해야 하는가? 관리자는 앞서 말한 사서나 부모, 상급생, 대학생 혹은 학생들을 도와주는 사람들과는 어떻게 상호작용해야 하는가? 가장 효율적으로 그 일을 수행하기 위해 교사에게 필요한 지식이나 기술은 무엇인가?

출발점에서부터 시작해 보자. 학생 그룹과 포트폴리오 개발을 관리하게 될 교사나 참여하는 또 다른 사람들은 먼저 이 프로그램의 목적을 분명히 이해해야 한다. 프로그램 그 자체는 복잡한 것이 아니지만 프로그램의 목적에 익숙해지고 프로그램의 진행 과정에서 학생들을 참여시키고, 이들을 지원하는 데 필요한 가이드라인을 익히기 위해서는 적어도 이틀 정도의 워크숍에 참여하는 것이 좋다.

워크숍 외에도 관리 선생님들은 LiD 웹사이트를 통해 가능한 많은 정보가 있는 두 가지 문서를 받게 된다. 첫 번째 것은 그들이 관리해야 하는 주제에 대한 기본적인 정보이며, 이 정보는 학생의 나이에 적합한 것이어야 한다. 학생들이 주제를 탐구하면서 열의를 가지고 참여할 수 있도록 하는 활동에 대한 정보를 포함한다. 이러한 정보를 제공하는 데에는 많은 시간이 소요되나 교사와 LiD 연구자들의 도움으로 빨리 축적될 수 있을 것이라 생각한다(LiD 웹사이트에는 사과와 돈에 대한 두 가지 이용 가능한 정보가 있다).

이용할 수 있는 두 번째 문서에는 주제를 탐구하는 학생들의 특정 연령별 상상력 관리에 대한 제안이 담겨 있다. 즉, 여기에서 중점을 둘 것은 학생들의 마음이며, 무엇이 그들을 기꺼이 적극적으로 주제를 탐구하도록 이끌 것인가 하는 것이다.

첫 번째 문서는 학교나 교육구에서 프로그램을 조직하는 사람이라면 누구라도 기본적인 방식으로 제공할 수 있다. 한 가지 예를 들면, LiD 웹사이트에서는 각 주제별로 적절하다고 추천하는 정보를 제공하고 있으며, 4장 마지막에 제시한 표를 이용할 수도 있다. 많은 교사가 그런 준비된 자료를 원하지 않거나 그들 자신만의 것을 찾는 등 자신의 지식과 교수 기술에 더 의존하기를 선호한다는 것은 인정하지만, 이런 정보는 관리 교사를 위한 기초 자료가 될 수 있다. 물론 교사들은 추가 자료를 찾게 될 것이고, 주제 중 일부를 관리하게 될 것이다. 시간이 지남에 따라 그들이 관리하는 주제 중 대다수에 대한 지식이 늘어나게 되고, 그것은 LiD 웹사이트상에서 이용할 수 있는 모든 정보에 덧붙여지게 된다. 교사들은 특별히 잘 진행되는 웹사이트에 대해서도 아이디어를 낼 수 있으며, 최고의 실행 사례를 개발할 수 있게 된다.

두번째 문서는 관리자들에게 줄 유인물 형태로 조직화될 수 있다. 교사 자신의 경험과 제안으로 이 정보를 더 풍요롭게 할 수 있으며, 웹사이트에서 관리 교사의 경험이 다른 사람들에게도 유용하게 제공될 수 있다. 즉, 탐구의 진입로를 제공할 배경 정보에 대한 지원과 주제에 대한 학생들의 상상력을 이끌어 낼 수 있는 전략에 대한 지원, 두 가지 모두가 LiD 웹사이트의 위키 페이지를 통해 빠르게 정교화될 수 있을 것이다.

처음에 나는 담임교사가 언제나 학생들의 포트폴리오 관리자가 될 것이라고 생각했었지만, 많은 교사는 학생들이 같은 학교에 있는 동안만큼은 여러 해 동안 같은 관리 교사와 있는 것이 더 도움이 된다고 주장해 왔다. 나는 담임선생님이 관리를 할 경우 이를 조직화하기가 더 쉬울 거라고 생각하지만, 분명 다른 대안에도 개방적이다. 이 프로그램에서 비교적 어려움 없이 관리자가 바뀔 수 있다고 여기는 이유는, 아주 짧은 시간이 지난 후에도 학생들이 어떤 교사보다도 그들의 주제에 대해 더 많이 알게 될 것이라는 점 때문이다. 관리자의 역할은 직접적인 지도라기보다는 제안, 유도 질문, 탐구할 가치가 있는 길에 대한 추천 등의 지원이다. 단언컨대 매년 교사를 바꾸는 것이 정규 커리큘럼에 전혀 문제가 되지 않는다고 생각한다.

포트폴리오를 관리하기 위해 정규 교사가 아닌 다른 사람을 고용하는 것이 효과가 있을 수도 있지만, 나는 교사들이 훈련과

실전 경험 동안에 얻은 기술이 이 프로그램을 성공시키는 데 중요한 역할을 할 것이라고 생각한다. 부모 지원자, 상급생, 그리고 사서 모두 관리 교사의 시간 부담을 줄이는 데 도움이 될 수 있다.

그러나 점차 교사의 기술과 경험을 토대로 학생들의 포트폴리오 지도가 이루어지는 것이 좋다. 학생들이 그들의 주제에 대해 작업하는 처음 3년 동안은 이러한 관심이 특히 중요할 것으로 보이나, 그 후 대부분의 학생은 해가 갈수록 점차 독립적이 되며, 가끔 오직 관리자의 피드백이나 제안에 대한 확인만이 필요하게 될 것이다. 이것이 모든 학생에게 적용되지 않는다는 것에 대해서는 의심할 여지가 없다. 어떤 학생은 대부분의 학생보다 더 많은 재촉과 안내가 지속적으로 필요할 수도 있다. 그러나 이런 경우에도 LiD 웹사이트의 위키 페이지는 학생들이 그들의 주제에 계속 몰두할 수 있도록 도와주는 방법을 제안하는 정보의 저장고로 유용하게 활용할 수 있을 것이다.

프레젠테이션의 목적

프레젠테이션은 학생들이 그들 작품의 결과를 공유하고 동료 학생과 부모, 교사 그리고 선배와 후배 학생들을 포함한 다른 사람들에게 피드백을 받을 수 있는 기회다. 프레젠테이션은 잠시 쉬는 순간인 동시에 공적으로 축하받을 수 있는, 자신의 포트폴리오를 발전시키는 시간이 될 것이다. 즉, 같은 주제를 공부해 온 다른 학생들에게 연락을 취하고, 다른 사람들과 각 주제의 특징들을 어떻게 결합시킬 수 있을지를 토의하는 동안에 포트폴리오는 각자에게 매우 독특하게 성장하고 변화해 갈 것이다.

　프레젠테이션은 일 년에 한 번으로 계획되며, 다양한 형태로 진행될 수 있다. 개인적으로 학생들은 이전 해에 가장 흥미로웠던 작업 중 일부를 간단하게 발표하기를 원할 수도 있고 혹은 다른 주제를 가지고 있는 한두 명 또는 여러 명의 친구들과 함께 발표하기를 선택할지도 모른다. 확실한 것은 짧은 시간 내에 프로젝터를 사용하는 일상적이고 관습적인 프레젠테이션이 퍼포먼스나 멀티미디어, 예술적 행위 그리고 음악이 함께 진행되는 보다 모험적인 구성으로 변화된다는 것이다. 프레젠테이션의 목적 중 하나는 대중 앞에서 발표하는 것에 대한 자신감과 기술을 증진시키는 것이다. 프로그램의 기본적인 목적은 무엇인가를 알아가는 것을 통해서 학생들에게 자신감을 주는 것이다. 그 자신감이 학생들이 다른 기술들을 배우고 발달시키는 데에도 광범위하게 영향을 미치게 될 것이다.

　프레젠테이션을 축하해 주는 것 또한 중요하다. 성취도 표시는 학생들이 자신의 전문 지식이 늘어나고 있다는 것을 확인하는 데 도움을 준다. 프레젠테이션은 일 년 중 언제나 가능하며, 학교 활동에 하나의 새로운 장면이 될 수 있다. 원하는 모두가 이용할 수 있도록 세션 개방 정도를 교사들과 학교의 기준에 맞게 결정해야 하고, 각 학생들이 원하는 점도 알 필요가 있다. 아마도 처음 3, 4년 동안은 프레젠테이션에 참여하는 대상을 학급 학생이나 학생들에게 초대된 사람들로만 제한하는 것이 좋을 것이다. 그러나 학생이 성숙해짐에 따라 많은 청중 앞에서 프레젠테이션을 할 수 있도록 격려해야 한다. 프레젠테이션을 디지털 비디오로 녹화한 자료는 이후 학생 포트폴리오의 한 부분이 될 수도 있다.

프레젠테이션의 실행 계획도 무시해서는 안 된다. 학생들이 일 년에 한 번 프레젠테이션을 한다는 것은 이 활동을 위해 기본적으로 어떤 시간과 공간이 필요하다는 것을 의미한다. 두세 개의 발표가 같은 시간에 이루어져야 한다면 몇 개의 방이 준비되어야 한다. 이런 문제를 다룰 수 있는 방법은 많을 것이다. 예를 들어, 학교가 컨퍼런스 형식의 프레젠테이션을 조직하고, 학기 중 하루 특정한 날에 많은 수의 패널 프레젠테이션을 청중이 선택해서 들을 수 있도록 조직할 수도 있다. 나는 각 학교의 사례를 통해 이러한 문제를 관리하는 방법이 더 다양화될 수 있을 것이라 생각한다.

학생 간의 차이

포트폴리오에서 학생들의 능력과 성취도의 차이가 발견된다면 우리는 어떻게 해야 하는가? 어떤 학생들은 그들을 도와주고 함께 학습하지만 프로젝트에 부적절한 간섭은 하지 않는 지원적이고 감각적인 부모를 두고 있을 것이다. 그러나 다른 학생들은 그런 운이 없을 수도 있다. 학생들의 LiD 작업에 거의 관심이 없거나 또는 부모의 선호에 따라 끊임없이 포트폴리오를 구성해 가기를 원하면서도 그것이 아이들의 일을 빼앗는 것인지를 인지하지 못하며 방해하는 부모도 있을 것이다. 어떤 학생들은 컴퓨터에 쉽게 접근할 수 있고, 이른 나이에 자신의 노트북을 가질 수도 있다. 어떤 아이들은 컴퓨터에 접근하기 아주 어렵거나 그런 지원이 없을 수도 있다. 이런 불평등한 상황에서 우리가 해야 하는 것은 무엇인가?

LiD 프로그램에 적합한 주제 선정의 기준 중 한 가지는 학생에게 가능한 풍부한 탐구 경험을 제공하는 것이어야 한다는 것이다. 그러나 우리가 각 학생이 프로그램 종결 시에 모두 유사한 수준의 깊이 있는 결과물을 낼 수 있도록 노력해야 하는가? 이것은 엘리트 프로그램 혹은 평등주의가 번창하기 위한 것인가?

내가 바라는 것은 포트폴리오에 대한 어떤 인공적이거나 부적절한 '바람직함'에 대한 비교 없이 광범위하게 다양성이 허용되는 프로그램이 되어야 한다는 것이다. 일반적으로 포트폴리오는 평가에서 자유로워야 하고 학생들의 흥미에 따라 학생들에 의해서 만들어져야 한다. 왜 어떤 포트폴리오는 방대하고, 복잡하고, 그것을 구성하는 학생을 놀랍도록 심화시키는 반면에 다른 아이들의 것은 단순하고, 재미도 없으며, 전혀 복잡하지도 않은 서로 다른 결과를 내게 되는가? 문제는 비교에 있다. 누가 비교를 할 수 있는가? 학생들 스스로 비교할 것이라는 것에는 의심의 여지가 없으나, 질적으로 다소 떨어지는 포트폴리오라 할지라도 오늘날 학교에서 하는 전형적인 프로젝트들과 비교해 볼 때에는 전적으로 더 잘 수행된 것으로 생각할 수 있다. 각 학생들은 점차 다른 학생들과의 네트워크 속에서 자신의 생각과 결과 그리고 제안을 나누게 된다. 언제나 그렇듯 그것은 다른 사람들에 비해 더 많을 수도, 더 적을 수도 있다.

에너지나 참여가 부족하여 실행하지 않는 학생이라 하더라도 그들이 이전에 도전해 왔던 것 이상의 복잡하고 폭넓은 어떤 것을 경험할 수 있다. 동일한 주제로 작업하는 학생 간의 상호작용, 그리고 특히 위키 사이트를 이용해서 포트폴리오의 내용을 변환하는 일은 대부분의 포트폴리오를 매우 복잡하게 만들어 주의 깊게 보지 않으면 안 되도록 만든다.

어떤 포트폴리오가 명백히 다른 사람들 것보다 훨씬 더 좋은가? 물론 그렇다. 그렇다면 우리는 무엇을 해야 했는가? 아무것도 없다. 우리는 단순히 학생들이 설계하고자 하는 포토폴리오를 진행할 수 있도록 도움과 용기를 주기만 하면 된다.

이제까지 우리는 어떤 방식으로든 형식적인 학습이 이루어지도록 하는 교육 시스템을 만들어 왔다. 거의 모든 형식적 학습에서는 평가를 하도록 하고 있으며, 이는 평가가 학생들이 학습하도록 동기화되는 데 필요하다고 가정하고 있었기 때문이다. 즉, 존 듀이(John Dewey)가 학교에 들여오길 원했던 거리와 필드에서의 '자연스러운' 학습이 점진적으로 일어날 것이라고 기대하기 보다는 어떤 종류의 용이한 시스템을 만들어 왔다. 우리의 시스템은 학생들은 배워야 하는 어떤 것을 선택할 수 없다는 믿음에 근거하고 있다. 또한 학생들을 평가해서 얼마나 잘하느냐에 따라 학교나 삶에서 어떤 혜택을 주는 것 자체가 학생들을 배우도록 동기화시키는 데 필요하다고 믿었기 때문이다.

LiD 프로그램은 일반적으로 현재의 학교에서 필수적으로 고려하는 것과는 달리 비강압적이고 비진단적일 때 더 생산적으로 학습이 이루어진다는 믿음에 기초로 하고 있다. 이로 인해 다양한 사회적 목적으로 정해진 필수 학습에 과도하게 집착하게 하거나 학생들의 미래 사회적 역할과 직업을 결정하는 데 도움을 준다는 명목으로 끊임없이 학생들을 평가할 필요에서 벗어날 수 있었다.

쉽고 폭넓은 학습을 하는 것이 어려운 이유 중 하나는 학교를 민주주의 사회의 삶과 국가 경제를 위해 적합한 기술을 가르치는 결정적인 사회적 기관으로 생각해 왔기 때문이다. 이러한 책무를 내려놓고 본다면, LiD 프로그램은 현재 교육 시스템 내에서는 드물지만 학교 밖 삶에서는 흔한 형태의 학습을 경험할 수 있는 기회라고 할 수 있다(과거 예의범절에 대해 놀라울 정도의 전문 지식을 가진 고모나 이모를 떠올려 보라). 학생들의 포트폴리오가 특정 직업을 가지기 위한 목적에 기여하지 못하는 것은 어쩌면 당연한 결과다. 포트폴리오는 자신의 이력서에 적기 위한 항목이 아니며 대학 진학을 결정하기 위해서 사용되는 요소 또한 아니다. 이것은 비실제적이라기보다는 이상적이다. 오랜 시간 동안 많은 지식과 이해를 축적하고 난 뒤에 보다 실용적인 목적으로 이것을 사용할 수는 없을까? 그러나 포트폴리오를 실용적으로 이용하려고 한다면, 학생들에게 최선이 될 수 있는 것을 감소시킬 수 있다는 점을 경계해야 한다.

어떤 포트폴리오가 다른 학생들의 것에 비해 더 나은 것이 되도록 우리가 해야 할 일을 찾는 것은 이 책의 주제에서 벗어나 있는 것이다. 물론 간단한 문제는 아니다. 학생들의 특성이 서로 다르다는 점에서는 우리가 할 수 있는 것이 아무것도 없다. 그러나 지식에 접근하는 과정에서 나타나는 학생 간의 차이에 대해서는 무엇을 해 주어야 할까? 어떤 학생들은 학교에서만 컴퓨터를 사용하고 있으며 컴퓨터 사용이 제한되어 있고 집에서도 '쓸모없는' 지식을 축적하는 데 거의 관심이 없다. 하지만 이러한 점은 인터넷이 경제적 문제가 아니라 공적 권리가 되는 미래에는 덜 문제시 될 수 있다. 그러나 포트폴리오의 많은 작업은 자료를 다운로드 받는 문제와 같이 간단한 것이 아니라는 점을 기억하는 것이 중요하다. 최소한 딱정벌레 종이나 먼지의 샘플에 대해 공부하는 것만큼이나 사과의 다양한 종을 찾고, 맛보고, 철도를 측정하고, 철도의 연결선을 세어 봐야 하며, 세상을 경험하는 도구로써 주제를 탐험해야 한다. 내가 초기에 강조한 것과 같이 LiD 포트폴리오는 첫 5~6년 동안은 아주 제한된 방식으로만 인터넷을 사용하도록 해야 한다.

6개월이나 또는 1년 그렇지 않으면 2년이나 10년 후에 학생들은 자신의 주제에 지루함을 느끼고 있을 수 있으며, 자신의 포트폴리오를 계속해 가는 것을 원치 않을 수도 있다. 이때 우리는 이러한 학생들을 위해 무엇을 해야 할까? 아무것도 없다. 결단코 아무것도 할 것이 없다. 중단시켜야 한다. 특별히 초기 몇 년 동안에는 부담 없이 중도 포기할 수 있는 시기를 지나게 하는 것이 자신의 포트폴리오에 대한 열정과 참여를 키워 나갈 수 있는 환경이 될 것이다. 중도 포기는 학생들이 한 달이나 일 년 혹은 그 후에 언제라도 다시 시작할 수 있다는 것을 의미하는 것이다. 어떤 경우에는 과거에 그만 두었던 것이 새로운 주제가 될 수 있다. 물론 어떤 학생들은 중도 포기 이후 그 주제에 대해 더 이상 신경 쓰지 않을 수도 있다. 단순히 한 학생이 다른 모든 학생처럼 잘하기를 바라는 학교의 관점에서는 잃을 것이 아무것도 없다. 그러나 이러한 일은 많은 사람이 예측하는 것보다 더 드물게 나타날 것이며, 오직 경험이 말해 줄 것이라 생각한다.

나는 이미 의욕을 잃은 학생들이 쉽게 중도 포기하는 것이 열악한 환경의 학교에서 유행처럼 번지지 않을까 걱정한다. 이는 좋은 환경을 제공하는 학교에서는 거의 모든 학생이 LiD를 하고, 그렇지 않은 학교의 학생들은 하지 않게 되는 상황을 야기할 수도 있다. 이러한 가능성은 열악한 환경의 학교 학생들을 위한 자원과 지지가 더 많아져야 한다는 결론을 내리게 하고,

우리가 미리 준비해야 할 것에 대한 주의를 환기시킨다. 어떻게 우리가 알지 못하는 것을 확신할 수 있겠는가. 행정가들은 LiD 프로그램에서 부진한 수행을 보이는 학교 학생들의 참여를 높이기 위해서는 많은 계획과 노력이 필요하다는 것을 인식해야 한다. 반면에 적극적인 LiD 프로그램은 전반적으로 학교 수행을 신장시키는 촉매제가 될 수 있을 것이다.

:::

LiD 프로그램이 잘 진행될 수 있을 것인가에 대해서는 의심할 여지가 없으며, 내가 상상할 수 없는 형태로 진행될 수도 있을 것이다. 지금까지 예비 프로그램으로 진행된 소수의 프로그램에 대해 구체적인 점까지 기술하려 한 점에서는 다소 한계가 있다. 이 장을 통해 성급하게 답하려 했던 많은 질문에도 실제 프로그램의 실행 경험이 훨씬 확실하게 답해 줄 수 있을 것이라는 데는 의심의 여지가 없다. 예비 프로그램의 결과는 LiD 웹사이트(www.ierg.net/LiD)에서 제공되고 있으며, 이는 프로그램을 시작하고자 하는 사람들에게 도움이 될 것이다.

우리가 탐구하지 않은 LiD 프로그램의 또 다른 명백한 특징들은 내가 설명할 수 없는 것으로, 다양한 학교의 가치와 미션이 LiD 프로그램을 수행하는 방법에 영향을 줄 것이다. LiD 프로그램은 각 학교의 특성을 반영하고 조화를 이루어 다양하게 실행되고 구조화될 수 있다. LiD 프로그램의 목적 중 하나는 학생들이 학교교육에서 경험하게 되는 것에 변화를 주고자 하는 것이며, 프로그램 그 자체로 학교의 일상적인 활동을 지시하거나 많은 변화를 주고자 하는 것은 아니다. 전문단체인 각 학교는 분명 이 프로그램이 자신의 학교 문화와 조직에 어떻게 잘 맞추어질 수 있을지를 결정하는 최선의 위치에 있다. LiD를 적용하기를 원하는 모든 학교를 위해 어떤 정밀하고 체계적인 수행 과정을 제안해야 한다고는 생각지 않는다. 프로그램은 각각의 교육적 환경에 맞추어야 하며, 교사와 행정가들이 자신의 삶으로 받아들여야 한다. 여기에서 내가 하려고 하는 것은 개별 학교들에 의해 채택되고 조정될 수 있는 기본적인 일련의 원칙들에 대한 개요를 소개하는 것이다.

우리의 할 일

이 아이디어가 시도할 만한 가치가 있다고 생각된다면, 다음으로 우리가 해야 할 일은 '우리'를 누구로 정의하느냐의 문제다. 만약 '우리'를 나 자신으로 정의한다면, 내가 LiD 프로젝트 홈페이지에서 예비 프로젝트들에 대한 이야기도 나누고 관련 연구도 제시하면서 적극적으로 아이디어를 촉진하는 활동에 참여하긴 했지만, 나는 이 책을 집필한 사람으로 볼 수 있다. 그러나 '우리'를 이 아이디어를 매력적이라고 생각하는 교사나 부모로 본다면 그때는 구체적인 접근이 필요하다. '우리'를 학교 행정가로 본다면 그때는 다른 접근이 가능하다. '우리'가 사범대학이나 교육대학의 교수라면 또 다른 접근이 적절하다. 그리고 '우리'가 교육계의 황제나 여제라면 당장 내일 뭔가를 실행에 옮길 수 있는 접근이 좋을 것이다.

'우리'가 부모, 교사, 교육 행정가, 교육부 관리 또는 사범대학이나 교육대학의 강사나 교수라면 그때는 어떻게 할 것인가? 한 번에 하나의 집단만을 선택해서 이러한 계획을 구체화시킬 때 그 사람이 어떤 역할을 할 수 있는지 살펴보자. 이 장을 쓰면서 나는 약간 바보 같다는 느낌이 든다. 내 제안들이 약간 비현실적인 것으로 비춰질까 해서다. '다른 사람들은 이 프로젝트에 대해 거의 관심이 없는데, 나는 왜 많은 사람들이 지지할 것이라고 생각하는가.'라는 생각이 들어서다. 변명은 아니지만 내가 처음 쓴 원고를 읽고 이 아이디어와 관련된 활동을 하는 많은 사람들이 실제 적용할 때 도움이 되는 조언들을 책으로 펴내라고 격려를 해 왔다. 더군다나 이 사람들 중 다수가 이 프로젝트를 실행으로 옮기는 데 나보다 더 나은 아이디어를 가지고 있을 것이다. 내가 여기서 할 수 있는 변명은 당신이 다음에 언급된 각 영역에 있는 사람들과의 토론 후에 이러한 제안들을 들어볼 수 있을 것이며, 이런 내용이 도움이 될 것이라는 점이다.

부 모

공식 전문가 집단이 뭔가를 이야기하거나 권위자가 이야기하거나 x 또는 y 변인 간의 연구 결과가 어떻다는 등의 주장들에 압도되면 부모들은 자신이 학교와 관련하여 얼마나 큰 힘을 가지고 있는지를 인식하지 못한다. 그들은 시민으로서 세금이나 더욱 직접적인 지불을 통해 궁극적으로 전체 교육 시스템을 지원하고 있으며, 이 전체 시스템이 돌아갈 수 있도록 학생들을 공급하고 있다. 만약 특정 부모들이 LiD 아이디어를 좋아한다면 교사나 학교위원들을 LiD에 관심을 갖게 함으로써 이를 시작해 볼 수 있다. 단순하게는 그들에게 아이디어를 설명하는 방법도 있고, LiD 프로젝트 홈페이지 주소를 알려줄 수 있다. 또한 〈부록〉에 있는 프로젝트 소개글을 복사하거나 LiD 프로젝트 홈페이지에서 다운받아 줄 수 있다.

이 프로젝트는 부모에게 잠재적으로 수많은 혜택을 줄 수 있다. 단순하게 학교에 대한 자녀의 관심 한 가지만 보더라도 그렇다. 나는 많은 아이들이 학교에 대한 관심이 크게 늘어날 것이라고 예상한다(3학년 학생들을 상대로 실시했던 첫해에 한 부모가 교사에게 자신의 아들이 자기가 무엇을 배웠는지를 이렇게 활기차게 애기한 적이 처음이라고 말했다).

또 다른 이점은 자신의 일상에서 완전히 사라진 어떤 것에 관한 실제적이고 구체적인 관심이 증가할 것이라는 것이다. 그이점은 무얼까? 자, 그것은 하나의 생물학적 종(種)인 인간이 수백만 년 전부터 시작해 왔던 굉장한 모험인데, 그것은 구체적이고 전문적인 지식의 축적에 대한 만족감이다. 그것은 인간의 마음을 자기 자신과 일상의 세계에서 뺏어가 버린다.

내가 제시한 이러한 이점들은 나의 지나친 낙관주의와 비현실성 때문일 수도 있다. 현실적인 사람들은 아이들의 지적 관심에 대한 나의 큰 기대가 아이팟이나 TV 대중문화에 물든 현실을 무시하고 있다고 말할 것이다. 그러한 모습은 현재 교육 시스템의 약점이지만 나의 이 제안이 바로 그러한 문제를 고치거나 고쳐 나가는 데 기여할 수 있을 것이다. 나 또한 인정하는 것은 학생들의 마음을 일상의 세계로부터 뺏어가 버리는 것이 아이들이 어떻게 배우는가에 대한 핵심 가정에 위배된다는 점이다. 그러나 왜 우리가 이 가정을 의심해야 하는가에 대한 이유를 다른 책들에서(예, Egan, 1997, 2002) 제시했었다.

만약 우리가 이 프로젝트를 심각하게 고려한다면, 학교에서 뭔가 의미 있는 결과를 기대할 수 있다. 내 생각으로 위 두 가지 사항은 이 기획안을 실행으로 옮길 때 기대할 수 있는 이점 중에 탁월한 것들이다. 부모는 자신이 이러한 새로운 유형의 포트폴리오를 자녀들이 만들도록 도와줄 때 일어날 수 있는 변화를 상상해 볼 수 있다. 세 번째 사항은 부모에게 해당하는 일인데, 자녀와 함께 뭔가 새로운 것을 탐색하면서 자녀의 호기심을 자극할 수 있다는 점을 상상해 볼 수 있다. 만약 부모가 교사나 교육 행정가들에게 어떻게 자녀의 포트폴리오 만드는 일을 즐겁게 도울 수 있는지 설명한다면, 이것은 교육계에 있는 사람들을 이 프로젝트가 실행되었을 때의 가능성과 잠재적인 매력에 대해 더욱 우호적으로 생각하게 만들 것이다.

만약 한 부모 이상의 사람들이 이 계획에 관심을 갖는다면, 그들은 같은 학교의 다른 학부모들의 관심도 이끌어 낼 수 있다. 아마도 누군가의 집에서 부모가 이 프로젝트에 관해 아이디어를 나누고 학교에서의 이점을 생각해 보며, 이러한 프로젝트가 자녀의 학교 경험에 가져다 줄 수 있는 장점들을 목록으로 작성해 볼 수 있을 것이다. 그리고 나서 부모는 학교 관계자들에게 그 프로젝트를 학교 장면에서 적용해 볼 수 있는 가능성을 논의하기 위해 시간과 공간을 제공해 달라고 요청하고 교사들도 참석해 달라고 요청할 수 있다. 이러한 일은 에너지가 넘치고 헌신적이며 그런 활동을 할 만한 시간적 여유도 충분히 있는 부유한 가정의 부모나 가능한 일이라고 상상할 것이다. 그러나 이 프로젝트에 관해 듣고 나서 내 자녀에게 그게 어떤 도움을 줄 수 있는지 궁금해하는 부모도 교사들에게 이 프로젝트의 가능성과 이점에 대해 더욱 알고 싶다고 말할 것이다.

만약 부모가 이 프로젝트를 시도해 볼 만한 가치가 있다고 생각한다면, 그들은 프레젠테이션이 효과적으로 이루어지도록 핵심 내용과 파워포인트 자료들을 이용할 수 있다(LiD를 실시하는 데 주저했던 한 학교에서 LiD팀에 요청해서 부모들을 대상으로 강연을 했다. 그들은 우리가 지금까지 봐 왔던 청중 중에 가장 큰 감동을 받았으며 열정적이었다. 행정가들과 교사들은 즉각 실행에 옮기는 문제에 집중했고, 부모들은 자녀에게 미치는 교육적 가치에 집중했다. 토론 후에 한 부모는 상급 관리자들에게 단지 이야기만 꺼낼게 아니라 왜 지금까지 LiD를 시도해 보지 않았는지 물을 정도였다. 그 관리자들이 조심스러울 수밖에 없는 이유는 학교 업무가 하나 더 추가되는 일이므로 그에 따른 세부적인 문제들을 고민하지 않을 수 없기 때문이었다).

교 사

이 프로젝트의 가능성에 매력을 느끼는 교사가 있다면 어떤 일을 할 수 있을까? 물론 어떤 교사들은 자신의 교실에서 독자적으로 해 볼 수도 있고 이미 누군가는 시도해 보았을 수도 있다. 당연히 이 프로젝트에 대해 학교 차원이나 지역 교육청에서 지원이 있다면 더욱 효과적일 것이다. 지역 교육청 산하의 모든 학교와 교사가 이 프로젝트에 참여해야 한다는 것을 의미하는 것은 아니지만, 지역 교육청 차원의 지원이 있다면 이 프로젝트를 실행에 옮기는 것을 더욱 쉽게 만들어 줄 것이다. 물론 프로그램은 개별 학교에서 운영될 수 있으며, 교사가 참여할 수 있는 첫 활동 무대가 될 수 있다. 사립학교에서는 공립학교처럼 자신의 정치적 힘이 미칠 수 있는 영역이라면 언제든지 감독하려 드는 교육 공무원들을 상대할 필요가 없기 때문에 훨씬 쉽게 이 프로젝트를 단위학교에서 실행해 볼 수 있다. 하나의 단위학교라면 한 선생님이 동료 교사들에게 그 프로젝트에 관하여 하루짜리 전문성 개발(Pro-D) 프레젠테이션을 제공할 수 있다. 프레젠테이션을 하는 데 도움을 줄 자료들이 LiD 홈페이지에서 제공되며, ierg-ed@sfu.ca에 연락하면 LiD 보조 자료집을 받아볼 수 있다.

지금까지 내가 받은 조언에 근거하면, 이 책을 쓴 뒤로 수많은 교사가 개별적으로나 한두 명의 동료들과 협력하여 이 아이디어를 자신의 교실에서 실행에 옮겨 본 게 확실하다. 나는 처음에는 이 아이디어를 실행에 옮기는 데 허락을 받기 위해 여러 의사결정권자들과 협상을 해야 하는 어려움이 있을 것이라고 추측했다. 많은 교사들의 주도성과 열정을 과소평가한 것이다.

만약 둘 혹은 더 많은 교사가 이 아이디어를 매력적이라고 생각한다면, 한 번의 전문성 개발 프레젠테이션보다는 정기적으로 동료 교사들에게 정보를 전달할 수 있는 방식을 논의해 볼 수 있다. 교장에게 그 프로젝트에 관한 얘기를 할 수 있는 기회를 요청해서 외부 전문가나 아니면 그들이 직접 그 프로젝트에 대해 이야기해 볼 수 있다. 전문가란 멀리서 서류가방을 들고 오는 사람이라고 말할 수 있다. 그런 사람이 가능하다! 종종 외부인이 현장 교사들과 이 프로젝트를 실행에 옮기는 데 관심 있는 사람들 간의 더 넓은 연대를 맺어 주는 데 효과적이다.

이 책에 쓰인 거의 대부분의 내용은 상대적으로 이 프로젝트를 광범위하게 실행에 옮기는 데 초점이 맞추어져 있지만, 한두 학교가 자체적으로 실행해 보는 것이 가능하다는 것을 명심할 필요가 있다. 이제 시작하는 K-7학교와 그 학교 학생들이 졸업 후에도 계속 수행할 수 있도록 진학한 다른 학교 간에도 협력이 필요하다.

교사들도 학교위원회에 상당한 영향력을 미칠 수 있다. 교사들은 개별 학교나 보다 넓은 학교 시스템 내의 학부모 집단과 공동으로 학교위원회 소속 특정 위원들에게 교사의 권리로 LiD 프로젝트의 실행을 지지하는 영향력을 공식적으로 표현할 수 있다. 물론 대학에서 강좌를 듣는 교사들 역시 그러한 기회를 활용해서 그것에 대해 더 많은 것을 배우고 아이디어를 수업에서 다루어 볼 수 있다. 그것에 대해 글을 써 봄으로써 자신의 생각을 혼자서 명확히 해 볼 수 있고, 그것을 어떻게 교실에서 실행에 옮겨 볼 수 있는지 생각해 볼 수 있으며, 동시에 대학 강사를 포함해서 다른 사람들에게 관련된 정보와 아이디어를 확산시킬 수 있다. 동시에 교사를 위한 잡지나 학술지에 이를 주제로 글을 써 볼 수 있다.

교사들은 대학의 강좌나 워크숍을 찾아 참여해 LiD 프로그램을 효과적으로 운영하는 과정에서 학생들을 위해 필요한 준비를 할 수 있다. 일반적으로는 학생들이 특정한 주제를 탐색해 보도록 해 주는 것이 간단한 것 같지만, 그것을 가장 잘할 수 있도록 하기 위해서는 전문 기술을 손쉽게 사용할 수 있도록 해 주어야 한다. 교사들이 프로그램의 목적을 더 깊이 이해하게 될수록, 그 프로그램에 대한 더욱 강력한 지지자가 될 것이며 더욱 효과적으로 포트폴리오를 구성할 수 있는 관리자가 될 것이다. 앞 장에서 제공된 정보가 실습 기회를 자세하게 제공하기 때문에 도움이 될 것이다. 학교 장면에서 일어나는 대부분의 일처럼 만약 교사들이 이 아이디어에 대해 익숙하지 않고 효과적으로 작업을 하는 데 필요한 적절한 기술을 사용할 수 있는 준비가 되어 있지 않다면 결과는 실망스러울 것이다.

이 모든 활동에 관해 교사에게 도움이 되는 정보와 자료는 LiD 홈페이지에서 찾아볼 수 있다.

학교 교장 및 교감

비록 내가 학교 시스템의 변화나 교육 전체를 바꾸는 변화에 초점을 두긴 했지만, 이 프로젝트는 하나의 단위 교실 혹은 K-7 학교 한 곳에서 실시해 보는 것이 가능하다. 나는 앞서 학생들이 그 프로젝트를 다음 해에도 계속하거나 고등학교에서도 계속할 수 있도록 준비하는 것이 필요할 수 있다고 언급했다. 이 프로젝트를 다소 특별한 활동으로 생각하고 일 년짜리 프로그램(주로 '위기 아동'이나 '우수아' 또는 '어려운 상황에 있는 지원이 필요한' 아동을 대상으로)으로 시작한 교사가 있다면 학기말에 서둘러 마무리해서 다음 해에는 다른 교사가 그 학생들과 지금까지 작업했던 포트폴리오를 가지고 계속 할 수 있도록 준비해야 할 것이다. 교감의 충분한 지지가 이러한 모든 일을 부드럽게 진행할 수 있도록 해 줄 것이다.

관심이 있는 교장과 교감은 하나의 단위 학교에서 현장 교사들과 이 프로젝트를 실제로 실행해 볼 수 있다. 다시 이야기하지만 LiD 홈페이지에서 실행과 관련된 자료와 조언을 얻을 수 있다. 홈페이지에는 학교 관계자들을 위한 포럼도 제공하기 때문에 그들 스스로 자신의 문제와 해결책에 대해 토론해 볼 수 있다. 라이브 비디오 자료도 홈페이지에서 제공한다.

물론 헌신적인 교장은 홈페이지에 참고자료를 만들어 올리고 그 프로젝트에 관한 관련 문헌들을 공유하거나 〈부록 2〉와 홈페이지에 있는 개괄적인 내용을 복사해서 나누어 줌으로써 아이디어를 활발하게 촉진할 수 있다. 특히 그들이 자신의 학교에서 LiD 프로젝트를 실시하고 있다면, 회의나 컨퍼런스에서 동료들과 이야기를 나누어 볼 수 있다. 모든 집단은 '외부'의 지지자들보다는 그들의 동료로부터 더 많은 영향을 받는다. 그렇다 할지라도 동료들에게 그 프로젝트에 대해 알리고 싶은 교장들은 역시 멀리서 서류가방을 들고 오는 전문가를 요청해서 그의 통찰력과 열정을 얻을 수 있다.

학교 관리자들은 대개 굉장히 바쁜 사람이기 때문에 그들이 이 아이디어에 대해서 지지적이라면 가장 좋은 방법은 학교 직원 중 누군가를 지명해서 그 사람으로 하여금 LiD 일을 맡아 선두에서 진행하도록 하는 것이다.

지역 교육청 관리자

이 프로젝트가 학교 행사나 혹은 개별 교실에서 소규모 방식으로 진행되는 특별 활동 그 이상이 되어야 한다면, 이것은 지역 교육청 내에 정책을 기획하는 사람들의 관심을 끌어내야 한다. 이 정책 결정자들은 그 체계 내에 다른 사람들로부터 다양한 이야기를 듣지만 종국에는 그들이 어떤 정책을 의미 있는 결과로 이끄는 데 필요한 조치를 취해야 하는 당사자다.

그들은 그 프로젝트가 성공적이지 못하다거나 많은 비용이 든다거나 학교의 다른 활동을 방해한다거나 관념적으로 반대한다거나 혹은 어떤 지역에서는 예상치 못한 이유 등을 들어 그 프로젝트의 중단을 결정할 수 있다. 다른 한편으로, 그들은 충분한 가능성을 가지고 몇몇 교장과 교사들을 지원해서 제한된 기간 동안(3년 혹은 5년) 몇 개 학교에서 한정된 파일럿 프로젝트를 허락할 수 있다. 혹은 이 프로젝트를 실시하면 학교생활 경험이 정말 바람직한 방향으로 바뀔 것이라고 너무 확신해서 그들에게 이 프로젝트를 광범위하게 실시하도록 허락하고 이에 필요한 자원들을 적절히 지원할 수 있다.

이러한 세 가지 가능성 중에서 첫 번째가 가장 흔하지 않은 반응일 것이다. 내 추측으로는 세 번째는 매우 드물며 두 번째 (제한된 파일럿 프로젝트)가 흔할 것이다.

대학 교수

이 부분은 나의 일이기 때문에 가장 쓰기 쉬울 수 있다. 만약 이 프로젝트가 적절히 실행된다면 신임교사 연수나 기존 교사 직무연수 프로그램에서 이 내용을 다루어서 지원하는 게 필요하다. 그래서 대학에서 일하는 사람들이 기획하고 제안하는 혁신적인 교육과정을 통해 교사들을 준비시킬 수 있다.

이 프로젝트의 실행을 지원하고 싶어 하는 교수들 또한 동료들에게 그 아이디어를 전파하기 위해 프레젠테이션을 제안할 수 있다. 논문들을 살펴봄으로써 아이디어의 이면에 있는 이론적 요소들을 살펴보거나 프로젝트의 요소들을 증진시킬 수 있는 방안을 고민해 볼 수 있다. 하나의 단위 학교나 지역 교육청 단위에서의 실행은 연구나 미래의 연구물 출간을 위한 주제를 제공할 수 있다. 학술대회에서의 프레젠테이션을 통해 동료들로의 반응을 듣고 보완해서 학술지에 투고할 수 있다.

만약 한 대학에서 셋 또는 그 이상의 교수들이 그 아이디어를 좀 더 탐색하는 데에 관심이 있다면, 다른 대학의 동료들과 그 것을 토론하며 관심 있는 교사들을 참여시키고, 작은 콘퍼런스를 조직하는 게 도움이 될 수 있다.

국내외에서 한 명 또는 더 많은 교수들이 하나의 연구 프로젝트를 제안해서 LiD를 실행할 때 제기되는 잠재적인 문제나 질문들을 다루어 볼 수 있을 것이다. 그 연구에 교수나 대학원생들을 참여시켜 현재 그 제안이 가지고 있는 중대한 문제가 무엇인지, 어떤 부분에서 효과적일지, 개선될 수 있는 여지는 무엇인지 등과 관련된 중요한 문제들을 다룸으로써 지식을 창출해 낼 수 있다.

LiD 홈페이지에 접속해서 회원 가입을 하고, 홈페이지를 살펴보는 것도 아이디어를 촉진하는 데 도움이 된다. 그들은 교사 전문성 개발을 위해 지정된 요일에 워크숍을 열어 그 프로젝트에 대해 설명을 하거나 그것을 실행하는 데 어떻게 교사들이 참여할 수 있는지를 설명할 수 있다.

교육집단의 황제와 여제

어떤 교육적 변화를 달성하는 데 있어 제기되는 중요한 문제는 실제로 누가 어떤 일을 하도록 조직하느냐이다. 그러한 혁신적인 교육과정을 도입하기 위해서는 대단히 복잡한 행정 절차가 개입한다. 많은 부모와 교사, 학교장, 전문 강사, 교수, 지역 단위 교육청 관리자, 그리고 다른 사람들이 이 프로젝트를 실행에 옮기는 데 찬성한다 하더라도 그것을 현실화하는 것은 다른 문제다. 앞서 언급된 모든 사람이 이 프로젝트를 지지한 다면 그다음에는 누가 무엇을 해야 하는가? 명확하지 않다. 하 지만 만약 교육계의 황제와 여제가 거기에 없다면, LiD 홈페이 지를 접속하길 바란다.

우리는 학교에서 프로젝트를 실행할 때 그 과정에 대해 도움 을 줄 수 있는 많은 책을 가지고 있다. 이 책들은 이러한 프로 젝트에 도움을 주어야 하지만 이런 혁신적 교육과정을 다루는 책을 찾기는 상당히 어렵다. 따라서 예상치 못한 문제가 있을 수 있으며 오직 시도와 연습을 통해 답을 찾을 수 있다. 학교에 서의 실행과 '변화'(개선이라는 단어를 사용하면 왜 안 되는지 모 르겠지만)에 관한 책들을 훑어볼 때 발견하게 되는 이상한 점은 어느 누구도 그 교육과정에 새롭게 들어갈 구성 요소에 대해서 는 상상해 보지 않는다는 것이다. 그 책들은 주로 어떻게 성적 을 올리고, 평가와 책무 시스템은 어떻게 운영해야 하며, 어떻 게 교사를 통제하고 어떻게 더욱 신뢰할 수 있고, 예측 가능한 강의가 되도록 하는지에만 집착하는 것 같다.

이게 바로 내가 문제를 제기하는 부분이다. 즉, 학생들은 학 교를 떠나 사회에 나왔을 때 학교에서 배운 지식이 부적절하다 고 느낄 수 있다. 점차 학교가 평가 중심으로 전환되고 있는데, 이러한 경향으로 한동안 학습부진 학생들의 성적이 오르긴 했 지만 그 효과는 상당히 의심스럽다. 이미 비즈니스 세계의 선구자들은 이러한 평가 시스템과 관련하여 많은 아이디어와 실제적인 내용을 제시했다. 이러한 책들에 관심을 가짐으로써 학교교육의 혁신 과정에서 일어나는 가장 일반적인 함정을 피할 수 있을 것이다.

:::

만약 위 집단들이 그들의 목소리를 내고 가능한 행동 반경 내에서 주도성을 발휘한다면, 우리는 LiD 프로젝트의 빠른 진전을 볼 수 있을 것이다. 앞에서 언급한대로 어떤 특정한 학교에서는 황제와 여제가 있다. 무슨 말이냐면 특정한 학교에서는 누군가가 동의한다면 LiD의 실행을 가능하도록 보장해 주는 사람들이 있다는 것이다. 보다 큰 규모에서 황제와 여제가 있는데 그들이 동의하면 특정한 지역 교육청 소속의 많은 학교에서 프로젝트의 실행을 보장할 수 있다. 이런 방법들이 가능하다. 작은 규모로 실행을 해 보면 큰 규모에서 생기는 문제도 일어나지 않을 것이며 자신이 직접 시도하는 데 감명 받은 사람들도 있을 것이다. 연구 활동을 통해 무엇이 효과적이고 무엇이 문제인지 정리해 봄으로써 프로그램을 다듬는 데 도움이 될 것이다. 좋은 결과에 대한 소식은 빠르게 전파된다. 그러면 지역 단위의 실행이 뒤따를 것이고, 다음에는 대집단 단위의 실행이 가능할 것이다.

모든 일이 그렇듯이 첫 단계가 가장 어렵다. 만약 우리가 어떤 학교에서 최초로 실행에 옮겨 보고자 한다면, 우리는 열정적인 관리자가 있어야 하며 모든 교사의 지지도 얻어야 할 것이다. 쉽지 않지만 불가능하지도 않다. 다음으로 우리가 할 일은 이 프로젝트가 의미 있는 결과를 가져다 줄 것이라고 이해하고 있으며, 누가 이것을 시도할 것인지에 대해 학교 행정가와 교사들 사이에서 충분히 동의가 된 학교를 찾는 것이다.

내가 교육계의 모든 사람들이 LiD를 실행하고자 투사가 되어 싸우고 있는 것처럼 글을 쓰고 있는 게 상당히 이상할 수 있다. 대부분의 사람은 그것에 대해 전혀 알아차리지 못할 것이다. 그러나 이 장은 내가 지금까지 교육 시스템 내의 다양한 장소에서 사람들에게 받은 질문에 대한 답변을 제안의 형식으로 만든 것이다.

우리의 웹사이트(http://www.ierg.net/lid/)에는 더 많은 정보가 있다. 그곳을 방문해서 어떻게 시작하는지도 보고, 추가의 교육 자료를 내려 받고, LiD를 이미 시작한 학교들의 경험에 대해 토론하는 데 참여해 주길 바란다.

내 생각에 사람들은 대략적인 지식만 가지고 있기 때문에 깊이 있게 알지 못하며, 자신의 소망과 욕구, 지식에 대한 견해가 혼란스러운 상태다. 이 문제는 결국 우리 사회 대부분의 영역에 심각한 사회적 · 정치적 문제를 불러일으킨다. 그들은 유연한 상상력을 발휘할 수 없을 정도로 능력이 빈약하여 조악한 환상을 현실로 쉽게 받아들인다. 이게 바로 사회적 · 정치적 병리 현상인데, 이 프로젝트를 널리 시행할 수 있다면 이러한 문제를 무너뜨릴 수 있을 것이다(이것도 나의 조악한 환상의 증거일 수 있지만 이건 그나마 기반이 훨씬 탄탄하다).

당신은 사라(Sara)와 나탄(Natan), 그리고 샘(Sam)이 학교교육을 마칠 시점에 사과와 먼지, 딱정벌레와 이 세 가지에 관련된 것들을 생각해 보게 되었을 때 그들의 상상력을 풍부하게 만들어 줄 수 있는 거대한 자극적인 자료들을 어떻게 가지게 되었는지 상상할 수 있을 것이다. 진지하고 의미 있는 지식을 가지고 있지 못하면 상상력은 제대로 작동할 수 없을 것이다. 달에 있는 은으로 된 사과와 태양에 있는 금으로 된 사과가 당신에게 어떤 생각과 감정을 일으키는가? 사라에게 이것은 분명 사과에 대해 정확한 역사적 사실을 넘어서 엄청난 이미지와 지식, 이야기, 냄새, 신비스러움과 즐거움을 불러일으킬 것이다. 그리고 나탄이 친구로 생각하는 먼지의 세계에 걸어 들어올 때 그의 귓가에는 "먼지로 되돌아 갈 것이니."라는 말이 들린다. 그는 먼지로의 환원은 생명의 거대한 순환 과정이라는 것을 알고 있으며 지구 또한 새로운 별과 행성, 생명의 형성을 위한 재료가 된다는 것을 알기 때문에 이를 단순히 붕괴의 과정으로만 보지 않는다. 방의 구석에 있는 먼지가 그에게는 경이로움으로 가득 찬 존재다. 샘은 딱정벌레 전문가인데, 그 종(種)의 엄청난 종류에 매혹되어 있다. 우리가 작은 호기심으로 볼 수 있는 딱정벌레가 샘에게는 엄청난 기적이다. 그들 모두 본질적으로는 (좋아하는 일을 하는) 아마추어다. 그들의 지식이 평가와 시험을 대비해서 오랫동안 축적된 것도 아니다. 어떤 직업에 대한 야망과 상을 받기 위해서도 아니다.

이 책은 단순하지만 다루기 힘든 것을 기존의 교육과정에 추가하자고 제안하는 것처럼 보일 수 있다. 기존의 교육과정은 학생들이 특별한 뭔가에 대해 상당한 것을 배울 수 있도록 도울 수 있지만 매우 제한된 하나의 교육적 목표를 가지고 있기 때문에 교육이 다루고 있는 사회적 심지어 도덕적 목적과 비교했을 때는 협소하고 빈약해 보일 수 있다. 이 관점이 틀릴 수 있다. 적절하게 이루어진다면 세상에 대한 학습은 단순히 하키나 축구에 관한 통계를 수집하는 것처럼 간단히 지식 조각을 축적하는 것이 아니다. 어떤 주제에 대한 학습에 깊이 빠져 있는 학생에게 일어날 수 있는 교육적 가치가 무엇인지를 이야기하기 위해서 플라톤이나 아시시의 성 프란체스코까지 언급할 필요는 없을 것이다. 플라톤과 성 프란체스코 둘 다 도덕적인 사람이 되는 데 있어 핵심은 세상을 단지 자신의 자아와 자신의 욕구에 의해서만 보는 것이 아니라 자아 밖의 뭔가와 관계하는 것을 배우도록 하는 것이다. 내가 지금까지 다루었던 교육적 가치에 대한 논의는 별도로 하고, LiD 프로젝트 또한 학생들이 그들 자신 밖의 뭔가에 몰두할 수 있도록 도울 수 있다. 그 프로젝트는 분명한 뭔가(즉, 명확함, 꼼꼼함, 진리에 대한 존중이라는 가치를 배우는 것)에 주목하는 다년간의 훈련이다. 이 프로그램의 잠재적 가치를 무시하는 것은 실수다.

:::

물론 당신도 개별적으로 자신의 LiD 프로젝트를 어느 때고 시작할 수 있다. 4장 마지막에 제시된 주제들의 목차를 보고 나서 눈을 감고 오늘 마음이 가는 주제부터 시작하면 된다.

부록

자기주도적 심층학습의 이론적 기초

이 책을 정독한 사람이라면 이 글의 핵심 아이디어를 충분히 이해했을 것이라 기대하지만, 당신은 이 아이디어가 어디서 비롯되었는지를 근원과 기초라는 관점에서 질문할 수도 있을 것이다. 그 까닭은 이 아이디어를 교육 사상, 연구, 그리고 실천 영역 전반에 걸쳐 좀 더 친숙한 방식으로 결합시키는 방법을 알아내기 위해서일 것이다. 지금까지 쓰인 대로 이 책의 아이디어는 명확하지 않은 개념들로 설명되고 있어 어느 정도 허공에 떠 있는 것 같다. 대체로 지금까지 우리에게는 이 아이디어를 잘 설명해 줄 지적인 시각이 부족했다. 내가 부록에서 다루고자 하는 것이 바로 이것이다. 이 부록은 책의 아이디어를 설명해 줄 무엇인가를 좀 더 원하는 독자들을 위해 마련했다. 이 장문의 부록은 교육 사상의 숲을 헤쳐 나갈 준비가 된 영혼과 육신이 건강한 사람들을 위한 것이다.

작업을 하는 과정에서 몇 권의 책—자서전 혹은 이전에 집필한 책들—을 사용한 것에 대한 양해를 구한다. 몇 년 전 나는 『교육받은 마음: 인지 도구가 어떻게 우리의 이해를 형성하는가 (The Educated Mind: How Cognitive Tools Shape Our Understanding, 1997)』라는 책을 썼다. 그 책은 여느 교육학 저서들에 비해 인기가 있었고, 십여 개국의 언어로 번역되었으며 지금도 번역되는 중이다. 그러나 그 책은 사실 완전히 마무리 짓지 못한 책이다. 나는 그 책을 저술하는 데 많은 시간을 할애했다. 그 속에서 나는 현재 우리가 접하고 있는 교육 이론의 대안을 제시했으며, 가르침, 교육과정 그리고 학교에 대한 기존의 관점을 전환시키고자 했다. 기존의 관점을 대신할 수 있는 일반 이론을 설명한 후에 그 이론이 가르침과 교육과정에 미칠 영향을 밝히려고 했다. 새 이론에 수반되어 나타나는 가르침과 교육과정이 사실 특이하거나 이국적인 것은 아니며, 보편적 형식이나 기존의 학교 문화보다는 '교육이 어떻게 나아가야 할 것인가?' 라는 사람들의 일상적 정서나 생각에 더욱 영향을 받았다는 사실에 주목하면서 말이다.

책의 마지막 장에서 나는 이론이 학교에 미칠 영향에 대해 밝히려고 했다. 이를 위해 나는 관련 자료를 계속 쌓아 나갔고, 그것들은 내 책상에 어지럽게 쌓여 갔다. 작업을 진행하는 과정에서 나는 자신감을 잃어버렸다. 내게 있는 힘이 다 빠져 버렸다. 과제가 한 장 분량으로 압축될 수 없을 만큼 광범위했기 때문이다. 이로 인해 이 책은 학교의 본질에 미칠 영향에 관한 내용이 빠진 채 출판되었다.

얼마 지나지 않아 나는 작업하고 있던 마지막 장, 즉 학교의 본질에 미칠 영향에 관한 부분을 분리하여 다른 책으로 저술하기로 했다. 나는 본래 19세기 중엽 공립학교의 성립을 다루는 것으로 이 책을 시작하여, 이를 통해 지금의 학교를 형성하는 핵심 아이디어를 드러내는 데 집중하고자 했다. 나는 이와 같은 역사적 고찰 방식이 유용한 접근 방식이라고 생각했다. 왜 냐하면 많은 사람은 현재 존재하는 것에 대해서는 어느 정도 확고하고 고정된 것 혹은 질문의 여지가 없을 만큼 자연스러운 것으로 받아들이기 때문이다. 따라서 어떤 대안이 등장하면 현재 존재하는 것과 명확히 어떤 부분이 다른지 예리하게 평가하게 된다. 내가 새로운 아이디어를 제안했으니 말이지만, 이러한 접근 방식은 현재 당연하게 여겨지는 학교 형태가 나의 제안만큼이나 교묘한 아이디어의 산물임을 보여 주는 좋은 전략일 것 같다.

이 접근 방식은 허버트 스펜서(Herbert Spence)의 방대한 저작들을 면밀히 읽어 보면 더욱 이해하기 쉽다. 최근 나는 우리 사회의 학교와 교육과정에 스펜서의 영향력이 다양하게 미치고 있다는 사실을 더욱 더 확신하게 되었다. 그의 교육에 관한 단편(『교육론: 지, 덕, 체』)은 1859년 뉴욕, 이듬해 런던에서 발간된 후 19세기 후반부에는 여러 출판사에서 수십 차례 재발간되었고, 미국에서만 수십만 부가 판매되었다. 스펜서가 교육의 영역에서 왜 잊혀졌는지 의아하다—그의 책에 실린 네 개의 에세이 중 하나인 「어떤 지식이 가장 가치 있는가」를 기억하는 일부 독자를 제외하고 말이다—그의 책을 읽어 갈수록 나는 그의 특이한 삶에 흥미를 느꼈다. 『나의 도제 시절(My Apprenticeship, 1926)』에 실린 비어트리스 웨브(Beatrice Webb, 영국의 부유한 실업가 집안에서 태어난 유명한 여성 사회학자이자 온건 사회주의자-역자 주)의 글에서도 마찬가지였다. 우익과는 명백히 다른 스펜서의 사회적 진화론(그러나 스펜서에 대한 이 대중적 정의는 너무 단순하고 오해의 소지가 있다)이라는 의제는 사회주의자인 존 듀이(John Dewey)와 학교를 구성하는 좌익 성향의 사람들에게 딜레마를 안겨 주었고, 스펜서의 이름은 곧 잊혀졌다. 1918년의 중등교육의 재구성에 관한 위원회는 스펜서의 아이디어를 거의 직접 사용했을 정도로 그의 제도적 영향력은 기념비적 수준에 이르지만 말이다[Egan, 2002, 4장; 로렌스 크레민(Lawrence Cremin)은 위원회의 결과에 관해 "1918년 이후 지금까지 이 영역에서 대부분의 중요하고도 영향력 있는 운동들은 단지 고전의 각주에 불과했다."(1955, p. 307)라고 썼다. 그리고 태너 부부(Tanner and Tanner)는 "교육 정책에서 그 영향력은 지금도 동일하다."(1980, p. 275)고 말했다].

문제는 내가 학교에 관해 쓰고자 하는 책의 구성이 계속 변형되고 있다는 것이다. 따라서 만일 현대의 학교 형성에 스펜서의 영향력이 거의 알려지지 않은 부분을 계속 발굴하려 한다면 나는 이 책을 결코 끝낼 수 없을 것이라는 걱정이 급격히 생겨났다. 그래서 대대적인 수술을 감행했다. 책의 주요 부분은 앞으로의 연구 과제로 삼고 삭제했다. 그리고 『시작부터 생겨난 잘못: 스펜서, 듀이, 피아제에게 물려받은 진보주의의 유산 (Getting It Wrong from the Beginning: Our Progressivist Inheritance from Herbert Spencer, John Dewey, and Jean Piaget, 2002)』이라는 흥미로운 제목의 또 다른 책을 썼다.

그러나 나는 여전히 『교육받은 마음』의 마지막 장으로 계획했던 부분을 끝내지 못했다. 나는 2002년에 인세까지 치른 초안으로 돌아와서 이를 세 번째 책으로 저술하기 시작했다.

시작 부분은 이전 내용을 발전시킨 부분이었기 때문에 간단하게 진행되었다. 하지만 아이러니하게도 나머지 3분의 2 역시 가상의 미래 상황에서 조직의 기초와 방향 설정을 언급한 예전 책과 연결되었다. 각종 모임과 웹페이지의 자료 입력, 설명회, 개인적인 논쟁 등 상상력 교육 연구회(http://ierg.net)의 설립을 위해 시간을 보내게 되면서 책 쓰기는 더욱 늦어졌다. 결국 책은 『상상력 교육, 미래의 학교를 디자인하다(The Future of Education, 2008)』라는 제목으로 출판되었다. 책의 후반부에서는 먼 미래의 역사학자가 2010년부터 2060년까지의 교육의 '역사'를 묘사하는 데 집중했다. 학교가 어떻게 발전될 것인가와 같은 유토피아적 설명 대신 나는 현재의 학교 형태가 『교육받은 마음』 마지막 장에 구체화된 상황으로 어떻게 조금씩 변화해 나가는지 보여 주고자 했다. 사실 '미래의 역사'의 95퍼센트는 그 책 앞부분의 아이디어가 어떻게 실천으로 이어질 것인지를 설명한 것에 지나지 않으며, 단지 학교교육 안에서 이 실천이 어떤 의미를 가질 것인지 토론을 겸했을 뿐이다. 나머지 5퍼센트의 비유가 이 글을 읽는 데 도움이 되었다 하더라도 학교에 미칠 영향을 다루는 부분만큼은 직설적으로 쓰는 게 좋았을 것이다.

그러면 자기주도적 심층학습(Learning in Depth: LiD)은 이 책(『상상력 교육, 미래의 학교를 디자인하다』)의 어느 부분에 적용되는가? 대체로 LiD는 2030년이 되어서야 학교교육의 보편적인 실천 방법 중 하나로 그 모습을 처음 드러내게 되는 것으로 서술하였다. 왜 이것이 미래 학교교육의 적절한 부분이 되는지를 보여 주기 위해서는 LiD를 지지하고 있는 교육적 개념을 제시할 필요가 있었다.

내가 대담이나 소논문을 통해 LiD를 기술했을 때 이에 대한 반응은—이렇게 말해도 될지 모르겠지만—활기가 넘쳤다. 한편에서는 열정적인 지지와 함께 '내일이라도 당장 시작하자.'는 기대가 넘쳤고, 다른 한편에서는 이것은 굉장히 어리석은 이론으로 무시해야 한다는 분노에 찬 의견도 있었다. 결국 나는 LiD에 대해 회의적인 반응이나 적절한 주의가 필요하다는 식의 합리적인 의견이 대부분임을 인식해야 했다. 나는 3장에서 LiD가 수용했거나 수용할 수 있을 것으로 예상되는 적대적인 반대 의견을 기술하고 이에 대한 대답을 덧붙였다. 신경을 거슬리게 하거나 사람들을 열광시키는 이유는 무엇인가? 어쨌든 이것은 여전히 복잡한 이념적 쟁점을 야기시키며, 공교육이 시작된 때부터 지금까지 오늘의 교육에 대한 사람들의 생각을 분열시켜 놓고 있다.

지식과 마음

3장에서 나는 이 프로그램을 지지하는 연구는 어떤 것인가라는 질문으로 방향을 바꾸었다. 이는 교육에 관련된 어떤 새로운 제안서를 접하더라도 던지게 될 평범한 질문이다. 나는 이 새로운 교육과정 요소를 소개하는 보편적 질문이 실은 가치와 의미에 관련된 문제라는 사실에 대해 논의했다. LiD가 새 교육 과정에 소개되어야 할 이유를 밝히는 것은 마치 사회 교과의 필요성을 밝히는 것과 같은 일이다.

경험적 방법을 통해 LiD의 가치를 평가하는 일은, 이를테면 부정적 논쟁이 될 것이다. LiD는 경험을 통해 증명된 새로운 교 수법이라기보다는 일종의 사회 교과인데, 이때 경험적으로 증 명된다는 것은 새로운 혹은 기존의 기법에 대한 보편적인 목표 가 있을 때 통제 집단을 두고 실험을 통해 이를 밝혀내는 것을 말한다. 물론 우리가 경험적으로 다룰 수 있는 LiD 프로그램의 특정 요소도 존재한다. 중퇴율, 프로그램을 시작하기 위한 최상 의 학년 수준, 학생들이 만들게 될 포트폴리오의 질, 지난 몇 년 간 관찰된 학생의 태도, 학생들이 주제 선택을 할 때 어떤 요소 들이 영향을 미치는지의 여부 등이 그것이다. 그러나 이 프로그 램이 목표를 제대로 성취했는지의 여부는 사회 교과가 그 목표 를 달성했는가를 평가하는 것만큼 판단하기 쉽지 않다.

LiD 프로그램의 목적은 '교육된다는 것'의 의미와 '교육받은 사람이 획득한 가치 요소' 등 깊은 수준의 의미와 관련되어 있 다. 사회 교과 혹은 LiD가 성취하고자 하는 목표를 어떻게 평가 할 것인가라는 질문은 어떤 경험적 평가 방법으로는 해결할 수 없다. 우리는 학생들이 사회적 이슈를 비판적으로 판단하는 일, 가족의 삶을 반추하는 일, 그리고 우리의 문화에 대해 배운 것 등에 대해 평가한다. 그렇다면 LiD는 민주시민정신의 발전을 더욱 잘 이끌어 내는가? 학생들이 민주시민정신을 헌신적으로 발휘하는 데 LiD가 더욱 성공적으로 작용하는가? 사회 교과를 가르치지 않는 나라는 이를 가르치는 나라보다 덜 민주적인가? 한 나라의 감옥에 있는 사람 수는 그 나라의 사회 교과 수업이 성공적인지를 알려 주는 표시인가? 이러한 종류의 질문은 지금의 경험적 조사 방법에 대해 당혹감을 느끼게 한다. 우리는 우리 삶 속의 어떤 가치나 의미를 다루는 방식처럼 위에 언급한 여러 가지 질문을 다루어야만 한다.

나는 이러한 부정적인 논의 방식에서 벗어나려 한다. 왜냐하면 이 방식이 LiD의 기초를 제대로 제공하지 못하기 때문이다. 이와 같은 방식은 단지 LiD가 앞의 질문들이 요구하는 기초 요소를 갖고 있지도 그리고 갖게 될 것이라고 기대할 수도 없다는 진단을 할 뿐이다. 하지만 LiD는 이러한 기초가 부족하다고 평가될 만큼 취약하지는 않다. 그러므로 긍정적인 논의로 나아가 보자. 이는 지금껏 내가 직접적으로 다루고 싶어 하지 않았던 것을 완전히 개방해서 보여 줄 위험한 영역이다. 또한 이 논의를 통해 일부 사람들이 왜 이것을 어리석은 아이디어라고 말해 왔는지 설명할 것이다. LiD는 분명 일부 사람들에게는 어리석게 보일만한 요소들을 가지고 있다. 이것은 현재 주도적인 교육적 사고방식과는 조화를 이루지 못한다. 반면 일부 사람들에게는 열광적인 반응을 얻어냈다. 왜냐하면 기존의 교육 관념이라는 족쇄에서 벗어날 방도를 제시하고 있기 때문이다. 그럼

LiD에 관하여 이론적으로 깊은 곳까지 알아보도록 하자.

나는 앞서 쓴 책들의 내용을 전반적으로 조망하는 것으로 이 책을 시작했다. 그 까닭은 앞서 출간한 모든 책이 LiD를 지지하는 기반이 되기 때문이었다. 이 책들을 통해 내가 주장하려는 것은 오늘날 교육에 관한 논쟁들의 발생 원인을 깨닫기 위해 먼저 우리는 교육에 대한 사고방식이 세 가지의 아이디어(관점)에서 시작되었다는 사실을 인식해야 한다는 것이다. 거의 모든 사람은 수준만 달리 할 뿐 이 세 가지 관점에 근거하고 있다. 그리고 이토록 많은 교육적 갈등을 일으키는 것은 바로 사람들의 생각을 붙들고 있는, 다양한 수준으로 분화된 세 개의 관점들이다.

그중 가장 오래된 것은 교육의 목적이 어린이들로 하여금 성인 사회의 기준과 가치 그리고 전통을 수용하도록 만드는 것이라는 관념이다. 어린이는 기술, 이해, 신념 등과 같은 성인의 요구에 성공적으로 부응할 수 있는 것들을 축적해 나가야 한다. 이러한 생각은 많은 사람에게 교육에 대한 지배적인 관념으로 존재하고 있다. 만일 성인의 주요 활동이 고대 코끼리를 사냥하는 것이거나 컴퓨터 프로그래밍이라고 한다면, 코끼리 사냥법이나 컴퓨터 프로그래밍은 교육과정의 요소가 되어야 한다. 이러한 관점에서 볼 때 학교 교육과정에 들어가야 할 내용을 결정하는 준거는 현대의 성인 사회다. 교육의 목적은 성인 사회를 유지하고 지지하는 것이기 때문이다.

그다음으로 오래된 관점은 교육이 어린이의 마음을 위해 가장 좋은 일을 해야 한다는 것이다. 어린이는 그들의 정신적 힘을 최대한 발전시킬 수 있도록 가르쳐야 한다. 많은 종류의 지식의 형식이나 예술적인 추구 활동은 비록 사회적 효용성은 적을지라도 미숙한 마음의 발달에는 충분히 도움을 줄 것이다. 이러한 관점에서 볼 때 어린이의 마음은 그들이 학습하는 지식에 의해 구성 및 형성되는 것이며, 교육과정에서는 가장 중요한 소재를 선택하는 일이 무엇보다 중요하다. 이러한 관점에서 교육의 준거는 마음에 대해 다소 이상적으로 설정된 개념이 된다. 교육의 목적은 사람들로 하여금 가장 교양 있는 문화적 산물을 획득한 사람, 세계와 인간 경험에 대한 심오한 지식을 갖고 있는 사람을 길러내는 것이다.

세 번째, 가장 최근의 관점은 마음이 신체와 마찬가지로 일정한 발달 단계를 거치면서 성숙한다는 것이다. 교육과정은 학습자가 각 발달 단계마다 진보해 나갈 수 있는 경험으로 구성되어야 하며 진보를 촉진시킬 수 있어야 한다. 그러나 모든 학습자 개개인의 마음은 다르다. 따라서 교육과정 역시 학습자 개개인의 차이에 주의하는 가운데 그들의 비판적 사고 기술과 그 외 인지적, 정서적, 사회적, 정치적, 예술적, 영적…… 잠재력을 발달시킬 수 있도록 도와야 한다. 이러한 관점에서 교육의 준거는 개개인에 따라 조율되어야 할 본성적 또는 자발적 발달 과정이라는 개념이다. 교육의 목적은 학생 개개인의 잠재력이 가능한 최대치로 실현될 수 있도록 발달 과정을 후원하는 일이다.

물론 이러한 관점들은 모두 중요하며, 이들은 교육 기관이나 교수법을 형성하는 데 엄청난 영향을 미쳐 왔다. 사실 그 외의 어떤 것도 이만한 영향력을 갖지 못했다. 케인즈(J. M. Keynes)가 관찰했듯이 "실천 위주의 사람들은 그들 자신이 어떤 지적 영향력도 갖고 있지 않다고 생각하기 때문에 종종 그들은 현존하지 않는 이론가의 노예가 되어 버린다."(Keynes 1936) 즉, 우리 자신의 경험이나 사고 안에서 구축된 우리 자신의 관점은 대부분 죽어 버린 '학문적인 낙서가들'의 결과물이거나 혹은 그들이 남겨 놓은 관념의 산물에 지나지 않는다. 보통 우리는 우리가 의지하는 관념에 근거해서 활동하게 된다. 교육적 사고 방식과 실천을 주도해 온 거대한 관점들이 어떤 것이었는지에 대해서는 앞서 간략히 요약한 바와 같다[이에 관해서는 확장된 논의를 다룬 Egan(2008)을 참고하라].

이념적 측면에서 이 세 가지의 광범위한 아이디어는 마치 세 마리의 훌륭한 말이 교육과정을 따라 교육이란 마차를 끌듯이 서로 보완하는 가운데 매끄럽게 자리 잡아 왔다. 곤란에 빠진 교육 행정가들의 업무는 종종 이 세 가지 관점에서 비롯된 요구를 균형 잡는 일처럼 보인다. 실제로 그들의 일은 이익 집단 간 발생하는 상황, 즉 한 집단이 다른 집단을 억압하는 상황 안에서 이들의 요구를 균형 있게 추진하는 일이다. 그러나 교육 행정가들은 실제 상황 안에서 이 세 관점이 결코 매끄럽게 조화를 이루지 못하기 때문에 곤란에 빠진다. 마치 세 마리의 말이 마치 일부러 다른 방향으로 껑충껑충 뛰고, 교육이라는 마차는 파손될 위기에 계속 처해 있는 것과 같다. 예를 들어, 행정가는 시급히 주의를 기울여야 할 내용이나 경쟁적 직업 시장에 적합한 관련 기술을 발달시키는 교육과정이 필요하다고 생각하는 이들을 수용함은 물론 '학문적인 교육과정' 혹은 '라틴어 재수강'을 원하는 사람들 또는 학생들의 자유로운 탐구를 위해 오로지 시간만을 부여한다면 학생은 진정으로 학습할 수 있다고 믿는 사람들까지 수용하고자 노력해야 한다.

행정가와 우리의 문제는 이 세 가지 관점이 각기 다른 교육과정의 목적을 내재하고 있다는 것이다. 우리는 츠비 램(Zvi Lamm, 유대인 랍비이자 학자-역자 주)의 견해를 따라 이들을 각각 '사회화' '문화적 동화' '개별화'라고 부른다(Lamm, 1976). 첫 번째의 경우 우리에게 교육과정은 사회화가 잘 된, 즉 수월하게 그 사회에 정착하여 사회적 핵심 가치관과 행동 기준을 수용하고, 생계를 위해 돈을 벌거나 경제를 지지하도록 잘 준비된 사람의 모습을 전달한다. 두 번째의 사례에서 우리는 학문적인 사람의 모습을 전달받는다. 그는 평생 학습에 헌신하고, 문화적 삶으로 정돈된 사람이다. 세 번째 관점의 목적은 흥미가 잘 발달되어 있으며 사회적·예술적 영역 또는 자신만의 잠재력이 특별히 발달된 영역을 갖고 이에 열정을 기울이는, 심리적으로 안정된 사람을 길러 내는 것이다.

현재 우리의 학교 체제는 우리가 모든 것을 갖고 있다는 보편적인 가정 아래 작동되어 왔다. 학교가 이들 각각의 목적 전부를 전달할 수 있다는 가정 말이다. 이 목적들은 우주 안에서 발견되는 모든 교육적 기관의 '강령'에 관념적으로 반응한 결과다. 모든 학교는 직업 준비 기술을 갖춘 좋은 시민, 학문적 탁월성 그리고 모든 학생 개개인의 잠재력 개발을 약속하거나 적어도 이를 목표로 삼고 있다.

경쟁적인 관점들 사이에서의 LiD

나는 어딘가에서(1997, 2008) 이 세 가지 관점은 교육의 영역 안에서 역할을 적절히 분배받지 못하고 있으며, 오히려 어느 하나의 관점이 나머지 둘의 관점을 약화시킨다는 것을 주장하였다. 세 가지 관점은 여전히 경쟁 관계에 있다. 여기서 다시 그 복잡한 주장을 반복하려는 것이 아니라 LiD의 위치를 설명하는 데 도움이 되는 선에서 언급하고자 한다. 즉, 이들 세 가지 관점 각각에는 LiD를 추종하게 만드는 요소와 적대적으로 보게 하는 요소들이 있다. 지금부터 그것들을 살펴보도록 하자. 각각의 관점은 LiD를 위한 몇 가지 기초를 제공할 것이다. 물론 LiD의 주요한 토대는 다른 곳에 있지만 그것은 이후에 살펴보기로 하자.

세 번째 관점은 가장 최근의 것이고 특히 두 번째 관점을 약화시킬 수 있는 아마 가장 강력한 아이디어일 것이다. 교육에서 이들은 각각 '진보주의자(세 번째 관점)'와 '전통주의자(두 번째 관점)'라고 불려 왔다. 많은 사람은 이 두 관점이 쉽게 협력하지 못하는 것에 대해 이해할 수 없다는 반응을 보인다. 이들이 교육과정을 둘러싸고 100년 이상을 대립해 온 것을 보면 이들이 쉽게 절충점을 찾기란 어려운 것으로 보인다.

진보주의는 전통적인 교육과정에 대한 불만족 속에서 성장했다. 즉, 교육자들이 생각하는 가장 가치 있는 지식을 가르치는 것이 학생들의 마음을 바람직한 방향으로 이끈다는 주장은 많은 환상을 가지고 있으며, 명백히 중요한 것을 놓치고 있다는 것이다. 단지 가장 가치 있는 지식을 가르친다는 것 그 이상의 무엇이 필요하다. 물론 전통주의자들도 단순히 지식을 가르치는 그 자체가 교육을 잘 받은 사람을 만들어 낸다고 생각하지는 않는다. 그러나 이와 같은 생각은 진보주의자들이 전통적인 아이디어를 풍자하는 일반적인 수사가 되었다.

가장 유명한 수사는 듀이가 『나의 교육 신조(My Pedagogic Creed, 1897)』에서 밝혔던 다음 문장이다. 우리는 이로부터 학생들이 배우는 과정은 고려하지 않고 고전적인 언어들과 문법과 같은 분절된 학문을 가르치는 결과로서의 교육을 경멸해 왔다 ("나는 믿는다. 교육은 삶의 과정이지 미래의 삶을 위한 준비가 아니다." p. 78). 전통주의자들의 교수법은 학생들에게 배움을 억지로 강요함으로써 타성적인 인간을 만든다. 즉, 교사가 지배하고 따라서 학생들은 어떤 활동도 통제하지 못한다("아이들 스스로의 본능과 힘이 자료를 공급하고 교육의 시작점을 결정한다. 교육자는 아이들이 그들 스스로 진취적인 교육자가 될 수 있도록 그 자신의 노력을 줄여야 한다." p. 77). 학생들의 학습은 그들의 일상과 분리되어서는 안 된다. 왜냐하면 일상과 분리된 학교의 학습은 아이들을 삶과 동떨어지게 하고, 둔하게 하고, 타성적으로 만들기 때문이다("학습은 아동이 이미 가정에서 친숙해진 활동에서 시작되어야 한다." p. 77). 교사들이 학생들에게 모든 것을 간단히 알려주면 학생들은 수동적이 된다("그들은 활동적이며 활동들을 만들거나 표현해야 한다." p. 78). 따라서 마음은 단순히 교사들이 원하는 사실을 저장하는 창고나 은행이 아니라 살아 있는 기관으로서 꾸준한 활동과 의미가 창출되며, 또한 교사들은 학생들의 발전을 예민하게 알아차려야 한다("교육 방법의 문제는 궁극적으로 아동의 힘과 관심의 발달이 이루어지는 순서에 대한 문제다. 학습 자료를 제시하고 다루는 것은 아동 자신의 본성에 따라야 한다." p. 78). 학생들의 정신 발달은 모두 다르게 나타나며, 교사는 그 차이를 인식하는 가운데 학생들이 의미 있는 방식으로 지식을 배울 수 있도록 그들의 발달 단계를 잘 파악해야 한다("아동 개인의 심리 구조나 활동에 대한 통찰 없이는 교육의 과정은 우연하고 무계획적으로 일어날 것이다. 만약 그것이 우연히 일치했을 때는 힘을 얻지만, 그렇지 않을 경우에는 학생의 자연적 본성과 마찰을 일으킨다." p. 77). 아이들의 고유한 관심과 흥미가 교수와 교육과정을 결정해야 한다("나는 믿는다. 아동의 흥미는 힘이 성장해 간다는 신호이고 징후다. 흥미가 있다는 것은 능력이 생기기 시작한다는 것을 나타낸다고 믿는다. 따라서 학생의 흥미에 대해 주시하고 지속적으로 관찰하는 것은 교사에게 매우 중요한 일이다. 나는 관찰된 학생의 흥미가 그들이 도달할 발전의 단계를 보여 주는 것이라고 믿는다." p. 79). 도덕 교육은 교사의 설교나 가르침이 아니라 민주적인 학급에서의 생생한 사회생활 속에서 나온다("도덕적 훈련은 일과 사고가 단일체를 이루는 사태 속에서 다른 사람들과 관계를 맺음으로써 이루어진다." p. 78).

이러한 일반적 관점은 오늘날 교육에 널리 퍼져 있다. 여기서 이것을 언급하는 이유는 어떤 사람들이 LiD 프로그램은 듀이와 다른 진보주의자들의 관점과 일치되지 않는다고 쉽게 추측하고 못마땅해 하기 때문이다. 예를 들어, 서커스나 태양열 시스템과 같은 주제를 임의로 배정하는 것은 아이들에게는 '친숙한' 내용이 아닐 수 있다(어떤 사람은 아이들의 공통적인 관심사, 즉 공룡이나 괴물, 해적과 마녀 등의 주제가 진보주의의 근본적 신조와 어울리는 것으로 생각한다).

또한 학생들에게는 그들이 다른 이들과 다양한 시간 속에서 함께 작업하기를 선택했다 하더라도 그들 개인이 각자의 포트폴리오를 완성할 수 있을 것이라는 기대가 있다. 이는 만약 LiD가 아이들로 하여금 그들의 주제를 스스로 고르게 한다면, 왜 많은 사람들이 그것을 더 선호하게 되는지 설명해 준다. 또한 LiD는 사회적 약속과는 관계없이 배우는 것을 강조하며, 사회적으로 무의미한 지식의 축적을 지지한다. LiD는 학생들의 일상과 분리된 전문 지식을 찾도록 자극하며, 그것은 아이들에게 아무런 의미도 없는 주제를 부과할 수도 있다. 학생들이 그들의 주제를 고르게 할지라도 그들은 미리 결정된 목록 중에서 골라야만 한다.

일부의 진보주의자들은 LiD를 선호한다. 그 이유는 LiD의 일부 특징이 진보주의의 다른 원리들과 부합한다고 여기기 때문이다. 그들은 LiD 활동을 통해 학생들이 자유로운 유행 속에서 자신의 관심 주제를 추구하고, 개인적으로 발전하며, 자신이 무엇을 어떻게 배울지에 대한 학습 스타일을 개발해 가고 있음을 확인한다. 따라서 진보주의자들의 전통에 속한 LiD의 몇 가지 원리들은 분명히 LiD를 교육과정에 소개하는 데 사용할 수 있을 것이다. 물론 다른 진보주의자들의 원리가 상당한 저항을 야기할지라도 말이다. 진보주의에 헌신적이라고 생각하는 교육자들이 LiD를 지지하거나 반대하는 것은 그들이 어떤 원리를 가장 가치 있게 생각하는가에 달려 있다.

일부 전통주의자들도 LiD를 선호하는 것으로 보인다. 왜냐하면 LiD가 방대한 양의 지식 축적을 강조하고, 중심 요소들에 대한 전문 지식의 성취에 가치를 두기 때문이다. 비록 LiD가 성취에 실험적으로 접근하기는 하지만, 대부분의 전통주의자들은 어떤 주제에 대해 깊이 탐구하는 것이 결국 학생들을 많은 훈련과 질문의 방식에 노출시킨다고 인식한다. 또한 LiD가 최소한 불충분한 교육과정에서 철저한 학습으로 학교교육을 만들 수 있다고 본다. 즉, 그들은 이것을 진보주의가 지배하는 체계를 분열시킬 수 있는 일종의 트로이 목마라고 본다.

특히 전통주의자들에게 중요한 믿음은 지식 그 자체가 마음을 형성한다는 것이다. 이러한 관점에서 마음은 신체 발달과는 다르며, 이것은 현대 발달 이론의 전제 조건이 되었다. 전통주의자들은 마음이 단계를 거치지 않는다고 믿는 경향이 있다.

그들은 오늘날의 발달 이론에 대한 비평가들의 주장을 더욱 더 지지하는 편이다. 중요한 예로 포더(Jerry Fodor)는 "인지심리학자들이 주장하는 발달 단계에 의심이 간다."(Fodor, 1985, p. 35; Forder, 1983)고 하였고, 하레(Rom Harre)는 "신체 발달의 일정에 따르는 인지적 성숙의 과정은 없다."(서문, Morss, 1990, p. xii)고 하였다. 아이들의 성장을 인지 발달 이론으로 설명하려는 피아제 방식의 이론가들에 대해 그들의 의심은 보다 확산되었다.

우리가 세계를 바라보는 관점을 택할 경우, 나중에는 그것이 이론이나 렌즈 역할이었다는 것을 망각하고 이론을 세계 그 자체의 모습으로 간주해 버리는 것은 오래전부터 있어온 현상이다. 예를 들어, 인지 발달 이론은 사고에서 추상적 형식이 출현하는 것을 10대 중반의 발달에 따른 공통적 현상이라고 설명한다. 만일 적절한 환경과의 상호작용과 학습자의 꾸준한 배움이 주어진다면 말이다(예를 들어, 피아제의 형식적 조작기가 해당된다). 즉, 형식적 사고는 심리학적 과정이며 단지 적절한 환경의 제공만이 필요하다는 것이다.

전통주의자들은 10대 중반 학생들의 이러한 사고의 변화를 지식을 활용하는 방법의 결과로 파악한다. 마음에 지식이 축적되면 그것이 더욱 복잡해지면서 마음은 새로운 방식으로 작동하기 시작한다는 것이다. 이들 두 관점은 그들이 우리가 공통적으로 관찰한 효과를 생산하기 위해 마음과 지식이 상호작용한다는 점에서 닮아 있다. 그러나 진보주의자들에게 사고의 발달은 주로 심리학적 과정이며, 지식은 단지 몸이 성장하는 데 필요한 영양분 정도의 역할을 한다. 고전주의자들에게 사고의 발달은 인식론적 과정이며, 심리학적 발달로 설명할 필요가 없는 것이다.

『시작부터 생겨난 잘못(Wrong book , 2002)』(Egan)에서 나는 스펜서가 혁신, 발달, 진보에 대한 생각들을 어떻게 연결시키는지를 보여 주고자 했다. 현재의 발달심리에 대한 아이디어는 19세기의 진보에 대한 관점과 복잡하게 연결되어 있다. 그 결과, 우리는 학생들의 발달을 '위계적 통합'으로 여기게 되었다. 즉, 각각의 발달 단계는 이전의 단계 위에서 이루어진다는 것이다. 그것은 진보의 특질을 가지고 있고, 따라서 발달에는 손실이 수반된다는 것을 간과했다. 도널드(Merlin Donald)가 설득력 있게 밝혔듯이 우리의 문화적 역사와 개인적 발달과 같은 인지적 변화들은 얻는 것만큼 손실도 수반한다. 이것은 진보라는 19세기의 발달 관념을 가진 사람으로서는 쉽게 받아들이기 어려운 생각이다. 그는 "높은 수준의 읽고 쓰는 기술은 상당한 비용을 수반하는데, 구술 기억과 시각적 형상은 읽고 쓰는 능력과 교환된다."(Donald, 1993, p. 746; Donald, 1991).

이것은 무엇을 말하는가? 지금까지 나는 LiD의 기초를 보여 주는 우리 시대 두 가지의 위대한 교육적 아이디어에 대해 살펴보았다. 그러나 LiD는 오늘날 공통적으로 당연시되는 교육적 아이디어와 불화하는 부분이 많고, 특히 진보주의의 관점에서는 더욱 논란의 여지가 있다. LiD는 일반적인 전통주의자들의 교육적 관점과 좀 더 어울리는 것처럼 보인다.

전통주의자들의 한 가지 주장은 진보주의가 마음을 개발하는 지식의 가치를 과소평가한다는 것이다. 전통주의자들의 관점에서 마음은 배운 지식을 넘어선 그 무엇이다. 예를 들어, "지식을 얻는다는 것은 배우기 위해 본다는 것이고, 알려지지 않은 세계를 경험하는 것이고, 그럼으로써 마음이 풍부해진다는 뜻이다. 마음은 기관이나 근육의 작동 원리와 다르며, 그것이 개발되면 자연스럽게 다른 종류의 지식으로 이어진다. 마음은 미리 결정된 기능의 패턴이 아니다." (Hirst, 1974, p. 40).

이러한 관점에서 우리는 피아제의 인지 발달 과정이 환상임을 알 수 있다. 허스트(Paul Hirst)는 발달이 단순히 학생들이 배운 지식의 양과 종류에 따른 부산물임을 주제로 하는 연구를 제안했다. 만약 어떤 특정한 형식의 지식이 정기적으로 학생들에게 주어지면 그들은 그에 비례하는 지식을 생산할 것이다.

지금까지의 이야기는 다음과 같다. 우리에게는 위대하지만 대립되는 교육에 관한 세 가지 관점이 있다. 그중 두 가지 관점(두 번째, 전통주의/문화적 동화, 세 번째, 진보주의/개별화)은 공립학교가 세워진 이래 교육에 대해 계속해서 설전을 해 왔다. 세 번째 관점에서는 다음과 같은 이유로 LiD의 등장에 매력을 느낀다. LiD는 강압적이지 않은 학습 기회를 제공하고, 학생 자신의 관심사를 탐구하도록 하며, 발달 단계에 얽매이지 않는 학습 스타일을 인정해 줌으로써 학습자로서의 자신감을 가지게 해 준다. 그러나 일부 진보주의자들이 LiD를 못마땅하게 여기는 이유도 있다. 학생들은 자신의 주제를 선택할 권리가 없다

(실상 이것은 LiD의 도그마가 아니라 단지 내 관점이다. 주제는 4장에 제시된 규준에 따라야 한다). 그들은 12년 동안 한 가지 주제를 고수해야 하는데, 그것도 사회적으로는 별 쓸모가 없는 무작위로 선택된 주제이며, 그것은 학생들을 오랫동안 실생활의 세계와 멀어지게 만들었던 지식 그 자체가 목적인 지식관에 맞닿아 있다는 것이다.

두 번째 관점에서도 LiD에게서 매력적인 점을 많이 발견했다. 그 이유는 LiD가 학생들을 전문가가 되도록 격려하며, 지식과 의견 사이의 차이를 인식하도록 할 뿐 아니라 배움 그 자체가 주는 기쁨에 노출시키며, 그 프로그램을 성공적으로 마쳤을 때 마음이 상당히 확장된다는 것이다. 그러나 일부 전통주의자들의 관심은 LiD의 비구조화된 특징—교수가 너무 느슨하여 논리적 구조가 허술한 학생들의 탐구와 학생들의 관심에 전적으로 의존하는, 따라서 탐구의 과정에 규율이 부족한 것들—에 있다.

그래서 교육에 대한 이들 두 가지 전통은 몇몇 부분에서 LiD를 지지하고, 또 몇몇 부분에서는 반대하고 있다. 지금까지 내가 밝히고자 한 것은 현재의 교육적 맥락 속에서 차지하는 LiD의 토대였다. 두 번째와 세 번째의 교육적 관점 속에서 우리는 LiD 프로그램의 지지 기반이 되는 교육적 가치와 의미를 탐색해 보았다.

남아 있는 다른 한 관점(첫 번째, 사회화)은 다른 두 관점과 끊임없이 대립해 왔다. 그러한 논쟁은 학교교육을 사회적 이익이나 경제적 관점에서 접근하는 교육과 무관할 뿐만 아니라 우리를 짜증나게 하는 정치인이나 사업가들의 싸움처럼 보이게도 한다. 기술을 발견하는 것과 교수법 사이의 대립은 교육이 목표로 정한, 예를 들어 적절한 직업 기술을 지닌 좋은 시민이라는 제품을 산출하는 데 어느 것도 적절하지 못한 것으로 보인다. 그러나 나는 LiD가 학교가 첫 번째 관점에 의해 운영되어야 한다고 생각하는 사람들에게도 중요한 시사점을 줄 수 있다고 본다. 그러나 이것은 현재의 친숙한 교육적 관점을 넘어서서 위험하게도 사회적 가치까지도 다루어야 하므로 다음 절에서 다루기로 하겠다.

좀 더 발전된 교육적 아이디어

진보주의와 전통주의 안에서 LiD 프로그램의 기초를 발견할 수 있었지만, LiD 관련 논의에 훨씬 큰 도움을 제공할 수 있는 중요한 기초가 있다. 지금 고백하지만 논의가 완전해지려면 예전에 내가 "교육적 이념은 세 가지의 큰 교육적 아이디어로 이루어져 있다."고 말했던 것은 "세 개 반의 아이디어로 이루어져 있다."는 말로 수정되어야 한다.

그 반 개의 아이디어는 아마도 네 번째 아이디어로 그 중요성이 앞으로 더 강조될 것이며, 어떤 사상의 그림자, 즉 비고츠키(Lev Vygotsky)—지난 몇십 년 동안 북아메리카 대륙에서 유명해진 심리학자이자 철학자—의 맥락에서 이해할 수 있을 것이다. 비고츠키는 사고의 사회적 기원을 강조하였고, 우리 정신의 발달이 사회적으로 진화된 도구를 매개로 하여 어떻게 발달될 수 있는지를 보여 주었다(Vygotsky, 1962, 1978, 1997, 1998; Wertsch, 1985, 1991, 1997, 1998; Kozulin, 1998; Kozulin et al., 2003).

피아제의 이론과 달리 비고츠키의 시각에서는 인지 도구를 배우고 사용하는 일이 발달의 과정을 이끌어 간다. 특히 이러한 발달은 역사 속에서 생성된 문화적 도구가 현재의 아이들에게 습득되고, 또 그것이 그들에게 인지 도구가 되어 가는 방식으로 이루어진다. 지식 자체가 발달을 가져온다기보다는—이 말은 발달에 보편적인 과정이 있다는 뜻을 암시하고, 지식 혹은 심리적 과정 중 어떤 것을 선호하는지 당신 스스로 선택할 수 있다는 것을 암시하는데—사실은 인지 도구의 축적이 발달이라는 것이다.

예를 들어, 사람들은 여러 세기를 거쳐 길을 찾는 도구로서 지도 만드는 법을 배웠다. 오늘날 학생들은 지도를 만들고 읽을 수 있게 해 주는 문화적 도구에 대해 배우며, 이것은 그들에게 인지 도구가 된다. 다시 말해 문화적 도구는 내재화되고 인지 도구로 변환되는 것이다. 비고츠키적 관점에서 학생들은 두 번째 아이디어에서 흔히 주장하듯 개념과 지식을 직접적으로 내재화하는 것이 아니다. 자신의 경험을 기초로 하여 지식을 구성한다는 세 번째 아이디어의 관점도 아니다.

교육에서 다소 신비롭게 느껴지는 이러한 이론적 차이가 함축하는 바는 대단하다. 네 번째 아이디어에서 교육의 목적은 학생들의 인지 도구 획득을 위해 문화적 도구들을 최대화하는 것이다. 개인의 인지 도구 상자가 크면 클수록 세계나 경험에 대해서 더 잘 그리고 풍성하게 이해할 수 있다. 이러한 도구들은 교육에 대한 우리의 사고방식 안에서 볼 때, 우리에게 익숙한 교육 이론들과는 다른 카테고리에 속해 있다. 하지만 그 카테고리는 비고츠키에서 유래된 교육 이론에서는 핵심이다.

비고츠키를 진보주의와 피아제의 아이디어에 흡수시키려는 시도가 있어 왔으나(DeVries 2000), 그의 이론은 현대 서구 발달 심리학에서 다루는 생물학적 마음(biologized mind)과는 근본적으로 상이하다(Sugarman, 1987; Morss 1990). 비고츠키의 관점에서 마음은 상당한 양의 인지 도구가 축적되어 이루어진 것이다. 이러한 관점은 발달 단계가 내적으로 결정되어 있다고 보는 신념보다는 허스트의 주장과 공통점이 더 많다고 할 수 있다. 하지만 마음의 정교화라는 허스트의 아이디어와는 다소 상이한 부분도 있다.

비고츠키에게 학생들이 배우거나 작업에 사용하는 문화적·인지적 도구들은 그들이 태어난 곳의 혹은 가장 유용하다고 생각하는 문화적인 콘텐츠와 관련되어 있다. 즉, 인지 도구의 발달은 그 사람의 문화 유산의 상당 부분을 배우는 것과 연관되어 있다. 그래서 코줄린(Kozulin)은 셰익스피어, 톨스토이, 그리고 다른 대문호들의 작품들을 더 넓은 범위의 인지 발달을 자극하는 '더 높은 차원의' 도구 혹은 '초도구(super-tools)'로 묘사하고 있다(1998, 6장). 셰익스피어의 언어와 시를 따라하면서 등장 인물의 감정을 공감하게 되는 것이나 그가 장소 및 기타 요소에 설정해 둔 복잡한 관계를 상상하는 것은 우리에게 더 풍성하고 풍부하며 넓은 마음을 가지도록 해 준다. 가정법을 배우는 것이 더 유용한 도구라 할지라도 지도 읽기, 대수학의 방정식을 푸는 것 혹은 기하학의 정리를 증명하는 것을 배우는 것은 모두 우리 의 마음을 넓히는 데 도움이 될 것이다.

　이전에 내가 저술한 책들은 교육과 교수, 학습, 학교를 다시 생각해 보려는 시도로 구성되어 있으며 이들은 네 번째 아이디 어에도 기여했다. 나는 진보주의나 전통주의 교육 이론에서 파 생된 것보다 교육 프로그램에 더 나은 기초를 제공할 강력한 인지 도구를 교육적으로 적합한 용어로 표현하고자 했다. 그래 서 우리가 이용할 수 있는 주요 이해 도구 상자(sense-making tool kits)를 제시하게 되었다. 그 가운데 첫 번째가 바로 우리의 신체(내가 예전에 '신체적 이해'라는 용어를 사용했던 것과 같은 의 미로서)인데, 우리의 감각과 감정, 유머, 박자에 맞게 두드림, 음악성, 고의적인 제스처 취하기 등이 이에 포함된다. 그다음 으로는 구어의 발달(신화적 이해)이 있다. 이는 이야기 안의 사 건과 등장인물을 인지하고 이야기를 형성하는 것, 단어로부터 이미지를 형성하는 것, 은유 인지와 생성, 운율과 리듬, 상반된 개념과 같은 도구들이 포함된다. 그다음 사용되는 도구는 읽고 쓰는 능력에 완전히 숙달하는 것(낭만적 이해)인데, 이러한 단 계에서는 극단과 한계에의 참여, 영웅과의 동일시, 경이감, 서사적인 이해, 수집과 취미와 같은 도구들이 있다. 그다음은 이론적인 사고(철학적 이해)인데 추상적 실재의 인식, 사회적 기관, 일반적 이론과 예외들, 추상적 진리와 권위의 탐구, 거대 담론 등의 도구가 있다. 마지막 도구는 고도의 재귀적 반어(reflexive irony, 반어적 이해)다. 아무런 묘사 없이 위와 같은 명칭만 나열하는 것은 다소 이상해 보일 것이다. 하지만 지금 내가 강조하고 싶은 것은 바로 네 번째 아이디어가 그전의 것들과 다르다는 사실이다. 이것은 다시 우리를 LiD의 전체 체계로 이끌 것이다.

비고츠키의 이론에 바탕을 둔 네 번째 아이디어는 두 번째 아이디어에서 제시했던 것처럼 잘 짜인 구조 안에서의 지식 축적을 교육적 정신의 형성 과정으로 보지는 않는다. 뿐만 아니라 추정되는 발달 과정을 지원하기 위해 학생의 흥미나 탐구에 기반한 교육과정 형성을 추구하는 세 번째 아이디어에도 동의하지 않는다. 그러나 네 번째 아이디어는 지식 축적의 중요성만큼은 높이 평가한다. 왜냐하면 인지 도구는 지식과 항상 연결되어 있기 때문이다. 인지 도구는 어떤 사람이 학습 방법을 숙달하거나 익혀야 하는 맥락과 동떨어진 기술이 아니라, 특정한 상황에서 구체적인 지식을 학습한 것의 산물이다. 또한 네 번째 아이디어는 학생의 탐구와 개인적인 흥미를 높게 평가하지만 그것들이 상상력을 발달시킬 수 있는 상태일 때, 즉 인지 도구의 획득 과정이 논리적으로나 심리적으로 적절한 순서에 따라 이루어질 때에만 교육적으로 중요성을 갖는다고 본다.

이렇게 볼 때, LiD는 두 번째 아이디어와 세 번째 아이디어 모두에 바탕을 두고 있다. 하지만 지식의 축적뿐만 아니라 자기 자신의 흥미에 의해 결정된 학생들의 탐구의 자극 모두를 인정한다는 점에서 LiD는 그 자체로서 독특한 아이디어가 된다. 앞에서 간단히 언급했고, 5장에서도 자세히 설명했던 것처럼 그것은 인지 도구를 일련의 순서에 따라 획득하는 가운데 제한과 확대의 과정을 거치면서 이루어진다. 즉, 네 번째 아이디어에서의 교육이란 논리적 순서에 따른 정제된 지식을 내면화하는 것도 아니며 유전적으로 미리 결정된 순서를 따르는 발달도 아니다. 그것은 우리의 문화적인 역사와 그 역사가 우리에게 전수해 준 도구 상자 안에서 명백히 논리적이고 심리적인 제약을 거쳐 형성되는 과정이다.

설령 다소 부적절한 방법이었을지 모르지만, 나는 1997년에 쓴 저서에서 이와 같은 이해의 순서의 여러 가지 형태를 좀 더 자세히 묘사했었다. 이들은 LiD가 단지 여러 조각의 지식들을 모아 놓은 데 불과한 것이 아니라 여러 형태의 이해 순서를 구조적으로 발달시키는 초도구에 가깝다는 것을 보여 주는 원리다. 이를 통해 그 책에서는 네 번째 아이디어를 학생들의 삶에서 실현할 수 있는 주요한 기초적 방법을 제시하고 있다.

더 나아간 위험한 한 걸음

앞서 LiD가 첫 번째 아이디어를 통해서도 분명히 뒷받침될 수 있다는 것을 언급했다. 다시 말해 LiD가 사회적인 공익사업으로써 그리고 사회적으로 중요한 미덕에 기여하는 것으로써 가치를 갖는다는 것이다. 이것은 다소 위험한 평가다. 왜냐하면 이것이 가치와 의미의 복잡한 영역 안으로 우리를 더욱 깊숙이 인도하기 때문이다.

예전에 플라톤은 적절한 방법을 통해 특정 지식의 형식을 배우는 것은 축적된 지식의 덩어리로 우리를 이끌 뿐만 아니라 우리의 정신을 좀 더 가치 있는 삶으로 바꾸는 효과도 있다는 사실을 제시했다. 그러나 이러한 목적을 이루기 위해 그가 처방한 오십 년의 프로그램은 많은 사람의 적성에 맞을 것으로 기대조차 되지 않았다. 그리고 학교 학습이 사람을 더욱 가치롭게 만들 수 있다는 신념 또한 공화국(republic)을 꿈꿔왔던 일종의 수호자들에 의해서도 전혀 실현되지 못했다. 교육계 사람들 대부분은 단순한 지식 축적을 통해 가치로운 인간이 산출될 수 있다는 것에 대해서는 당연히 믿지 않는 반면, 지식을 축적하는 것과 미덕을 쌓는 것 사이에 어떤 연관이 있을 것이라는 보편적인 믿음에 관해서는 논쟁을 쉽게 단념하는 것 같다. 내 생각에는 교육자들이 플라톤의 통찰을 너무 빨리 포기해 버린 것 같다. LiD는 어떤 주제에 관해서든 깊이 있는 학습과 현대의 중요한 미덕 함양을 결부시키고 있다. LiD는 학생들을 집중적이고 광범위한 탐구, 분류, 분석과 실험에 참여시킬 것이지만 또한 그들로 하여금 순수하게 지적인 도전 그 이상의 상황에 직면하도록 할 것이다.

지식의 본성에 대한 학생들의 이해와 지식과 학생 간의 관계가 변형되는 것에 대해 내가 말하려는 바를 좀 더 잘 이해하기 위해서는 10년이나 11년 후에 학생들이 그들의 포트폴리오와 함께하는 상황을 상상해 보는 것이 도움이 될 것이다. 그들은 상당한 양의 지식을 배웠을 뿐만 아니라 그들이 배운 지식을 분류 및 재분류하였을 것이며, 그들의 주제에 대해서 미학적, 의학적, 역사적, 윤리적, 기타 등등의 차원에 대해서도 추구해 보았을 것이다. (우리가 살펴본 것처럼 사과라는 주제를 받은 학생은 사과의 다양한 종류와 그것들의 역사적인 원천과 발달, 현재 세계 전역에 퍼져있는 품종들, 시장 상황, 다양한 경작을 감소시킨 자유 시장 방식의 윤리 문제, 미술 작품과 이야기 속의 사과, 사과의 영양적인 가치 등에 대해서 공부하게 될 것이다.) 그들은 대부분 전문가가 되기 시작했을 것이다. 오늘날의 아이들은 그들이 배우는 모든 지식의 바깥에 머물러 있다. 그들은 그 '내부'에 있다고 느끼기에는 배우는 내용이 너무 적다. 특히 이렇게 천천히 쌓여 가는 전문성은 어떤 사람이 얼마나 알고 있는지에 대해서가 아니라 얼마나 알아야 할 것이 많은지, 그리고 이때까지 완전히 익힌 것이 얼마나 적은지에 대해 이해할 수 있도록 해 준다. 배운다는 것은 테니슨(Tennyson)의 율리시스(Ulysses)가 "그것은 아치형 문이 되어 그 너머로 보이는 아직 발 들이지 못한 세상, 다가갈수록 멀어지는 미지의 세계의 끝자락"이라고 노래한 것처럼 우리가 진정으로 인식하게 된 진취성과 같은 것이다. LiD 프로그램이 의도한 첫 번째 미덕은 바로 겸손을 알게 하는 것이다.

사회적 미덕의 두 번째는 현재 학생들이 가진 피상적 기준과 대조적으로 결정된다. 학생들의 피상적인 기준은 지식과 의견 사이를 정확히 구분하기 어렵게 한다. 이것은 결국 유아론의 형태를 생성해 내고 비판적인 반성의 부족함을 초래한다. 이는 사회적으로도 개인적으로도 파괴적인 결과다. 이러한 현상의 반의어는 LiD가 형성시켜 줄 미덕 가운데 있으리라고 예상한다. LiD 프로그램을 따르는 학생들은 광고업자, 정치인 그리고 지식과 그들이 믿고 싶어 하는 것을 정확하게 구분하지 않는 사람들의 설득에 상대적으로 덜 취약할 것이다. 더 중요한 것은 LiD를 접하는 학생은 자기 의심에 대해서 더 개방적일 것이며, 이슈와 관련된 적절한 증거를 확보할 때까지 판단과 신념을 유보할 것이다. 일반적으로 그들은 가능성이 어느 정도이건 간에 진실을 밝히고 지키는 것에 전념하게 된다. 하우스만(A. E. Housman)이 제시했던 것처럼 "모든 인간의 열정 중에 가장 약한 것이 진실에 대한 사랑"(1961, p. 43)이라고 하더라도 플라톤에게 진실에 대한 사랑은 교육 받은 사람과 문명화된 상태의 중심이 되는 미덕이다(내가 인식하기로 '진리'는 당시로는 매우 논쟁적인 용어였지만 여기에서는 우리가 믿고자 하는 것을 좀 더 확실히 하는 근거이며, 그것에 대한 헌신의 태도까지 함축하여 사용되는 말이다).

LiD는 학생들의 인지를 확대하기 위해서만 고안된 프로그램이 아니라 플라톤의 교육 프로그램이 제시했던 방향으로 학생들을 움직일 가능성도 있다. 비록 소규모로 서서히 이루어지더라도 학생들을 겸손이나 진리에 대한 헌신과 같은 방향으로 나아가도록 격려함으로써 그렇게 될 수 있다. 플라톤 시대의 겸손의 미덕이 혁신적인 프로그램 속에서 어떤 형태로 흡수되는지—그 프로그램은, 예를 들어 사과, 먼지 혹은 서커스 등에 대한 전문성을 발달시키도록 고안되었는데—에 대해서는 더 지켜보아야 한다.

하지만 LiD가 가진 미덕을 주장하면 많은 사람들에게는 이것이 과장되었거나 혹은 내가 마침내 괴짜 같음을 노출시키는 증거라고 생각될 것이다. 나는 이것이 LiD 프로그램의 부산물이라고 주장하려는 것이 아니라 단지 그것의 장점에 대해서 열거하는 것이며, 그 장점 중 하나가 플라톤의 오래된 주장과 관련이 있다고 이야기하는 것일 뿐이다. 교육에 관한 논쟁에서 항상 동일한 입장을 취한다는 것은 대단히 어려운 일이다.

결 론

근거가 없는 아이디어와 달리 LiD는 지난 수 세기 동안 교육 사상을 지배했던 모든 주요한 아이디어 각각에서 지지받고 있으며, 또한 그들 각각에 기여하는 바가 있다고 여겨진다. LiD는 비고츠키의 교육 개념을 다소 새로운 방식으로 표현한 것으로 볼 수 있는 사회 문화적/문화적-반복 이론에 견고한 기초를 두고 있으며, 그것에 충분히 기여하였다. 결국 LiD는 교육받은 사람을 구성하는 요소 중 우리가 높이 평가하게 될 요인에 바탕을 두고 있다. 또한 우리가 교육이라고 말할 때 그 속에 내재되어 있는 의미에 기초하고 있다. 나는 학교에서 LiD가 실행될 수 있도록 하기 위해 그 기반이 되는 교육의 의미들을 간결하게 설명하고자 시도했다. LiD를 시행하기 위해서는 네 번째 아이디어가 가장 훌륭한 기초를 제공하며 또한 가장 설득력 있는 이유를 제시하지만, 다른 세 가지 아이디어에서도 LiD가 그들의 교육 목표에 유용하게 기여할 것이라고 예상되는 충분한 근거를 찾을 수 있다.

어떤 사람들, 적어도 처음 접하는 사람들에게 LiD는 전통적인 방식으로 지식을 축적하는 것으로만 여겨질지 모르지만, LiD를 학생들의 감성과 상상력을 교육과정 내용에 몰입시키는 방법에 초점을 둔 오랜 연구의 결과로 결론짓는 것이 유용할지도 모른다. 나는 학생들이 LiD의 주제에 전념하는 것과 그들의 취미 및 수집 활동을 구분하고자 했다. 분명히 이 두 가지 사이에는 겹치는 부분이 있다. 특히 8~14세 무렵에는 두 가지 활동을 혼동하기 쉽다. 하지만 어떤 대상을 취미로 삼거나 수집하는 과정에서 강박적으로 보일 만큼 전념하는 일은 거의 모든 아이에게는 흔하다고 할 만큼 이상한 현상은 아니라는 사실을 기억해야 한다. 단지 그런 일이 학교에서는 잘 일어나지 않을 뿐이다. 이러한 현상은 주로 학교에서 아이들을 돌보는 사람들에게 학생들이 사과나 먼지 혹은 딱정벌레 등으로 포트폴리오를 만드는 데 완전히 빠져드는 것은 환경이 그렇게 조성되었기 때문이라는 사실을 인지하지 못하게 만든다.

내가 상상력 교육(www.ierg.net)에게 끌어낸 기초 원칙은 모든 지식이 인간적인 지식이라는 것이다. 즉, 모든 지식은 어떤 사람의 희망, 절망 그리고 열정의 산물이며, 만약 우리가 학생들의 흥미를 이끌어 내기 원한다면 우리는 지식을 희망, 절망 그리고 열정이라는 맥락에서 보여 줄 필요가 있다. 지식은 애초에 그런 맥락에서 생성되었고 그것이 오늘날 지식에 살아 있는 의미를 부여한다. 불행하게도 너무나 많은 교육과정 내용이 그 원천을 사람들의 실제적인 두려움, 희망 그리고 열정보다는 교과서적 지식 자체에 두고 있는 듯이 간주되어 가르쳐지고 있다. 이로 인해 학생들은 통상 지식을 지루하고 죽어 있는 것, 그리고 매력이 없는 것으로 생각한다. 일부는 배웠으면 좋겠다고 생각하는 모든 지식을 백과사전처럼 만들어 놓은 결과물이 바로 교육과정이라고 생각할 것이다. 하지만 이러한 현상은 우리 스스로가 학생들에게 많은 양의 지식을 피상적으로만 접할 수 있게 하고, 지식에 생명력을 불어 넣은 희망이나 두려움, 열정의 맥락에서는 거의 배우지 못하게 함으로써 그렇게 만든 것이다.

이렇듯 LiD 주제와 관련된 지식을 천천히 축적시키는 한 가지 목적은 어떤 학생도 현재의 교육과정을 채운 피상적인 지식에 머물러 있지 못하게 하려는 것이다. 하지만 모든 학생은 지식이 아니라 지식을 수립한 사람들—사과의 품종을 전파한 사람, 먼지 진드기의 생활 주기를 발견한 사람, 대단히 놀랄 만한 품종들 때문에 딱정벌레에 빠지게 된 사람 등등—에 대해 배우게 될 것이다.

도서관에 진정한 지식이 없다는 사실을 기억하는 것은 유용하다. 인터넷에도 지식은 없다. 우리는 우리가 지식을 상징화 및 부호화하는 활동이 가진 엄청난 독창성에 대해 쉽게 잊어버리며, 그러한 부호가 지식이 아니라 지식을 상기시켜 주는 정교한 힌트 정도라는 사실조차 잊어버리고 있다. 지식은 오직 살아 있는 인간의 조직인 뇌 안에서만 존재한다. 그리고 교육이 맡은 어려운 역할은 부호와 상징을 살아 있는 지식으로 변환하는 것이다. 어떤 사람이 그 차이를 인식하지 못한다면 당연히 그 사람은 적절한 교육을 위해서는 더 나아간 변환의 단계가 필요하다는 것을 이해할 수 없게 된다. 자신이 배운 암호와 상징을 복제하는 능력을 획득했을 때만 학생들에게 성공했노라고 평가하는 교육계에서는 학생들이 상징적 지식에 생명을 불어 넣는 필수적인 변환 과정을 거치는 가운데서도 얻는 이득이 전혀 없다. 우리가 가지고 있는 것—지금껏 우리가 너무 흔하게 갖고 있었던 것—은 교육의 모방이다. LiD는 지식에 새로운 생명을 불어 넣을 수 있도록 고안되었으며, 그것은 프로그램에 참여하는 모든 학생에게 진정한 교육적 가치가 있는 활동을 장려하는 방식으로 이루어진다.

LiD 프로그램의 개요

LiD는 학교가 학생들의 교육에 기여하기 위해 고안한 새로운 프로그램이다. 비교적 간단한 프로그램이지만, 그것은 큰 영향력을 일으킬 잠재력을 가지고 있다. LiD 프로그램의 목적은 효과적인 학습에 기초가 되는 지식, 이해, 기술 그리고 이에 대한 실천을 쌓아 가는 것이다.

기본 아이디어

학교교육의 첫째 주에 모든 학생에게는 LiD 주제가 무작위로 배정될 것이다. 그 주제는 새, 사과, 서커스, 철로, 태양계 등일 것이다. 학생들은 12학년이 될 때까지 학교의 정규 교육과정과 더불어 자신에게 배정된 주제를 공부할 것이다. 학생들은 지도교사와 정기적으로 만날 것이며, 그들은 학생들을 적절히 지도하고 안내할 것이다. 그리고 학생들이 자신의 주제에 대해 개인 포트폴리오를 만들 수 있도록 도울 것이다. 이것의 목표는 학교교육이 끝날 때쯤이면 학생들이 자신이 맡은 주제에 대해 진정한 전문성을 기를 수 있도록 하는 것이다. 이 프로젝트는―우리가 이용할 수 있는 지금까지의 모든 연구가 제시하는 바에 따르면―LiD 과정이 거의 모든 학생의 학교 수업 경험을 전환시킬 잠재력이 있다는 것을 보여 준다. 그것은 학생들이 지식과 맺는 관계와 지식의 본질에 대한 이해 방식을 전환시킴으로써 가능하다.

LiD의 잠재적 이점

학생: 주제에 대한 더 넓고 깊은 지식을 제공한다. 지식의 본질에 대한 더 깊은 이해를 제공한다. 학습에 학생들의 상상력과 감정을 개입시킨다. 자신감을 기른다. 인터넷 사용의 전문성과 조직적인 기술을 기를 수 있다.

교사: 학생들과 함께 지식의 본질을 발견하게 된다. 등급을 매기고 평가하는 압박감이 없다. 열정적인 학습자들과 함께 한다. 학생들의 깊이 있는 지식은 정규 수업을 더 풍성하게 할 것이다.

학교: 나이 많은 학생들과 더 어린 학생들이 협력하여 학습할 수 있는 수단을 제공한다. 학교를 많은 주제에 대한 전문 지식의 중심지로 만든다. 학교의 문화를 풍성하게 한다. 학습 결과물의 전시를 통해 학교는 새로운 조명을 받게 될 것이다.

교육과정의 새로운 요소에 대한 제안은 어떤 것을 깊이 있게 배우는 일이야말로 학생들을 교육하는 일에 있어 더 중요한 측면을 부각시킬 수 있다는 믿음에 기초하고 있다. 이는 더 나아

가 어떤 사람이 어떤 것에 대해서 더 많이 알면 알수록 그것을
더욱 흥미롭게 여기게 될 것이라는 원리에 기초하고 있다.

상상력교육연구회
www.ierg.net/LiD

Ashton-Warner, Sylvia. 1972. *Spearpoint: Teacher in America*. New York: Knopf.

Atran, Scott, and Douglas Medin. 2009. *The native mind and the cultural construction of nature*. Cambridge, MA: MIT Press.

Barrows, Thomas S., Stephen F. Klein, John D. Clark, and Nathanial Harshorne. 1981. *College students' knowledge and beliefs: A survey of global understanding*. The Final Report of the Global Understanding Project. Educational Testing Service. New Rochelle, NY: Change Magazine Press.

Bauerlein, Mark. 2008. *The dumbest generation: How the digital age stupefies young Americans and jeopardizes our future (or, Don't trust anyone under 30)*. New York: Jeremy P. Tarcher/Penguin.

Bettelheim, Bruno. 1976. *The uses of enchantment*. New York: Knopf.

Bruner, Jerome. 1960. *The process of education*. Cambridge, MA: Harvard University Press.

_____. 1988. Discussion. *Yale Journal of Criticism* 2 (1).

Chall, Jeanne. 2002. *The academic achievement challenge: What really works in the classroom?* New York: Guilford Press.

Conklin, Harold. 1955. The relationship of Hanunoo agriculture to the plant world. Ph. D. thesis, Yale University.

Cremin, Lawrence A. 1955. The revolution in American secondary education, 1983-1918. *Teachers Colleage Record 56* (March).

DeVries, Rheta. 2000. Vygotsky, Piaget, and education: A reciprocal assimilation of theories and educational pratices. *New Ideas in Psychology* 18, no. 2-3 (August): 187-213.

Dewey, John. 1897. My pedagogic creed. *School Journal* 54: 77-80.

_____. 1966. *Democracy and education*. New York: Free Press. (First Published 1916.)

Donald, Merlin. 1991. Origins of the modern mind. Cambridge, MA: *Harvard University Press*.

_____. 1993. Précis of *Origins of the modern mind*. Three stages in the evolution of culture and cognition. *Behavioral and Brain Sciences* 16, no. 4 (December): 731-91.

Egan, Kieran. 1988. *Primary understanding: Education in early childhood*. New York: Routledge.

_____. 1990. *Romantic understanding: The development of rationality and the imagination, ages 8-15*. New York: Routledge.

_____. 1997. *The educated mind: How cognitive tools shape our understanding*. Chicago: University of Chicago Press.

_____. 2002. *Getting it wrong from the beginning: Our progressivist inheritance from Herbert Spencer, John Dewey, and Jean Piaget*. New Haven, CT: Yale University Press.

_____. 2008. *The future of education: Reimagining the school from the ground up*. New Heaven, CT: Yale University Press.

Fodor, Jerry. 1983. *The modularity of mind*. Cambridge, MA: MIT Press.

_____. 1985. Précis of *The modularity of mind*. *Behavioral and Brain Sciences* 8: 1-42.

Francis, Mark. 2007. *Herbert Spencer and the invention of modern life*. Ithaca, NY: Cornell University Press.

Gardner, Howard. 1999. *The disciplined mind: What all students should understand*. New York: Simon and Schuster.

Gardner, Howard and Ellen Winner. 1979. The development of metaphoric competence: Implications for humanistics disciplines. In *On metaphor*, ed. Sheldon Sacks. Chicago: University of Chicago Press.

Gay, Hannah. 1998. No "Heathen's Corner" here: The failed campaign to memorialize Herbert Spencer in Westerminster Abbey. *British Journal of the History of Science* 31: 41-54.

Havelock, Eric. 1963. *Preface to Plato.* Cambridge, MA: Harvard University Press.

_____. 1986. *The Muse learns to write.* New Haven, CT: Yale University Press.

Hirst, Paul. 1974. *Knowledge and the curriculum.* London: Routledge and Kegan Paul.

Housman, A. E. 1961. *The name and nature of poetry and other selected prose.* Ed. John Carter. Cambridge: Cambridge University Press.

Innis, Harold. 1951. *The bias of communication.* Toronto: University of Toronto Press.

Katz, Lilian G., and Sylvia C. Chard. 1989. *Engaging children's minds: The project approach.* Norwood, NJ: Ablex Publishing.

_____. 1998a. *The project approach: Developing the basic framework. Practical guide 1 and 2.* New York: Scholastic.

_____. 1998b. Issues in selecting topics for projects. ERIC Digest, EDO-PS-98-8. http://ceep.crc.uiuc.edu/eecearchive/digests/1998/katzpr98.pdf.

Keynes, John Maynard. 1936. *General theory of employment, interest and money.* London: Macumillan.

Kilpatrick, Thomas H. 1918. The project method. *Teachers College Record* 19: 319-34.

Knoll, Michael. 1995. The project method: Its origin and international influence. *In Progressive education across the continents: A handbook,* ed. Volker Lenhart and Hermann Röhrs. New York: Lang.

Kozulin, Alex. 1998. *Psychological tools: A sociocultural approach to education.* Cambridge, MA: Harvard University Press.

Kozulin, Alex, Boris Gindis, Vladimir S. Ageyev, and Suzanne M. Miller, eds. 2003. *Vygotsky's educational theory in context.* Cambridge:

Cambridge University Press.

Lamm, Zvi. 1976. *Conflicting theories oh instruction: Conceptual dimensions.* Berkeley, CA: McCutchan.

Lévi-Strauss, Claude. 1966. *The savage mind.* Chicago: University of Chicago Press.

Morss, John R. 1990. *The biologizing of childhood: Developmental psychology and the Darwinian myth.* Hove, East Sussex: Erlbaum.

National Commission on Excellence in Education. 1983. *A nation ar risk. The imperative for education reform.* Washington, DC: Government Printing Office.

Ong, Walter. 1982. *Orality and literacy.* London: Methuen.

Peters, Richard, ane Paul Hirst. 1970. *The logic of education.* London: Routledge and Kegan Paul.

Postman, Neil, and Charles Weingartner. 1971. *Teaching as a subversive activity.* New York: Delta.

Sugarman, Susan. 1987. *Piaget's construction of the child's reality.* Cambridge: Cambridge University Press.

Tanner, Daniel, and Laura N. Tanner. 1980. *Curriculum development: Theory into practice.* 2nd ed. New York: Macmillan.

Vygotsky, Lev. 1962. *Thought and language.* Trans. Eugenia Haufmann and Gertrude Vaker. Cambridge, MA: MIT Press.

_____. 1978. *Mind in society: The development of higher psychological processes.* Ed. Michael Cole, Vera John-Steiner, and Sylvia Scribner Cambridge, MA: Harvard University Press.

_____. 1997. *The history of the development of higher mental functions.* Ed. Robert W. Rieber, Marie J. Hall, and Joseph Glick. Volume 4 of *The collected works of L. S. Vygotsky. Ed.* R. W. Reiber and A. S. Carton. New York: Plenum.

Webb, Beatrice. 1926. *My apprenticeship.* London: Lomgmans, Green, and Co. Wertsch, James V. 1985. *Vygotsky and the social formation of mind.* Cambridge, MA: Harvard University Press.

_____ . 1991. *Voices of the mind: A sociocultural approach to mediated action.* Cambridge, MA: Harvard University Press.

_____ . 1997. *Mind as action.* New York: Oxford University Press.

_____ . 1998. Mediated action. In A *companion to cognitive science*, ed. William Bechtel and George Graham. Oxford: Blackwell.

저자 소개

키렌 이건(Kieran Egan)은 '상상력' '스토리텔링' '인지 도구와 이해' 등 교육학 분야의 거대담론을 주도하는 세계적으로 저명한 학자다. 그는 1942년 아일랜드에서 태어난 후 유년 시절과 학창시절을 영국에서 보내면서 성장했으며, 1966년 역사학을 전공하여 영국 런던대학교를 졸업한 후 미국 스탠퍼드 대학교에서 박사과정을 시작하였다. 이 무렵 IBM에서 새로운 컴퓨터 시스템의 프로그램화 방법을 최적화시키는 자문가로도 활동하였다. 1972년 코넬 대학교에서 박사학위를 받은 후 캐나다 밴쿠버의 사이먼 프레이저 대학교 교육학과 교수로 근무하고 있다.

그는 20여 권의 책을 저술하거나 (공동저술 포함) 편집하였으며, 다수의 책이 10여 개 언어로 번역되어 출간되었다. 최근에 펴낸 저작물로는 『The Future of education: Reimaging Our Schools from the Ground Up(2008)』, 『Teaching Literacy: Engaging the Imagination of New Readers and Writers(2006)』, 『An imaginative approach to teaching(2005)』, 『Getting it Wrong from the Beginning: Our Progressivist Inheritance from Herbert Spencer, John Dewey, and Jean Piaget(2002)』 등이 있다.

역자 소개

김회용(Hoyyong Kim)
Univ. of Pittsburgh 박사과정(Rotary International Scholar)
경상대학교 교육학과/교육학박사
현) 부산대학교 교육학과 교수

곽한영(Hanyong Kwak)
서울대학교 사회교육과/교육학박사
현) 부산대학교 일반사회교육과 교수

김인용(Inyong Kim)
부산대학교 교육학과/교육학박사
현) 진주교육대학교 교육학과 교수

김정섭(Jungsub Kim)
Indiana University/철학박사
현) 부산대학교 교육학과 교수

유순화(Soonhwa Yoo)
Ohio State University/철학박사
현) 부산대학교 교육학과 교수

윤소정(Sojung Yune)
부산대학교 교육학과/교육학박사
현) 부산대학교 교수학습지원센터 연구교수

이동훈(Donghun Lee)
University of Florida/철학박사
현) 성균관대학교 교육학과 교수

임선주(Sunju Im)
부산대학교 의과대학/의학박사
부산대학교 교육학과 박사과정
현) 부산대학교 의학전문대학원 교수

깊은 학습 지식의 바다로 빠지다

Learning in Depth: A Simple innovation That Can Transform Schooling

2014년 5월 30일 1판 1쇄 발행
2024년 1월 25일 1판 4쇄 발행

지은이 • Kieran Egan
옮긴이 • 김회용 · 곽한영 · 김인용 · 김정섭
　　　　유순화 · 윤소정 · 이동훈 · 임선주
펴낸이 • 김 진 환
펴낸곳 • (주)**학지사**
　　　　04031 서울특별시 마포구 양화로 15길 20 마인드월드빌딩 5층
대표전화 • 02) 330-5114　　팩스 • 02) 324-2345
등록번호 • 제313-2006-000265호

홈페이지 • http://www.hakjisa.co.kr
인스타그램 • https://www.instagram.com/hakjisabook

ISBN 978-89-997-0337-9 03370

정가 13,000원

역자와의 협약으로 인지는 생략합니다.
파본은 구입처에서 교환하여 드립니다.

출판미디어기업 **학지사**

간호보건의학출판 **학지사메디컬** www.hakjisamd.co.kr
심리검사연구소 **인싸이트** www.inpsyt.co.kr
학술논문서비스 **뉴논문** www.newnonmun.com
원격교육연수원 **카운피아** www.counpia.com